Joseph Aug. Lux
Lola Montez

Lola Montez

Historischer Roman

von

Joseph Aug. Lux

Voltmedia

ISBN 3-937229-06-X

© Voltmedia GmbH, Paderborn

Das Werk einschließlich aller seiner Teile ist urheberrechtlich geschützt. Jede Verwertung außerhalb der engen Grenzen des Urheberrechtsgesetzes ist ohne Zustimmung des Verlages unzulässig und strafbar. Das gilt insbesondere für Vervielfältigungen, Übersetzungen, Mikroverfilmungen und die Einspeicherung und Verarbeitung in elektronischen Systemen.

Gesamtherstellung: Oldenbourg Taschenbuch GmbH, Kirchheim

Einbandgestaltung: agilmedien, Köln

Erstes Kapitel

"Difficile est, satiram non scribere."

Wer hätte es auch ahnen können, daß die schöne Tänzerin Maria Dolores von Porris y Montez aus Andalusien, die am 14. Oktober 1846 im Hoftheater zum erstenmal vor dem Münchener Publikum auftrat, vom Schicksal als Werkzeug ausersehen war, dem bayerischen Volk die Freiheit zu geben, von der es nur zu träumen wagte!

Wer hätte geahnt, daß Mädchenfüße mit schönen Knöcheln eine weltgeschichtliche Mission haben könnten, und daß die göttlichen Tanzbeine über den Geist der Schwere siegen würden, der der allmächtige Herr der Welt ist und es im ganz besonders verschärften Maße im Vormärz war!

Der Intendant des Hoftheaters ahnte es nicht, der wenige Tage vorher das Auftreten der Tänzerin abgelehnt hatte. Vielleicht aber kannte er seinen königlichen Herrn und dachte: ein tanzendes Weib ist eine zu gefährliche Versuchung, gegen die sich nicht einmal der heilige Augustin stark genug fühlte. Tänzerinnen haben meistens mehr Glück als Sängerinnen. Was würden also die Lizius, die Späth, die Dahn oder die Vespermann dazu sagen? Sind das nicht Favoritinnen genug? Die kämen ja als Furien über mich, wenn ich ihnen diese Konkurrenz vorsetzte, und gar eine Person mit dieser Vergangenheit! Mit dieser Vergangenheit! Das riskier' ich nicht! Der König, unser gnädigster Herr, begnüge sich mit den Sängerinnen! Kosten ohnehin Geld genug! Überhaupt, was brauchen wir bei uns in Bayern eine spanische Tänzerin? Was brauchen wir bei uns in Bayern diese Ausländerei? Was brauchen wir bei uns in Bayern ..."

Wahrscheinlich aber dachte er gar nichts und funktionierte automatisch im Geiste der Staatsmaschine, die jede Neuheit mit einem kategorischen Nein! abwehrt.

„ ... ich bedauere also, Sennora; Sie müssen bedenken, daß wir eine Hofbühne haben, daß wir es dem Ansehen des Staatsinstitutes schuldig sind ..."

"Und Sie müssen bedenken, mein Herr, daß ich Künstlerin bin", versetzte gereizt die Spanierin und nestelte mit nervöser Hand an dem Gürtel ihres Reitkleides, als suche sie die Gerte, diesem Idioten eins übers Gesicht zu ziehen.

"Künstlerin von Weltruf - wie wäre es möglich, daß eine Kunststadt und ein kunstliebender König ..."

Eine Meldung unterbrach den Redeschwall.

"Es tut mir aufrichtig leid, kann es aber nicht ändern ..." Achselzucken, steif-höfliche Verbeugung, die Tänzerin war verabschiedet.

"Imbécile!"

Auch der Adjutant Ludwig I. war ahnungslos, der das Audienzgesuch der Sennora Lola Montez seinem Herrn überreichte.

Aber der König war ärgerlich: "Ich kann mich doch nicht um jede hergelaufene Tänzerin kümmern!"

"Wär' aber schon der Mühe wert, Majestät", erwiderte treuherzig der Adjutant, "sie ist nämlich ein sehr sauberes Weibsbild."

"So? Sauber ist sie? Nun dann in Gottes Namen!"

Der alternde König, der sich als Beschützer der Musen fühlt, hat ein für weibliche Reize sehr empfängliches Gemüt. Sie nimmt ihn sofort gefangen, diese mit Sinnlichkeit gesättigte Schönheit, die mit dem Kinderblick der verfolgten Unschuld um Hilfe fleht. Sie hat Tränen in der Stimme, wenn sie will, und kann sich mit holderrötender Scham so gut kleiden, wie eine junge

Nonne mit dem Schleier. Eine Züchtigkeit, die den Zyniker fromm und den Tugendhaften begehrlich macht. Eine heilig-schöne Sündhaftigkeit, eine verruchte Heilige, eine Mischung von Weib und Kind, von Hetäre und Jungfrau, liederlich und madonnenhaft sittsam, verwegen und furchtsam, raffiniert, ausbeuterisch und uneigennützig, gefühllos und roh und voll zarter edler Regungen, gemein wie ein Fischweib und Dame vom höchsten adeligen Anstand, lasterhaft und ehrbar, egoistisch, selbstlos und hingebungsvoll, in jeder Hinsicht menschlich und allzu menschlich, kurz, ein Ausbund bizarrer Launen - kein Wunder also, daß ihretwegen die Männer einander mordeten, und daß der Triumphzug ihrer siegreichen Schönheit durch Spanien, Indien, Rußland, England, Italien, Frankreich eine blutige Opferstraße hinter sich zurückließ.

Wahrhaftig ein Kind! denkt gerührt der König; Eine vollendete Jungfrau! Und ein Eroberergelüst wird rege, während sie in der Audienz ebenso leidenschaftlich als anscheinend verzagt dem huldreich gestimmten König erklärt:

"Sire, ich bin Spanierin und von adeliger Abkunft - es war mir an meiner Wiege nicht gesungen, daß ich als Ballettänzerin Europa durchirren soll. Meine Jugend - wie Sie sehen - erlaubt mir nicht, von Vergangenheit zu reden, trotzdem weiß ich von Ungemach viel zu erzählen - ah; als Tänzerin bin ich auf Dornen gegangen, nicht auf Rosen. Die Götter lieben mich wahrscheinlich und haben Großes mit mir vor, sonst würden sie mich nicht so unaufhörlich quälen und verfolgen. Ich habe auf diese Weise schon ein großes Guthaben im Schicksalsbuch und hoffe, mich dereinst für meine Duldungen reichlich belohnt zu sehen. Was mich in dem Ungemach standhaft macht, ist das Vertrauen auf Gott und auf die Güte jener Höchsten unter den Menschen, die der Allmächtige als die Glücklichen auserwählt hat, damit sie Gnade an den Unglücklichen üben."

Gut gespielte Sentimentalität! Ludwig fühlt eine verwandte Saite schwingen; er ist Romantiker und schwelgt in Sentiments.

"Na, na", gibt sich der geschmeichelte König leutselig, "was das Glück betrifft, so wollen wir lieber nicht davon reden. Aber so glücklich bin ich doch, Ihnen, liebe Donna, Ihren Wunsch gewähren zu können."

Der König beschäftigt sich seit einiger Zeit mit der spanischen Sprache - es ist eine Fügung, einer der unmerklichen Schachzüge des Schicksals, die zum Matt führen. Er nimmt also ein weiteres Interesse an der Tänzerin, läßt sich von ihr korrigieren, unterhält sich über spanische Sprache und Literatur und schließlich über spanische Politik, über Frommheit und Bigotterie und findet, daß sie ein sehr, sehr gescheites Frauenzimmer ist.

Endlich wagt der lüstern gewordene Schönheitssinn einen Vorstoß.

"Erlauben Sie, Sennora", dabei deutet eine malende Handbewegung des Königs auf Lolas Büste, "kann so viel Schönheit Natur sein?"

"Sire -!"

Ein Wetterleuchten in der blauen Nacht ihrer Augen. Lolas Hand zückt einen Dolch; der König prallt zurück, erschreckt, daß er etwa ihrer jungfräulichen Ehre zu nahe getreten sei ...

Ritsch! hat Lola ihr Samtkleid vom Hals bis zum Gürtel mit der scharfen Klinge geschlitzt, und verblüfft starrt der zweifelsüchtige König auf die schwellenden Brüste, die hurtig aus der Kleiderhülle springen.

"Äh-- -äh- --!"

Vor seinem Hirn steht jetzt ein Bild, leibhaft geworden, dessen er sich dunkel aus einem italienischen Vers entsinnt, den er auch schon vergessen hatte, aber von Italien her - er war in der Jugend viel in Italien - kannte und oft rezitierte - Von wem ist doch der Vers? - Ja richtig, von Marino, achter Gesang des Adone, achtundsiebzigste Stanze, wo es von der Liebesgöttin heißt:

> *Vedeansi accese entro le gianci belle*
> *Dolci fiamme di rose e di rubini,*
> *E nel ben sen per entro un mar di latte*
> *Tremolando nutar due poma intatte.*

oder:

> *Man sah auf den schönen Wangen süße Flammen*
> *Von Rosen und Rubinen glühen*
> *Und im Busen in einem Milchmeere*
> *Zwei unberührte Äpfel zitternd schwimmen.*

Dieses Bild behielt Ludwig in seiner Erinnerung an die Audienz und sah nichts als "in einem Milchmeere zwei unberührte Äpfel zitternd schwimmen".

Gastspiel auf der Hofbühne; das Haus zum Erdrücken voll. In der vordersten Reihe Lady Jane Ellenborough mit nackten Schultern, die Vielbeneidete, die der König für seine Schönheitsgalerie malen ließ. Sie selbst zum Porträt erstarrt, ihr Antlitz findet sich nicht mehr zurück; so stellt sie sich im Parkett zur Bewunderung aus. Bierderbe Biersiedersgattinnen, handfeste Charcutiersfrauen, züchtige Haustöchter, die auf die Lady schielen, wie futterneidische Hühner; eine scharfe Konkurrenz von entblößten Schultern und Busen, ein Andrängen gegen die Loge des Königs, ein stummes Werben und Betteln um einen königlichen Gnadenblick, und in allem brünstgen Gebaren die ewige stumme Frage: "Bin ich nicht schön genug für die Schönheitsgalerie? Bin ich nicht schöner als die Lady Ellenborough oder die Lady Spence oder die Sedlmayer oder die Schindling oder die Hillmayer oder sonst eine von den vielen, die der König für sich malen ließ?"

Die Schönheitsgalerie, dieser siebente Himmel weiblicher Eitelkeit, von dem die Gehirne träumten! Sie entfesselte den Blößenwahnsinn dieser Ehrbarlichen, die mit spießbürgerlich geziertem Anstand ihre Reize ausstellen und ihre Freigebigkeit in süße Pose kleiden.

Der König kümmert sich wenig darum; kaum ein Blick geht ins Publikum - was sind diese Liebesmühen doch für hausbackene Philisterwitzchen gegen die geistsprühende und temperamentvolle Grazie einer

Lola Montez! Die kam jetzt, nachdem der erste Akt des sentimental langweiligen Schwankes "Der verwunschene Prinz" vorüber war und tanzte in den Zwischenakten; bald gab es mehr als einen verwunschenen Prinzen im Hause!

Der Raum war schier geladen mit elektrischer Spannung, die Männer von der verderblichen Schönheit des fremden Weibes bezaubert und liebestoll; die Frauen instinktiv von Haß ergriffen und unversöhnlich. Die Komödie begann, doch wurde sie vom Publikum gespielt. -

Das Auftreten Lolas war schon gegen jedes Herkommen. Aufreizend. Nicht etwa in Trikots und Ballettröckchen, wie man's gewöhnt war; nein, in spanischer Tracht, in Seide und Spitzen, schier ehrbar. Welche Anmaßung! Die großen schwermütigen Augen breiteten einen blauen Glanz aus; es schien, als hätte niemand Augen außer ihr: solche blaublickende Augen, die behexen konnten.

"Spanische Nationaltänze" stand auf dem Theaterzettel.

Es war dies und zugleich etwas anderes, Neues, nie Gesehenes. Keine bestimmten Tänze von feststehender schematischer Form, sondern der vollkommene rhythmische Ausdruck allgemein menschlicher Empfindungen von der Schalkhaftigkeit bis zur fiebernden Leidenschaft, jede Bewegung war Ausdruck beseelten Lebens, Leben im höchsten Sinne; gesteigerte Natürlichkeit, gesteigert bis zur Kunst; Selbstdarstellung. Sie tanzte sich selbst, und so erhob sich der Tanz von der Figurine zum Drama ...

Die Leute saßen andächtig wie in der Kirche und starrten atemlos auf dieses Wunder. Es war schier unfaßlich und schien ein verzückter Traum unter dem blaugeöffneten Nachthimmel dieser Augen. Aus der Königsloge waren ein paar Operngläser unverwandt auf die Bühne gerichtet, kein Blick ging ins Parkett ...

Ah, da saß der Stachel! Sonst war es üblich, daß der König dem Publikum zugewendet saß. Vergebens schielten die schmucken Töchter nach dem großen Wappen und den Operngläsern empor, die in ihrer erregten Phantasie größer und größer wurden, sich zu mächtigen Fernrohren auswuchsen, zu Fernrohren unter diesem blaugeöffneten Himmel ... Ein Unbehagen entsteht, eine Hysterie, die epidemisch wird.

Man denkt an den Splitter im Auge des Königs.

Das Volk sieht den Splitter, weil es den Balken im eigenen Auge trägt.

Der Vorhang fällt, und der Spektakel geht los. Trotz allem kein unbestrittener Erfolg. Das Publikum ist mit inneren Widerständen gewappnet, besonders die Frauen.

Das Parkett klatscht und zischt.

"Der verschiedenen Gerüchte wegen", flüstert eine Nachbarin der anderen ins Ohr, das Zischen zu erklären. Man hat nichts in den Zeitungen gelesen, die unter strengster Zensur des Absolutismus und der Jesuitenherrschaft stehen, aber man ist "unterrichtet". Klatsch, Skandalsucht, Spitzelwesen blühen in dieser Stickluft. Es wird gezischelt und getuschelt, man spitzt die Ohren, nickt verständnisinnig, reißt erstaunt die Augen auf, ist sittlich entrüstet und flüstert das Gehörte wieder dem Nachbar zu, der wieder Augen und Maul aufreißt.

"Aus sicherer Quelle!"

"Hm! Ah! So? Aus sicherer Quelle? Hm, hm! - Also eine Missionärin der englischen Freimaurer, eine Feindin der Jesuiten, schlimm, schlimm! Wie? In ausländischen Blättern? Wie? Liebesabenteuer in allen Weltteilen? Unerhört! - Skandal! Kokette? Wohl, wohl! Hi, hi!"

Der König will noch immer nichts sehen! Muß also die Schönheit einsam darben, weil das Auge des Bewunderers fehlt oder nichts sehen will! Diese nackten Schultern, diese entblößten Busen - diese saftigen Schinken für die Schönheitsgalerie!

Daran ist der Splitter schuld! Die sittliche Empörung gewinnt Oberhand. Die Eifersucht, die gekränkte Eitelkeit, die enttäuschte Gefallsucht, Rivalinnengefühle dieser frauenzimmerlichen Seelen verdichten sich zur Massenhysterie. Jetzt handelt, denkt und fühlt nicht mehr eine einzelne Frau oder ein einzelnes Mädchen, sondern an ihrer Stelle erhebt sich ein Kollektivwesen, das diese schier unbewußten Regungen des Hasses sammelt, steigert und zum herrschenden Instinkt aller macht. Die Tänzerin hat einen König zum Freund gewonnen; zugleich ist ihr in diesem Kollektivwesen, in dieser Masse, diesem Volk ein Hasser entstanden.

Zunächst sind's nur die Frauen. Aber das ist das Gefährliche. Sie sind es aus Gründen, die unnennbar sind, aus hysterischen Ursachen, und das ist noch gefährlicher. Nicht die einzelne Frau, sondern dieses Kollektivwesen von Frauen schließt ein unausgesprochenes stillschweigendes Bündnis mit dem umschleichenden Jesuitismus, und das ist das Gefährlichste. Indessen träumen die Männer von Befreiung aus geistigem Druck und träumen wohl auch von den göttlichen Tanzbeinen der Lola - diese Racker!

Sie sind der Sünde gar nicht abhold, doch bleiben sie klug verschanzt hinter der Prüderie - diese Tugendheuchler! Sie gestikulieren eifrig und ritterlich mit den entrüsteten Frauen und verfallen ihrer Hypnose, Massenhypnose. -

"Saltatio est diaboli circumferentia", zitiert einer von den Herren, die eine Gruppe bilden und ihre Eindrücke flüsternd austauschen; ein gelehrt tuender Herr Jakob, der sich moralisch entrüstet, unter der lebhaften Zustimmung seines Freundes, des Kaufmanns Nußbaum und einiger Gleichgesinnter: "Die Sittlichkeit ist in Gefahr! Gehören diese Schamlosigkeiten auf die Hofbühne? Gatten und Väter! Denkt an eure Frauen, eure Töchter, eure Söhne!"

"Aber sie hat eine Intelligenz der Bewegung!" warf ein Schwarzbärtiger ein, halb Don Juan, halb Marquis Posa, der Kunsthändler Boligiano.

"Intelligenz der Bewegung!" Das gefiel wieder den anderen Herren, vor allem dem feisten Schokoladenfabrikanten Meyerhofer und dem grauköpfigen Cafétier Tamboli, die es mit dem Freisinn hielten und unter dem Widerspruch des übrigen Publikums wütend applaudierten.

Die Rollen sind verteilt - die Geschichte hat ihr Satyrspiel klug eingefädelt. Sie ist ein trefflicher Regisseur.

An dem zweiten und dritten Abend, da Lola Montez wieder tanzt, herrscht bedenkliche Unruhe. Ein offener Theaterskandal will sich vorbereiten. Nur die Anwesenheit des Herrschers beugt dem Ausbruch vor.

Doch der König merkt es kaum. Wie an den vorhergehenden Abenden starrt er unverwandt durch die Gläser. Es scheint, als tanze die Montez nur für ihn. Er hat vergessen, daß er im Theater sitzt. In seiner Loge ist er ganz nahe unter den weitfliegenden Röcken der Tänzerin, ist ganz zärtlich hingesunken in diesem Windhauch des Tanzes, der ihn umarmt, liebkost und mit Traumseligkeiten erfüllt, wie der Tropenwind, der aus exotischen Gärten weht.

Den Hunderten aus dem Parkett heraufschielender und scheel blickender Augen will's wieder erscheinen, als ob das Wappen sich zur Riesenwand gegen sie dehnte und die schwarzen Gläser zu ungeheuren Fernrohren wüchsen, die die Blicke des Königs weit wegführten, weit, weit in diese veilchenblaue Nacht dort oben, zu den Ekstasen einer Tänzerin ...

Aber der König sieht noch mehr durch sein Glas, als die braven Untertanen ahnen: unter diesem blaugeöffneten Nachthimmel sieht er als Vision "in einem Milchmeere zwei unberührte Äpfel zitternd schwimmen", und automatisch murmeln seine Lippen:

> *E nel ben sen per entro un mar di latte*
> *Tremolando nutar due poma intatte.*

Lola Montez, Gräfin von Landsfeld

Zweites Kapitel

Der König der Künste

Die Walhalla unterhalb Regensburg an der Donau. Eine weiße Marmorhand der Kunst, Gruß und Wink: "Tretet ein, auch hier sind Götter!" Ein Tempel des Zeus Pangermanikos. Ein nationales Heiligtum mit fünfzig Büsten der größten deutschen Männer. Eine Ruhmeshalle Deutschlands im griechischen Tempelstil! Was konnte deutscher sein? Unter dem grauen nordischen Himmel klassische Marmortempel, die sich nach der schreckhaft tiefen Bläue des Südens sehnen, nach der kristallhaften Klarheit der Luft sehnen, wie es die deutschen Philhellenen taten, die das Land der Griechen mit der Seele suchten …

Darum dieser pathetische, heroenhafte Zug über der deutschen Landschaft, über Hopfenfeldern und starrem Forst, über der graugrünen Flut des Nibelungenstromes und über nebelfeuchten Niederungen! Faust, der um Helena wirbt …

Da geht unter den Leuten ein unauffälliger

Mensch, einfach angezogen, einen alten Hut auf dem Kopf, in kurzem Röcklein, nicht vom neuesten Schnitt, das Stöcklein in der Hand, bleibt hin und wieder stehen, redet den und den an, ein Bürger unter Bürgern. Die Leute kennen ihn. Es ist derselbe, der die Walhalla baute, München neu schuf, die Residenz mit neuem Prunk bereicherte.

Eben ging er aus der Residenz heraus, ein Regen droht; der neue Schirm in der Hand des Königs - aber nein! Ein Kammerdiener eilt auf seinen Wink herbei:

"Da nimm den Schirm, hol' mir den alten!" Ludwig der Teutsche, der das Land der Griechen mit der Seele suchte!

Ludwig I., der dieses Denkmal seiner Sehnsucht schuf, die Walhalla. Der Deutschlands Größe träumte und den Plan entwarf, schon 1807 - in Deutschlands tiefster Schmach. Die Patrioten ahnten in dem jungen Bayernfürsten den kommenden Helden, der das alte heilige Reich zu neuem Glanz aufrichten werde ... Einstweilen gab er ihnen die Ruhmeshalle. Schon anno 1830.

Der Kammerdiener bringt den alten Schirm, der König lächelt:

"Es ist schade um den neuen, er hat sieben Gulden gekostet!" Er hat sieben Gulden gekostet!

Die Vorstadt Au mit den halb in die Knie gesunkenen Häuschen wie sie schier nur in den Märchen wachsen. Aber der König kann's wagen, seinen Spaziergang allein in diese Gegend der Verwahrlosung auszudehnen und sich wie ein Patriarch seinem treuen Volk zu zeigen. Kein Zeremoniell, kein Auflauf wenn er erscheint. Man ist gewöhnt, ihn als einfachen Bürger zu sehen.

Da geschieht das Unvorhergesehene. Drüben geht einer, der sich als Demokrat fühlt und der Freiheit eine Gasse brechen will. Er grüßt also nicht, das ist sein Heldenstück. Es spukte zuweilen ganz merkwürdig in den unklaren Köpfen.

Mit zwei Sätzen ist Ludwig über der Straße, reißt ihm den Hut vom Kopf und schreit ihn an: "Der König, der König!"

Jetzt waren beide quitt. Der Demokrat, der den König verleugnet, und Ludwig, der den Bürger verleugnet, obzwar er gerade als solcher erscheinen wollte. Der heftige Platzregen zwingt ihn, eine der Hütten zu betreten. Mutter Sorge haust darin; das verhärmte Weib kennt den Herrscher nicht.

"Warum wendet Ihr Euch nicht an den König, wenn es Euch schlecht geht?"

"Was", ruft die Alte, "den König? Von dem Knicker wär' was zu holen!"

Knicker! Da hatte er's. Auf der einen Seite murrt das Volk über den Verschwender, auf der anderen über den Knicker. Dem Volk es in allen Stücken recht zu machen, eine schwere Sache! Es liebt aber erst, wenn es räsonnieren kann. Doch vielleicht waren beide Züge in ihm: Verschwender und Knicker. Selbst in seinem Gesicht war keine rechte Harmonie, es verriet eine Mischung widersprechender Elemente.

Das Feuer seiner Augen ließ das freilich vergessen, jenes edle Feuer der Seele, das die Schlacken einschmilzt zu einem neuen goldhaltigen Metall, hinreichend für ein erzenes Standbild, oder besser noch für ein Standbild im Herzen des Volkes, das auch die Schwächen liebt, weil sie im Gedächtnis besser haften, und weil man daran erst das Menschliche erkennt.

Der Knicker, der den neuen Schirm schonte und dasselbe dünne Überröcklein Jahre hindurch trug, auch bei großer Kälte, aus Sparsamkeit und Schlichtheit, vielleicht aus Knickerei, vielleicht auch, weil es ihm als Größe schien, schuf als Verschwender noch mehr als die Walhalla. Er gab auch die kunstreiche Stadt zu dem noch fehlenden großen Reiche.

Am Nordende der Alpen auf rauhem Gletschergrund in öder Moorlandschaft diesen südlichen Traum von offenen Hallen, Triumphpforten, saalartigen Plätzen, Tempelbauten, ein steinernes Gedicht. München.

Die Bürger schütteln freilich die Köpfe. Sie begreifen den König nicht.

"Was will er denn? Was brauchen wir in Bayern ..."

In allen Tonarten raunt es: "Diese Unsummen! Welche Verschwendung!"

Er spart an Kleidern, schont den neuen Schirm, der sieben Gulden gekostet hat: darf er sich's nicht erlauben? Er läßt sich nicht irre machen.

Alle Staatserübrigungen werden der Kunst zugewendet. Seine Minister schaffen's schon, zuerst der Wallerstein, dann der Abel. Und wenn die Staatsgelder nicht reichen, muß die Privatkasse dran.

Nun will er auch den Bierkreuzer erhöhen, der Kunst zuliebe, aber da gibt's Aufruhr, Revolution, Bierkrawalle.

Peinliche Erinnerung! Zuweilen fährt's ihm durch den Kopf.

Ach! Ja damals!

In der Residenz ist hohe Gesellschaft: die

Hochzeit des österreichischen Erzherzogs Albrecht mit Prinzessin Hildegard wird gefeiert; der Vetter des Bräutigams ist anwesend, Erzherzog Karl, der Sieger von Aspern. Am Morgen hat ihn Ludwig in den Räumen herumgeführt und auf die Bronzelöwen am Eingangsportal hinweisend gesagt:

"Das Symbol der bayerischen Treue!"

Abends beim Bankett wird von der Straße her ein eigentümliches unbekanntes Trommeln hörbar.

Niemand weiß, was es bedeutet, auch die Offiziere haben keine Ahnung. Nur Erzherzog Karl bemerkt trocken:

"Ich kenne dieses Trommeln von anno dazumal: das ist der bayerische Generalmarsch!"

Man eilt an die Fenster, das Volk unten johlt und schreit.

Ludwig ist bestürzt: "Was ist das?"

Erzherzog Karl lächelt und klopft dem König auf die Schulter: "Nun, nun, die bayerische Treue brüllt eben!"

Es wird erst Ruhe, als die Bierkreuzer herabgesetzt sind. Wenn er nur sein Bier hat, das andere ist dem Spießer wurscht. Wenn nur nicht an dieses heilig Volksgut gerührt wird, dann meinetwegen soll halt der König auch seine Narretei haben. Schließlich wird man's gewöhnt, obwohl man den Sinn noch lange nicht erkannt hat. Freilich sieht's noch wüst aus, ohne Zusammenhang und Ordnung, durch Jahrzehnte. Auf wüstem Feld erheben sich da und dort Kunsttempel, den Abglanz fremder Schönheit auf der Stirne. Die Ludwigstraße ist noch nicht ausgebaut, räumlich die heiterste und schönste Straße der Welt - eine Via Triumphalis von der Feldherrnhalle bis zum Siegestor.

Einstweilen ist dieser Traum von der Kunststadt freilich noch nicht zu Ende gedichtet.

"Mein lieber Klenze!" Mit dem Spaziergang verbunden noch ein Besuch auf den Bauten und in den Ateliers. Seine liebsten Regierungsgeschäfte.

"Mein lieber Klenze!" Der königliche Baumeister kommt wie gewünscht in den Wurf.

Arm in Arm mit dem Baukünstler geht's hinaus, wo die Gebäudegerüste stehen.

"Was war denn München früher?" ruft der König entzückt über sein und seiner Künstler Werk. Er sieht die geistige Form, die sich erst verwirklichen soll.

"Ein armseliges Nest! Berlin konnte nicht schlechter sein, bevor es seinen Schinkel hatte ..."

Das durfte Klenze sagen, der für München dasselbe war, wie Schinkel für Berlin.

"Man wird einmal sagen müssen, daß keiner Deutschland gesehen hat, der nicht in München war." So wollte es Ludwig.

Und der königliche Baumeister darauf:

"München muß so schön werden wie Athen!"

Punktum!

Aber soviel war schon zu sehen, daß die Stadt Ludwigs Gesicht bekam, deutsches Gemüt, romantisch, aber den Blick auf Rom und Hellas gewandt.

Unterwegs noch einen Blick ins Atelier des Malers Catel.

Dort steht ein Bild auf der Staffelei, "Ludwig I., Kronprinz von Bayern im Künstlerkreise zu Rom".

Rom! War das eine herrliche Zeit bei Don Raffaelle d'Anglada auf Ripa Grande! Nun werden im Anblick des Gemäldes Erinnerungen ausgetauscht, Erinnerungen an die sorglosen Tage auf der Künstlerkneipe, da man angesichts der ewigen Stadt im Februar im Freien saß - der Flieder duftete, die Rosen blühten und die Amseln schmetterten; man hatte die schönsten Rosinen im Kopfe, den Mund voller Ideale, ein Glas Römerwein in der Hand, feurige Reden um die

Ohren und das Auge trunken von der Schönheit unsterblicher Werke.

Wie auf dem Bild, so sitzt der König jetzt mehr als zwanzig Jahre später wieder unter den Freunden, der Fürst unter den Künstlern, auf gleich und gleich.

Eifrig werden die Figuren des Gemäldes diskutiert. Da ist Klenze, der Griechengeist unter den Architekten zur Linken, Torwaldsen, der deutsche Phidias zur Rechten, weit oben am rohen Tisch Gumppenberg, der nachmalige Kriegsminister, eine Menge Maler, Cornelius, in dem Deutschland einen neuen Dürer sehen wollte, Schnorr von Karolsfeld, Ringseis, der sein Glas erhebt und eine Rede hält auf die Einheit Deutschlands und auf den scheidenden Kronprinzen, den Künstlerfürsten, der schon ein Jahr darauf den bayerischen Thron bestieg.

Auf dem Boden der Osteria liegt Ludwigs Zylinder neben den Weingebinden, er winkt dem Don Raffaelle d'Anglada, mehr Flaschen herzuschleppen, alles ist in ungebundener, gehobener, schwärmerisch bewegter Stimmung.

Und dann im Café Greco, dem Sammelpunkt der Deutschen, wo er den anderen genialen Vollender seiner Baupläne findet, den Architekten

Friedrich Gärtner, und sich zu dem Distichon versteigt:

"Café Tedesco solltest du heißen, du Stätte der Teutschen, Kunstverwandtschaft vereint Griechen und Teutsche jedoch!"

Damals war man freilich ein Beträchtliches jünger. Ach ja!

Dafür aber hat man erreicht, was man damals nur träumen durfte.

Deutscher Fürst und Bayernkönig, vor allem aber König der Künstler! Er hat sein Wort gehalten, als er damals bei seinem Scheiden von Rom den Künstlern zurief: "Auf Wiedersehen in München!"

München, die einzige deutsche Kunststadt, von da ab wird Künstlerstadt. Er hat alle geholt. Was wäre ohne ihn aus der deutschen Malerei geworden? Er hat ihr ein Obdach gegeben, vor allem aber Aufträge. Der Herr Kunstmaler ist eine Standesperson geworden. Er ist jetzt wer.

Kaulbach, der eben bei Catel ist, erzählt, wie alle Maler nach München drängen und der Zuzug von außen immer größer werde; der König freut sich kindlich darüber:

"Schön, daß sie alle zu mir kommen, wir wollen ein rechtes Kunstleben führen!"

Der König springt auf und langt nach seinem Hut. Man hat genug in Vergangenheit geschwelgt, die Zukunft lockt verheißend als holde Fee.

Sonst verbringt er die Abende in den Zirkeln der Künstler und in Gesellschaft schöner Frauen, diesmal winkt er ab. Hat was Wichtigeres zu tun und ist gar sehr in Eile.

Regierungsgeschäfte? Freilich; Besuch bei Lola am Tage nach ihrem dritten Auftreten.

Unterwegs fällt ihm ein, daß er Blumen bringen müsse; das ist eine neue Verlegenheit für ihn. Zum Glück kommt ihm Hans Rothärmel entgegen, der Farbenreiber des Malers Rottmann, desselben Künstlers, durch den der König die Hofarkaden mit italienischen Landschaften schmücken ließ, um etwas südlichen Himmel und blaue Luft in das Nebelgrau des Nordens zu bringen.

Ach, dieses blauflatternde Band der Sehnsucht! Der König selbst ist der Bandträger, und so sind es seine Künstler.

Sie alle kennen Mignons Heimweh nach dem Lande, wo "die Myrte still und hoch der Lorbeer steht".

Und nun der Farbenreiber Rothärmel.

"Ah, Johann, es ist gut, daß ich dich sehe", rief der König schon von weitem, "du mußt mir drüben im Laden ein Blumenbukett kaufen; mir verlangt man zuviel ab."

Der Blumenladen macht glänzende Geschäfte seit dem Auftreten Lolas. Täglich gingen Blumenlasten in das Hotel der Tänzerin. Eben erst hatte ein Herr Lorbeerbäume und kostbare Sträuße an die Künstlerin schicken lassen. Der Schokoladenfabrikant Meyerhofer. Er tat's fürs Herz und für die Reklame.

Industrieller.

Der Farbenreiber brachte die Blumen. Sie haben vierundzwanzig Kreuzer gekostet.

"Holst dir's morgen in der Kabinettskanzlei, gell?"

"Knicker!" "Verschwender!"

Es war Volkesstimme.

Ein Tuch von schwerer Seide, kostbar bestickt, lange geknüpfte Fransen; Wundergebilde von Spitzen, zarter als die erlesenste Goldschmiedearbeit, luftiger als die filigranartig durchbrochene Silhouette gotischer Türme in der Abenddämmerung, kunstvoller als die mysteriöse Kunst der Kreuzspinne, gebrechlich und schwach wie das verlöschende Augenlicht und die blutleeren geisterhaften Finger armer Spitzenmacherinnen in der Winternacht einsamer Hochländer, und über diese Spitzen in verschwenderischer Fülle wieder Stoffe von schwerem seidenen Fall und reichem Wurf, alte, gebrochene Farben von tiefer Kraft, übersät mit feurigen Blumen, blühend wie ein Gartenbild von Feuerlilien oder schweratmenden Rosen in einer Vollmondnacht, dazu ein katzenartig geschmeidiges Schreiten, Wandeln und Schleichen, eine Wollust der Bewegung, samtweich, sprungsicher, muskelhaft - spanische Tracht.

So empfing die Sennora den König.

Das Kostüm war schon einer näheren Prüfung wert; es geschah nicht schüchtern.

"So tragen es die Leute in Andalusien," erklärte sie auf die Frage des Königs, "im Lande der Serenaden und der Balkons, der Troubadours und der Romanzen; im Vaterlande des Michaele Cervantes und des Lascases, der römischen Kaiser Trajan und Theodosius - und der Tänzerin Lola Montez!"

"Ich beklage Ihre Landsleute," erwiderte der König, "sie können aus der Revolution gar nicht herauskommen. Was soll bei diesen Zuständen aus dem armen Lande werden?"

Seit der Julirevolution von 1830 ging der Geisterspuk des Umsturzes in Europa umher und verursachte auch den deutschen Fürsten Angstzustände und böse Träume. Anscheinend wollte sich die Welt verjüngen, aber das ging nicht ohne schwere Wehen vor sich. Wo waren die Menschheitsideen aus der Zeit der großen französischen Revolutionen geblieben? Wofür hatte man in dem Befreiungskampf von 1813 geblutet? Was war aus den großen Versprechungen und schönen Hoffnungen geworden? Die Bürger wurden unmutig, als sich nachher die Welt wieder in ein Polizeihaus und in ein Bethaus verwandelte.

Ludwig war nicht frei von Gespensterfurcht. Dieser Kammerlärm der süddeutschen Volksvertretungen, mit denen er im ewigen Streit lebte, dazu die Aufstände in Portugal, Spanien und Neapel, und als deutsche Nachwirkung der französischen Julirevolution das Hambacher-Fest 1830, wo auf den Ruinen des Hambacher Schlosses vom Völkerfrühling und deutschen Mai vor dreißigtausend Menschen geredet und der Würzburger Bürgermeister Dr. Behr, des Königs persönlicher Freund, zum Frankenkönig ausgerufen ward, freilich halb im scherzhaften Überschwang. Bedenklicher stimmten Behrs und des anderen Demokratenführers Dr. Eisenmann heftiges Begehren nach Revision der Verfassung, Einsetzung von Geschworenengerichten und anderen Reformen - nun haben beide in nahezu schon dreizehnjähriger Kerkerhaft auf der Festung Passau Zeit über die verlangten Reformen nachzudenken, nachdem Behr obendrein vor seines Freundes und Königs Bild hatte schimpfliche Abbitte leisten müssen, vor Ludwigs Bild, der den Beinamen der Gerechte, der Gütige, der Beharrliche liebt.

Darauf die Wiedererweckung des katholischen Bewußtseins im deutschen Süden, von den Jesuiten betrieben, im Norden der unerträgliche protestantische Pietismus mit seiner schwunglosen und kahlen Predigerlogik, im Verein damit Polizeiknüttel und ähnliche Narkosen. -

So ward Bayern seit den dreißiger Jahren leidlich "beruhigt", und doch immer dieses leise Beben ...

Aber die schöne Spanierin warf sich sofort zur Verteidigung ihrer Heimat auf.

"Sire", versetzte sie, "meine Landsleute sind brav und loyal, und mein Vaterland würde glücklicher sein, wenn es Kraft und Energie besäße, sich von zwei Übeln zu befreien."

"Und die wären?"

"Nach meiner Ansicht, Sire, müßte Spanien

weniger bigott und mehr wahrhaftig, weniger phantastisch und mehr verständig sein."

Der König horchte auf. Ja, ja, Bigotterie, man brauchte sie nicht erst in Spanien zu suchen. Man brauchte gar nicht so weit zu gehen. Aber deshalb hatte man ja die Jesuiten gerufen, damit sie das Heilmittel gegen die weltlichen Gefahren brächten. Doch das war auch nicht das rechte. Eigentlich mochte sie der König selbst nicht, diese Jünger Jesu. Sie waren ihm zu fanatisch und hatten es obendrein mit ihm verscherzt, damals in Rom, da er noch Kronprinz war und sich selbst mit revolutionären Freiheitsideen trug. Da hatten sie ihm einmal im Beichtstuhl die Absolution verweigert. Das hat er ihnen nicht vergessen, und er grollte, daß sie sich nun auch in Bayern eingenistet hatten. Lag es nicht mehr ganz in seiner Macht, es zu verhindern?

"Die möchten ja ganz Bayern in ein Kloster verwandeln", eiferte er jetzt. Neulich haben sie sogar das Tanzen verbieten wollen. Was sagen Sie jetzt dazu, liebe Donna: das Tanzen! Können wir uns das gefallen lassen?"

Darüber gerieten beide in die unbändigste Heiterkeit. Das politische Gebiet ward nur leicht gestreift, aber das war schier unvermeidlich in einer Zeit innerer Gärung. War es nicht wirklich eine Torheit, das Tanzen verbieten zu wollen? Es war genau so töricht, als wollte man den Mädchen verbieten, schöne Knöchel zu haben, leichtbeschwingte Füße und holde Gebärden. Aber der König fühlte, daß er kein Mädchenfeind war, kein Spielverderber, so wenig wie es der schützende Wald ist mit seiner verschwiegenen Lust und seinen Blumenhängen um die verborgene Quelle.

Und er selbst war königlich wie ein solcher Wald im grünen Mantel der Bäume und dem purpurnen Saum des Abends und wußte wie jener um die Schönheit dieses Leibes, die der alte, knorrige, wetterharte Wald mit tausend Augen befühlt und sein liebstes Geheimnis nennt. Sie aber stand da mitten in feurigen Blumen wie eine Statue, schöner als die Venus von Knidos und war nicht Stein, sondern atmendes, sinnliches, glühendes Leben. Feine Spitzen hingen wie Spinnweben, die feurigen Blumen glichen einem Beet in Vollmondnacht, einem Beet mit der lebendigen Statue inmitten dieser feurigen Blumen, und es war Tanz, war katzenhafte Geschmeidigkeit, war die Wollust der Bewegung und ein heißes Flüstern: "Vor allem bin ich ein Weib und bin wild und begehrlich - "

"Mein der König, mein!"

Die Stunden waren dahin. Sie glichen einem üppigen Traum in einer italienischen Nacht mit farbigen Lampions, geschlechtlicher Musik von kichernden Geigen, erregendem Tanz, schwellenden Gliedern, blühendem Fleisch, leuchtenden Tropfen von Edelsteinen, seidenen Schillerfarben - verflogen und vorbei, leider allzu kurz und schön wie der phantastische Rausch eines Poeten.

"Bin ich es, oder bin ich es nicht?" Es war dem König, als lebte er plötzlich im Märchen, und er konnte dabei nicht an der Wirklichkeit zweifeln. Auch nicht an der märchenhaften Großmut, die rege wurde, um die Geliebte mit einem Goldregen zu belohnen.

Der Knicker! Der Verschwender! So sagten die einen und so die anderen, obgleich sie ihn auf ihre scheltende Weise liebten. Aber für die Huldin war er weder ein Knicker noch ein Verschwender, sondern, was sie listig schmeichelnd und aufrichtig dankbar, ebenso heuchlerisch als ehrlich bewunderte:

"Ein ganzer König!"

Die vielen zudringlichen, neugierigen, spöttischen, gehässigen Blicke, die auf sie einhackten wie stumme, böse Vögel - Respekt! - jetzt war sie unverwundbar. "Respekt, ihr Neugierigen, ihr Zudringlichen, ihr Gehässigen! - Was wollt ihr noch? Euer König ist mein! Mein, mein, mein!"

Noch zur späten Nacht war Licht in des Königs Privatzimmern. Alles was der Künstlertraum seiner Tage faßte, die schönen Sagen von Rittern, Helden, Königen und schönen Frauen, von kühnen Taten und großen Siegen, aber auch von den Dämonen, die zuweilen Herr über das Menschenherz werden - diese romantische Welt von überlieferten Vorstellungen und Empfindungen ward verwirklicht in seiner Residenz, die er zu einem wahren Königsbau umschuf, jeder Saal über ein Märchen oder über den Ruhm der Vergangenheit sinnend. Aber in diesem Märchenschloß wohnte der König in einfachen Zimmern; das war die bürgerliche Note neben dem großen Pathos, das Biedermeiertum neben dem historischen Faschingszug des freskengeschmückten Baues. "Bürgerlich und romantisch", das war die Zeit.

Der Hatschier konnte das Licht in den Zimmern und den wandelnden Schatten beobachten. Ließen die Regierungssorgen den König nicht schlafen, das Dröhnen fremder Revolutionen? Wacht sein Auge so treu über die schlummernden

Untertanen? Dieses Auge blitzt, die Lippe bebt - aber es ist nicht gerade das, wovon eben die Rede war. -

Der König - dichtet. Warum auch nicht? Die Muse zwar führt sich auf wie eine widerspenstige Magd - aber es geht auch ohne Muse. Ein Wunder ist doch geschehen! Der Teutsche mit der Griechenseele - seine Pygmalionsehnsucht nach dem Süden hat Erhörung gefunden! Der Süden ist in menschlicher Gestalt zu ihm gekommen. Das Meisterwerk des Praxiteles, die Venus von Knidos, an deren Schönheit sich in der einhundertundvierten Olympiade ganz Griechenland berauschte, schien Fleisch und Blut geworden, um den nordischen Pygmalion zu beglücken. "Kunstverwandtschaft vereint Griechen und Teutsche jedoch!" Wie einst als Jüngling in Venedig, da er fassungslos vor Bewunderung war angesichts der Statue der Hebe von Canova, so war er es jetzt vor dem berückenden Gebein der Lola. Die Jugend kehrte wieder, neue Spannkräfte regten sich, die Last der Alltäglichkeit fiel ab, die Einbildungskraft, flügellahm zwar, hob die Schwingen, neu begrünt war das Herz - grün über grün von Johannistrieben.

Leuchtend himmlischblaue Augen,
Gleich des Südens Äther klar,
Die in Seligkeiten tauchen,
Weiches, glänzendschwarzes Haar.
Heitern Sinnes, froh und helle,
Lebend in der Anmut hin,
Schlank und zart, wie die Gazelle,
Bist du, Andalusierin!

Edelstolz, doch treu hingebend
Ohne Falsch das Herz dem Herzen,
Gibst du in der Liebe Gluten
Höchste Wonne sonder Schmerzen.

Voll von Feuer, voll von Leben,
Fremd der Leidenschaftlichkeit
Ist dein Wesen, ist dein Streben
Vom Alltäglichen befreit.

In dem Süden ist die Liebe,
Da ist Licht und da ist Glut,
Da im stürmischen Getriebe
Strömet der Gefühle Flut.

So der König und Sänger.

Festsaalbau der Residenz von Ludwig I.

Drittes Kapitel

Vivat, Lola Montez!

Glocken über der Stadt. Sie nisten in den hohen Türmen wie lärmende Vögel in den Bäumen und erheben nun ihre schwingenden Stimmen. Die Steine singen, die Luft singt und die Menschenherzen singen, von zitternden Wellenkreisen umringt, als schlügen die Glocken jedem in der eigenen Brust. Sie hatten Macht über die Seele. Bald dröhnten sie dumpf und schwerflüssig wie die Stimme des Herrn, die im Wogenrauschen und Gewittersturm spricht, bald erhoben sie sich hell und scharf wie Litaneigesang von Nonnen in schwärzlichen, bronzenen Gewändern hoch im Gewahrsam der Türme, die nun plötzlich eine Stimme hatten und redeten, riefen, drohten, befahlen.

Wen riefen sie?

Sie riefen den König, seine Würdenträger, die Stände, Gläubige und Ungläubige, Konservative und Liberale, Fürsten und Demokraten, kurz alle, die zum Landtag gehörten. Durch des Königs Gnade wieder einberufen, wurde die Ständeversammlung durch ein Hochamt eingeleitet und durch Gottes Wort gespeist, damit es bei der schweren Regierungsarbeit nicht an Erleuchtung fehle. Man war ja im Vormärz. Was die Glocken auf den kupfergrünen Türmen so machtvoll begonnen hatten, setzte die Orgel im Innern der Theatinerkirche mit noch größerer Seelengewalt fort. Kerzen brannten an allen Altären und badeten ihr Licht in Behältern von Gold und Silber und in dem tiefen warmen Glanz der Gemälde; Weihrauch stieg in blauen Wölkchen empor zu den Decken und Wölbungen, die ihr Reliefgespinst als ungeheueren, bestickten Baldachin über den Raum spannten und die Blicke aufwärts leiteten zu dem Himmelstraum der großen Kuppel, die mit ihren Engeln und Seligen auf blauem Grund die ganze Unendlichkeit ahnen ließ. Ein Gleichnis der überirdischen Herrlichkeit war das Gotteshaus, und was etwa noch an weltlicher Begehrlichkeit bei den frommen Landtagsmitgliedern vor dieser überwältigenden Größe der Erbauung standhielt, schwemmte der hochgelinde Strom von Orgelton und Chorgesang sanft hinweg.

Draußen an den weitgeöffneten Toren staute sich das Volk, von den Wachen zurückgedrängt, den Aufzug zu begaffen.

Diese lebendig gewordene Maskenanstalt, den Mummenschanz der vierziger Jahre: Goldbestickte Fräcke mit Staatsdegen und Dreimastern, ein maulwurfschwarzes Gewimmel von Jesuitenhüten und Kutten, die pedantische Feierlichkeit von Professorenröcken mit sonntäglich weißen Halsbinden und Handschuhen und glatt gestrichenen Zylindern, die farbigen Burschenschaftermützen als lustige Klexe über Kanonenstiefeln, Samtjacketts und gestickten Tabaksbeuteln, ein bunter Wald von Fahnen und Standarten aller Kongregationen und Zünfte, die Innungszeichen der in Gott ruhenden, ehrsamen Handwerksverbände, Landestrachten der Leute aus Schwaben, Franken, der Pfalz, Nieder- und Oberbayern: kurz, die Stände. Unter den Neugierigen vor den Kirchentüren ein Stoßen und Drängen, ein Schimpfen und Wehklagen hinter den zurückdrängenden Wachen.

"Hier kannst du besser sehen, Vetter", sagte der Kaufmann Weinschöppel zu seinem Besuch aus der Pfalz, dem Hofbesitzer Stindt, der einen abgerissenen bleichen Menschen mit verwildertem Haar und Bart am Ärmel nach sich zog; "hier kannst du bis in das Herz der Kirche sehen, wo gleich die große Faust des Diepenbrock mit dem Weihrauchfaß auffahren wird, der zum letztenmal hier zelebriert; Freund der königlichen Familie, seit einigen Tagen Erzbischof von Breslau, gewaltig mit dem Maul, aber ehrliche Haut!"

Der Vetter aus der Pfalz hatte nicht genug Augen und Ohren, um alles zu sehen und zu hören in diesen wenigen Tagen, da ihn sein Münchener Verwandter, der Kaufmann Weinschöppel, als freiwilliger Fremdenführer am Nasenring herumzog. "Hast du den gesehen", stieß er den Hofbesitzer wieder an, "den mit den vielen Orden und mit dem goldgestickten Frack?"

"Der Kleine, Schmächtige da mit dem großen Löschhut auf dem Kopfe?" fragte der naive Landbürger.

"Pst, pst!" gab ihm Weinschöppel listig zu verstehen. "Der allmächtige Minister von Abel, der größte Pfaffenknecht des Jahrhunderts! Und der andere dort, der Große, das ist der frühere liberale Minister Fürst Wallerstein, der geflogen ist wegen dieses Kleinen. Seither ziehen die Rosenkranzverkäuferinnen als Aposteldamen herum, man rennt den Bettelmönchen nach, um ihre

Säcke und Wägen mit Kälbern, Geflügel und Schmalz zu füllen, viele Klosterbrüder sieht man mit Testamenten in ihren Krallen, und die Schar Loyolas treibt eifrig die Knaben ins Kollegium, große schwarze Hirten hinter der Lämmerherde. Aber der König hat's so gewollt."

"Warum? Hab's nie begriffen", versicherte der Hofbesitzer.

"Aus Furcht!" flüsterte der Kaufmann, doch laut genug für die Umstehenden, die beifällig grinsten.

"Aus Furcht ist der König von ultraliberalen zu ultramontanen Grundsätzen übergegangen. Das hat die Julirevolution von 1830 in Paris verursacht. Da war es aus mit der Menschheitsbeglückung, aus mit Preßfreiheit, Denkfreiheit, Redefreiheit, Gewerbefreiheit. Dafür regieren die Verordnungen und die Zensur, die fürsorglich darauf sieht, daß der geistige Magen des Volkes beileibe nicht überladen wird!"

"Aus Furcht? Er geht unter den Leuten wie unsereiner und weiß: man liebt ihn. Heißt das fürchten?"

"Nun, was glaubt Ihr, warum er seinen Freund, den Bürgermeister Behr, in die Festung geschickt hat?"

Der Bauer machte ein erwartungsvolles Gesicht.

"Aus demselben Grund: aus Furcht!"

"Furcht sagt Ihr? Ich kann's nicht einsehen. Dagegen würde der ultramontane Minister auch nicht helfen können." meinte der Pfälzer.

Der Zerlumpte hatte schweigend zugehört, gelegentlich lebhaft Beifall genickt und jetzt mit einem bedauernden Achselzucken sein Mißfallen ausgedrückt.

"Oh, Einfalt vom Lande!" begann wieder Weinschöppel. "Seht Ihr denn nicht, was sonnenklar ist? Dem Volke muß die Religion erhalten werden! Ein gläubiges Volk ist eben leichter zu regieren, ein Volk, das in die Kirchen rennt und dem Herrgott die Zehen abbeißt, gelt, Schulmeister?" Dabei gab er dem Zerlumpten, der mit erregter Miene zustimmte, einen Klaps auf die Schulter und fuhr dann fort: "Ein Volk, das stumm gehorcht und sich mit Wechseln bezahlen läßt, deren Einlösung erst im Jenseits erfolgen soll, von wo aber bekanntlich noch keiner zurückgekehrt ist!"

Der Sprecher wurde durch Lärm und Unruhe unterbrochen. Die Augen aller wandten sich von dem Schauspiel, das die offene Kirche und die

Aufzüge boten, ab, und die Finger zeigten aufgeregt nach der Straße hin:

"Da, da, da!"

"Ihr habt Glück, mein Herr Vetter aus der Pfalz", fing Weinschöppel wieder an. "Da seht linksrum die interessanteste Person im ganzen Königreich Bayern", und nun senkte er die Stimme zu einem lauten Flüstern: " - die Geliebte unseres allergnädigsten Herrn und Königs ..."

"Wo, wo, wo?"

"Mensch, wozu habt Ihr Euere Augen! Seht Ihr denn nicht, die schöne spanische Fliege dort?"

"Nun, muß sagen, kein übler Geschmack - verdammt schönes Weib! Ist doch vollständig angezogen? Sieht aber aus, als ob sie splitternackt wäre. Das Frauenzimmer versteht's! Immer als Amazone, immer im Reitkleid, immer in Samt gehüllt, der sich anschmiegt, daß man die Form besser sehen kann. Herrgott, 's Maul wässert einem - dieser Busen, diese Lenden, diese Beine! Gott sei Dank, daß man seine Grundsätze hat, gelt, alter Kerl?" Und dabei stießen sich die Männer mit zynischem Gelächter an.

Wie die Göttin der Wollust schritt Lola Montez, das geraffte Reitkleid ein wenig hochgezogen, über die Straße, den Pfützen ausweichend, geradeswegs zum Kirchenportal. Die Menge war erstarrt im Anblick dieser fremdartigen Schönheit. Augen und Mund aufgerissen - im Halbkreis um die Kirche ein einziges, ungeheueres, glotzendes Kollektivauge und ein einziger, in die ganze Breite gezogener, vor Staunen aufgerissener Kollektivmund.

Zwei Studentlein standen am Weg, Elias Peißner, der Türmerssohn aus Vilseck in der Pfalz und Wolfram Horner, ein Küsterssohn aus Dinkelsbühl, zwei Schüler mit hellen, verzückten Augen und keusch zurückgestrichenem Blondhaar. Jedem hatte die Mutter einen Beutel Geld gegeben, die Ersparnisse langer, entbehrungsreicher Jahre, und dazu den Segen mit den Worten: "Werde was Rechtes!" Mit guten Vorsätzen war jeder von den Jünglingen nach der unbekannten Stadt München gezogen, um dort an der Hohen Schule die großen Wissenschaften und das große Leben zu erlernen.

Die standen nun da und waren verdonnert. Das Leben trat ihnen plötzlich in der gefährlichsten und verführerischesten Verkörperung entgegen, wie sie es nie in der Hohen Schule durch die Kraft der heiligen Wissenschaft erträumen konnten.

Was wußten die Bürschlein von dem Leben, was wußten sie von der Liebe?

Jetzt durchzuckte sie eine Ahnung, ein plötzliches Erwachen, ein jäher Erkenntnisblitz, der ein Geheimnis auf einen Augenblick erhellt - aber schon ist es vorüber. Haß und Empörung gegen das Weib, das zum erstenmal seine Sinne reizt, ist das vorherrschende Gefühl des keuschen Jünglings; Haß und Empörung und eine unbestimmte Bangigkeit, die ihn in die Flucht peitscht, zugleich aber auch eine süße Erstarrung, die ihn willenlos macht.

Wolfram von Dirkelsbühl zog den Elias von Vilseck schon am Ärmel und rief angstvoll:

"Fort, komm fort!"

War es die Furcht um sich selbst oder um den anderen? Trotzdem standen sie wie angewurzelt.

"Was gibt's?" fragte Lola verwundert über die beiden Studenten, die ihr den Weg verstellt hatten. Ihre blauen Augen hoben die leuchtenden Schwingen, sie sah die hübschen, schön gewachsenen Jünglinge, sie sah die Bestürzung, den Schrecken und zugleich die Schamröte in ihren Gesichtern und lächelte, als ob ihr der erfahrene Instinkt ihrer Natur den Zusammenhang eröffnet hätte.

"Ihr scheint Angst zu haben?" fragte die Raffinierte, die von der Blödigkeit der Jungen belustigt schien.

"Ja!" stieß Wolfram hervor und riß sich los, als wäre er einem Dämon entsprungen. Riß sich los aus den Schlingen und Fallen dieser Augen und dieses Lächelns und ließ den Freund allein zurück - das Bündnis der Jünglinge hatte von dieser Stunde an einen Bruch. Elias, der Türmerssohn aus Vilseck, blieb mit hellen, verzückten Augen stehen, obschon auch in ihm Haß, Empörung und Furcht gegen erwachende, dunklere Leidenschaften kämpften.

Hämische Worte wurden in dem Haufen laut, der sich von seinem Staunen und Gaffen erholt hatte. Ehe Montez den Fuß über die Kirchenschwelle setzen konnte, hatten die Leute die Kette der Wache durchbrochen und drängten hinter den letzten Festgästen in die Kirche nach, so daß ihr der Eintritt in das Gotteshaus, wo sich der König mit seinen Staatsmächten befand, durch dieses Volk, das sich dazwischen warf, verwehrt war.

"Der Lehrer Thom soll da unter dem Pfeiler stehenbleiben", drängte Weinschöppel den armseligen Begleiter des Hofbesitzers in die Pforte hinein; "hier bleibe er stehen und halte sein Gesuch dem König entgegen, der hier herauskommt!"

Aber die Wache stieß die Leute wieder zurück.

"Halt da! Zurück!" Der kommandierende Leutnant packte den Zerlumpten, riß ihn zurück: "Was will der Kerl von Seiner Majestät? Wache!"

Der Kaufmann und der Hofbesitzer mengten sich ein.

"Tut nicht so, als ob Ihr mich nicht kennet, Herr Leutnant Nussbaum!" begann Weinschöppel in seiner scharfen, hämischen Art. "Sollten Sie etwa nicht wissen, Herr Leutnant, daß Ihr Herr Vater und ich alte Freunde sind, und daß mein Weib die Patin Ihrer hübschen Jungfer Braut Marianne ist? Wir sind anständige Leute hier: das hier ist der Hofbesitzer Stindl aus der Pfalz, und dieser Mann da ist der Schulmeister Thomas Dieter, genannt der Lehrer Thom, den die Bauern, diese filzigen Dummköpfe, verhungern lassen wollten mit Weib und Kind, um den lumpigen Schulkreuzer zu sparen. Das haben die Pfaffen getan - er war ihnen zu aufgeklärt. Seht einmal diesen Jammerkerl, den sie um den Balg geschunden! Da spürt man, daß man noch ein Herz im Leib hat. Zu Fuß ist er nach München gewandert und will hier dem König sein Gnadengesuch überreichen ..."

"Tut mir leid, hier ist nicht der Ort dafür; er soll sich ausweisen, also vorwärts auf die Wache!"

Es erhob sich ein Geschrei, das Volk begann sich aufzulehnen und für den Unglücklichen Partei zu ergreifen gegen den Offizier und die Wachsoldaten.

Eine helle, wohlklingende Stimme, die plötzlich wie Gesang über dem Lärm schwebte, rief:

"Herr Leutnant!" Es war die Montez. "Überlassen Sie mir diesen Menschen, ich bitte Sie!"

Es erging dem jungen Krieger nicht anders, wie es den anderen Betörten erging: er war augenblicklich verwandelt. Zwar die Pflicht und Autoritätsgefühl, soldatisches Wesen nötigten ihm einige Haltung auf, doch ehe sich der Verdutzte erholen konnte, hatte sich Lola schon an Thomas Dieter gewendet und ihn ausgefragt.

"Ich hab' doch gearbeitet, was und wo ich konnte." stammelte der vertriebene Schullehrer seine Unglücksgeschichte und hob bebend vor Erregung zwei zerschundene Fäuste empor:

"Da! Am Donau-Main-Kanal habe ich gearbeitet als Taglöhner für ein paar Kreuzer täglich, und auch das ist zu Ende. Es wird nicht mehr weitergebaut ... Mein armes Weib, meine Kinder ..."

Er konnte nicht weiter, Tränen liefen aus den aufgerissenen Augen über das Hungergesicht; doch der Mann schien es gar nicht zu wissen, daß er weinte, weinte über Weib und Kind und über sich.

Das Herz der Mondaine war leicht gerührt und neigte zum Wohltun. Rasch gab sie dem hilflos verlegenen Studenten Elias von Vilseck ihre Reitgerte und sonstige Dinge die sie trug zum halten, der nun über und über rot wie ein linkischer Diener dastand, und schüttete den ganzen Inhalt ihrer Börse mit Gold- und Silberstücken in die Hand des erbarmungswürdigen Thom.

"Da, für Ihr Weib und Ihre Kinder!"

Der Volkshaufen, anfänglich zu gaffender Bewunderung, dann zur Schmähsucht und Frechheit gegen die Kurtisane gestimmt, war jetzt begeistert.

"Hoch Lola Montez! Vivat!" riefen einige Stimmen.

"Ruhe!" befahlen andere.

"Gib doch der Sennora das Gesuch!" raunte Weinschöppel dem Lehrer Thom zu, der nicht wußte, wie ihm geschah. "Es ist am besten Weg!"

"Das Gesuch an den König", sagte Thom mechanisch.

"Lassen Sie mich, was soll ich damit?"

Ein Nachzügler der Staatswürdenträger hatte den Vorgang mit angesehen, machte eine tiefe Verbeugung und sagte: "Nehmen Sie es, Sennora, Sie tun ein gutes Werk damit!"

Rasch nahm Lola Montez das zerknitterte Papier an sich und steckte es in den Busen.

"Staatsrat von Berks." stellte sich der Unbekannte vor.

Ein Moment der Spannung, während alle auf die Schöne blickten wie auf einen Genius: die Leute mit stieren Glotzaugen, der hellblickende verzückte Jüngling, der Leutnant als Paris mit Raupenhelm und prallen weißen Lederhosen, der faunsgesichtige alte Staatsrat, der rüpelhafte Weinschöppel als genius loci - sie alle waren ohne Unterschied des Standes oder des Alters trotz mannigfacher innerer Widerstände augenblicklich bereit, die Schleppträger der gelästerten Hetäre zu sein.

"Patrona Bavariae!" rief begeistert der Staatsrat mit einer tiefen Verneigung.

"Die Vorsehung im Unterrock!" spottete Weinschöppels Frechmaul.

Viertes Kapitel

Patrona Bavariae - Die Schutzpatronin Bayerns

Bildnisse deutscher Dichter an den Wänden der Privatgemächer der Königin. Griechische Dichter in den Zimmern des Königs.

"Und Marmorbilder stehn und sehn dich an ..."

Königin Therese, jeder Zoll eine Hausmutter, brav und begrenzt, in eifriger Unterredung mit ihrem Beichtvater P. Hilarius.

Sie ist dem Weinen nahe, zerrt das Taschentuch erregt zwischen den Händen, die sie wiederholt vor die Augen preßt:

"Nein, Pater, das werden sich die Damen nicht gefallen lassen, daß sie in der Hofgesellschaft erscheint. Sie sagen, daß er die Freimaurer-Agentin fast täglich in Privataudienz empfängt, stundenlang. Ist es wahr? Alle Welt weiß, daß der König gut und edel ist. Aber seine Güte wird so leicht mißbraucht. Sie soll sehr schön sein, diese Tänzerin, nicht?"

Der Jesuitenpater stand mit über der Brust

verschränkten Händen, die in den beiden Rockärmeln verschwanden, und erwiderte salbungsvoll:

"Das Böse bedient sich gern des Schönen als Maske; die Sünde erscheint in lockender Gestalt. Unseren allergnädigsten Herrn und König hat es befallen wie eine Krankheit, von der wir ihn mit Gottes Hilfe zu befreien hoffen. Der vom heiligen Geist geleitete hochwürdige Herr Professor Görres, der Begründer der modernen katholischen Wissenschaft, hat die Natur dieser Krankheit in seinem Werk über die katholische Mystik beschrieben und erklärt als einen Zustand von dämoniakaler Besessenheit oder Vampyrismus, der in früheren Jahrhunderten unter anderen Namen vorgekommen ist und geheilt wurde durch die in der heiligen Geschichte beglaubigten und bekannten Wunder des Teufelaustreibens. Zu den wichtigsten Mitteln gehört der Glaube, das unerschütterliche Vertrauen zu Gott und seiner Kirche und das häufige Gebet, damit die bedrängte Seele die Kraft finde, dem Bösen zu widerstehen."

"Beten, beten!" rief die Königin Therese etwas ungeduldig. "Ich bete Tag und Nacht, und es hat nichts genützt. Gibt es kein wirksameres

Mittel, den Teufel auszutreiben? Wäre es nicht einfacher, die gottlose Abenteuerin über die Grenze zu schieben?"

Der Pater, der in untertäniger Haltung verharrte, erwiderte mit einigem Nachdruck:

"Die Kirche hat ein Interesse daran, alles zu entfernen, was dem katholischen Gewissen feindselig oder schädlich ist und den Staatspflichten widerstreitet, die nach göttlichen Gesetzen und kanonischen Satzungen geregelt sind. Aber die Kirche bedarf der Hilfe des Thrones, wie der Thron der Kirche bedarf, die seine wichtigste Stütze ist. Die mit der Erneuerung des katholischen Bewußtseins in der Weltlage verknüpfte Ordnung ist durch die Umtriebe von Schwarmgeistern, Freimaurern und liberalen Ketzern bedroht; sie haben sogar den Weg zu dem Herzen des Königs gefunden und dessen Sinn verwandelt, wie sich in der Frage nach der Notwendigkeit neuer Klöster gezeigt hat."

"Werden keine Klöster mehr gebaut?" fragte die Königin ganz verwundert.

"Nicht genug. Es werden mehr gebraucht." Mit steigender Eindringlichkeit fuhr der Pater fort: "Nur ein gottesfürchtiges Volk ist lenksam! Und das Wichtigste ist dieses: rette deine Seele!

Zur Rettung bedarf es mehr Kirchen und mehr Klöster. Majestät erinnern Sich der sogenannten Bierkrawalle vor nicht langer Zeit, die einen harmlosen Anstrich hatten, während in Wahrheit eine weitverzweigte Verschwörung dahintersteckt. Eine Verschwörung! Damals ist die Gefahr durch die Wachsamkeit der Kirche und den Glaubenseifer unseres allergnädigsten Herrn glücklich überwunden worden: er hatte sich der Erleuchtung noch nicht verschlossen; aber nun -"

"Um Gottes willen!" rief entsetzt die Königin und packte den Pater am Arm, als suchte sie Schutz bei ihm. "Gibt's wieder Revolution? Ist denn gar keine Ruh'? Ich arme Frau!"

"Nein, daran ist vorläufig nicht zu denken", beruhigte der Jesuit; "um jedoch den Frieden und die Ordnung im Lande ganz sicher zu stellen, bedarf es mehrerer Klöster, der Ausstrahlung des Lichtes der Wahrheit, der Ausbreitung des Gebets als der sichersten Kraft gegen die Anwandlung des Bösen, der Stärkung des Volkes im rechten Glauben, damit es bereit und willig sei, gegen den Teufel zu streiten, auch wenn er in so holder Gestalt erscheint wie jenes verruchte Weib."

Die Königin Therese begriff nun endlich, was der Beichtvater wollte, und sagte mit einem Seufzer der Erleichterung: "Haben Sie tausend Dank, Pater, für den Trost und die Hilfe! Aber der König? Ist er nicht begeistert für die neuen Klöster?"

Der Mann Gottes faltete die Hände und sagte mit einem Augenaufschlag:

"Gott gebe ihm die Erleuchtung! Wir tragen einen ähnlichen Kummer wie Ihre Majestät. Unsere Wünsche liegen in derselben Richtung. Das Böse auszutreiben durch die Kraft des Glaubens und durch die gehobene sittliche Kraft des Volkes, dazu bedarf es der Mittel, die wir fordern. Das Staatsinteresse! Das Glaubensinteresse! Nicht eines ohne das andere zu denken! Die Kirche rechnet auf Ihre Hilfe, Majestät. Wir wollen dann gern helfen!"

Die Königin Therese bedeckte mit beiden Händen das Gesicht. "Was kann ich tun, eine schwache Frau wie ich!" Und dann mit einem neuen Entschluß: "Aber was in meiner Macht steht, wird geschehen. Verlassen Sie sich darauf!"

Der Pakt war geschlossen.

Fast unhörbar ging der Pater den Korridor entlang, vorbei an den schwärzlichen Ahnenbildern der alten Gänge, an finsteren steifen Gestalten in spanischer Tracht mit weißen Krausen, vorbei an der schwarzen Frau, der Herzogin Anna, die aus dem Rahmen tritt und im Schlosse ruhelos umgeht, wenn schweres Geschick dem Hause droht. In der Nähe der Audienzsäle rauschte es über den Gang in Seide und wallenden Federn, leichtfüßig wie ein großer schwarzer, glänzender Vogel an den salutierenden Wachen vorbei. Verschwunden war es. Ein Phantom? Nur im Aufblicken hatte es der Pater erhascht, nicht mehr als einen fliehenden Schatten.

Diese Judith! blitzte es ihm durchs Hirn.

Er verfolgte die Spur bis in die Gemächer.

"Verzeihung, Pater, Privataudienz!" trat ihm der Adjutant entgegen.

"Was gibt's?" forschte leise der Kuttenmann.

Mit gespreizten Beinen den Weg versperrend, rief der Adjutant so laut, als es anging:

"Staatsgeschäfte!"

Staatsgeschäfte!

Was alles zu den Staatsgeschäften gehörte! Die Pflege des Schönen nicht zuletzt. Kunst und schöne Frauen. Glückliche Regentschaft! Der König opfert den Musen, und Aphrodite lächelt. Sie lächelt, als der König sie in das Heiligtum führt, wo die schönsten Frauen der Welt versammelt sind und einen Minnehof um den schöngeistigen König bilden. Die schönsten Frauen, die der König gekannt hat und von seinem Hofmaler Stieler malen ließ, um die blumenhafte Vergänglichkeit dieser Frauenreize dauernd zu genießen. Nun mag der König als Hüter dieses Liebesgärtleins Auge und Herz täglich erlaben. In jedem Bild dieses Minnehofes oder dieser Schönheitsgalerie ist eine geheimnisvolle Kraft aufgespeichert, wie an allen Orten oder Gegenständen des Kults und der innigen Verehrung, die Seelenkräfte akkumulieren und Schicksale zeitigen. Das Volk sagt: "Man soll den Teufel nicht an die Wand malen"; es ist ein hartes Wort, hat aber einen tiefen Grund. Der König hatte sein Schicksal an die Wand gemalt, zwar nicht als Teufel, jedoch als holde Verführung. Diese sechsunddreißig schönen Frauen der Bildnisse hatten sich verdichtet und wiederverkörpert in jener Einen, die der Schaumgeborenen glich und das Schicksal erfüllen sollte. Die Eine war in allen sechsunddreißig und alle sechsunddreißig waren in der Einen.

Und immer dieses Lächeln Aphroditens, als der König sagte:

"Hier, meine liebe Donna, finden Sie den höchsten Adel beisammen, den kein König geben kann, sondern den Gott allein gibt, den Adel der

Schönheit! Hier werden Sie thronen, Lola. Stieler wird Ihr Porträt machen, das schönste und größte unter allen für diesen leeren Platz, den die Vorsehung bestimmt hat. Die anderen hier sind nur Ihre Vasallinnen und müssen sich verneigen; sie müssen zurückstehen, wie jene Himmlischen zurückstehen mußten vor jener, die den Apfel des Paris erhielt."

Sie lächelte immer seltsamer, schier mit einem doppelten Gesicht, was wohl wegen des Paris gemeint war. Aber er zählte sie schon auf, der Bilderreihe nach, wie sie da prangten, die frommblickende, gretchenhafte Sedlmayer, die schwanenhalsige Lady Spence mit der Lyra, die Amalie von Schindling mit dem Boticelli-Gesicht, die liebfrauenhafte Anna Hillmayer, die dämonische Lady Jane Ellenborough, und all die Anbetungswürdigen mit der Engelhaftigkeit im Porzellangesichtchen und der noch berückenderen Teufelei im Herzen oder im Unschuldsblick, oder im Lächeln, oder in den Grübchen der Wangen.

Jede hatte ihre eigene Suggestion, ihre besondere Art der Bezauberung - "Aber alle zusammengenommen geben erst eine Lola", schloß der König. "Ist das nicht die höchste sichtbare Gnade?"

Die Donna wurde plötzlich ernsthaft: "Nein, mein König", versicherte sie, "Schönheit ist nicht immer Gnade, ist nicht Segen, sondern ist zuweilen ein Fluch und zieht nur zu oft Haß und Verfolgung nach sich. Oh, ich kenne das - aber ich spotte des Hasses, ich verlache ihn; denn er ist reichlich aufgewogen - durch die Gnade meines Königs."

So disputierten sie über die Schönheit.

Sie lächelte wieder, die verkörperte irdische Liebe, als sie beim Verlassen der Residenz zu der Marienstatue emporblickte, die oberhalb des Tores über dem roten Schein einer ewigen Lampe thronte als die Verkörperung der himmlischen Liebe und die Aufschrift trug: Patrona Bavariae - Bayerns Schutzpatronin.

"Nein, nein", lächelte die irdische Liebe hinauf zur himmlischen, "nicht du - ich bin die Schutzpatronin Bayerns!"

Königin Therese, Gemahlin Ludwigs I.

Fünftes Kapitel

"Ohne Lola kein Ludwig!"

Eine erträumte Existenz von Glanz und Macht wollte sich verwirklichen: Lola Montez war Freundin des Königs und hatte alsbald einen eigenen Hofkreis um sich. Menschen, die sie umschwärmten wie Hornissen den Honig; Glücksjäger, Karrieremacher, Politiker, Diplomaten, Künstler, Musiker, Dichter, Offiziere, Studenten. Sie alle kamen zum Handkuß oder Fußfall, Schmeichler und Egoisten, die vorwärts wollten und Frauengunst suchten. Sie verachtete die Streber wie eine lästige Verwandtschaft und verlachte sie; aber sie ließ sie hoffen aus Gefallsucht und weil sie ihrer bedurfte als Schutzwall gegen den offenen und geheimen Haß, der von außen anflutete. Waren sie Betörer oder Betörte oder beides? Wenige waren so knabenhaft wie das Studentlein Elias von Vilseck, der in scheuer Liebe befangen und beflissen war im freiwilligen Pagendienst; wenige so kopfverloren wie die gespornte

Männlichkeit des Leutnants Nußbaum, der mit dem Kopf das Herz hingab und das Bräutlein dazu, ein moderner Lanzelot zwischen zwei Frauen, der reinen und der sündigen Minne, und nun besagter Lanzelot als Leibgardist Lolas; keiner aber so fuchsschlau und hundsergeben wie der bockähnliche Staatsrat von Berks, der sich schier am meisten die Gunst der Nymphe erlistet hatte, Ratgeber ward und heimlicher Hausminister an Lolas Hofe.

Immer neue Menschen drängen sich an, mit allerhand Begehr, Bitten und Forderungen, Versprechen und Drohungen, und alle tragen bei, ohne es zu wollen, die Macht und den Triumph der Kurtisane zu vermehren.

Eines Tages meldet sich ein Fremder, der seinen Namen nicht nennen will. Sein Auftreten ist so ungezwungen, so vertraulich und doch so fein und höflich, daß die Tänzerin nicht widerstehen kann. Augenscheinlich ist er ein Mann von hohem Rang. Ein kluges, forschendes Denkergesicht ist mit einem freundlichen Lächeln maskiert, das nie ganz weicht; sein Wesen ist in Demut gehüllt, obgleich ein herrischer Stolz durchblickt.

Sie durchschaut den geheimnisvollen Fremdling; welterfahren wie sie ist verfügt sie über ungewöhnliche Menschenkenntnis und über eine scharfe Witterung für jene unauffälligen Merkmale, die das Wesentliche sind, wodurch Vornehme sich von den Geringen unterscheiden. Zweifellos gehört er dem geistlichen Stande an... Aber was will er? Es wird ihr nicht ganz klar. Ehe sie sich dessen versehen, hat sie der Fremde in ein tiefes Gespräch verstrickt.

Er spricht teilnehmend, mit gedämpfter Stimme, die sich selten erhebt, fast nie erregt, immer leidenschaftslos wohlwollend bleibt. Was er sagt, ist anziehend, schier unabsichtlich hingeworfene Ratschläge, Winke, Andeutungen über die Stadt, das Volk, die Kunst, den König. Sehr geschickt und wieder ganz von ungefähr lenkt er das Gespräch auf die Kirche und auf die Jesuiten und hält das Thema fest.

Sie läßt sich verleiten, ihre Meinung auszusprechen, obzwar er sie gar nicht darum zu fragen schien.

Sie huldigt einer geistigen Mode der Kosmopoliten jener Tage, die ihre religiöse Gleichgültigkeit für Duldsamkeit ausgeben. Es ist die Freigeisterei der schönen Seelen, die es gern mit dem josephinischen Liberalismus halten und glauben, daß der dunkle Freiheitsdrang der Zeit mit seinen Flammenzeichen nicht eine Sache der Not, sondern eine Bildungsangelegenheit sei.

"Ich bin", erklärte sie, "was man eine protestantische Katholikin nennen könnte. Ich bin religiös, aber nicht bigott; ich bin fromm, aber nicht abergläubisch; ich verabscheue die Macht, die Rosenkränze als Fesseln benützt, den Glauben an Gott in einen Glauben an die Dummheit verwandelt und den blinden Gehorsam zur Aufgabe der Menschenseele macht. Darum liebe ich den starren Ultramontanismus nicht und liebe am allerwenigsten die Jesuiten ..."

Der Fremde blieb sanft und lächelte. Er redete freundlich mit seinem eigensinnigen Kinde.

"Wenn Sie, Donna, die Jesuiten nicht lieben, obzwar Sie eine gute Katholikin sind, so ist bei Ihrer hohen Intelligenz anzunehmen, daß Sie die Jesuiten nicht kennen oder - Sie erlauben mir diesen Ausdruck - nur aus dem Geschwätz jener Feinde kennen, die nicht das historische Auge für die große Mission der Jesuiten haben."

Da wurde die Tänzerin plötzlich frech wie eine Landstreicherin:

"Wenn dieses historische Auge nur nicht die Brille eines blöden Alten ist!"

Sie freute sich dirnenhaft über diesen Schimpf. Aber der Gegner blieb anscheinend unempfindlich gegen diesen Streich und bat sie sanft, das Böse aufzuzählen, das sie von den Jesuiten wüßte.

"Oh, ich weiß sehr viel!" versetzte sie großsprecherisch.

"Nun?"

Jetzt fühlte sie sich wieder in der unbehaglichen Rolle eines Schulmädchens, das die Prüfung schlecht bestehen wird, und das war ihrer Eitelkeit zuwider. Er sollte wissen, daß er nicht eine dumme, unwissende Tänzerin vor sich hatte, sondern eine geistreiche und gebildete Dame, die in allen Geheimnissen des Lebens und der großen Historie bewandert war. Was wäre die Politik ohne die Frauen? Man frage doch eine Dubarry und eine Maintenon! Warum nicht auch eine Montez? Wer sollte nicht wissen, daß die geheimen Fäden der Geschichte in Boudoirs zusammenlaufen, und daß Frauen oder Favoritinnen es sind, die den Helden der Geschichte zu dem machen, was er scheint? Und nun dastehen wie eine dumme Trine, die ihr Sprüchlein nicht weiter kann - nein!

"Warten Sie!" Und sie sann ein wenig nach.

"Aber Sie müssen auch beweisen können",

fügte die leise und seltsam eindringende Stimme hinzu.

"Wie soll ich Ihnen beweisen", brach sie leidenschaftlich los, "daß mein armes Vaterland, einst das mächtigste Land der Erde, durch sie in den tiefsten Verfall geraten ist?!"

"Ihr Vaterland?"

Sie überhörte den ironischen Ton dieser Frage. Sie wollte jetzt mit historischer Gelehrsamkeit prunken und packte allzu eifrig den längst vergessenen Schulsack aus.

"Wie soll ich Ihnen beweisen, daß sie die entsetzliche Bartholomäusnacht veranlaßt haben? Wie soll ich Ihnen beweisen, daß die Welt ihnen das fürchterliche Geschenk der Inquisition zu verdanken hat? Die Inquisition, mein Herr, mit der sich der Jesuitismus für alle Zeiten den Fluch der Menschheit und das Verdammungsurteil der Geschichte aufgebürdet hat!"

"Sie irren, meine Schöne", gab der Fremde ruhig zurück, "der Jesuitismus und überhaupt die Religion sind so unschuldig an der Bartholomäusnacht, als die Freiheit an den Morden zur Zeit der großen Revolution. Weder die Freiheit noch der Glaube will sich einen Thron auf Leichen errichten. Der Hof von Frankreich hatte nur seinen

Feind schlagen wollen; der große Haufe benutzte die Gelegenheit und machte es wie der Hof. Dagegen aber haben die Jesuiten in der Geschichte den unvergänglichen Ruhm erworben, die Religion und die menschliche Gesellschaft, den Thron und den Glauben in schlimmer Zeit, wo alles wankte, aus der Gefahr glücklich errettet und die gestörte Ordnung wieder befestigt zu haben. Sie vergessen, Donna, daß die Inquisition ebenso wie die Bartholomäusnacht politische Maßregeln waren, keine religiösen, und daß die Jesuiten damit nichts zu schaffen hatten. Sie vergessen, daß der Jesuit Don Valdez, den einst der Großinquisitor und Erzbischof von Sevilla in sein Tribunal berief, die Übernahme dieses furchtbaren Amtes ausschlug, obzwar die Jesuiten, damals noch im Anfang ihres Werkes, mit Hilfe der Inquisition schnell zur Herrschaft hätten gelangen können. Als die verderbliche Irrlehre von England, Deutschland und Frankreich aus sich auch über Spanien verbreitete und in Sevilla und Valadolid Boden gewann, traten ihr allerdings als die ersten und ernstesten Gegner die Söhne Loyolas entgegen. Mit aller Macht der Beredsamkeit bekämpfte und entlarvte dieser Orden die Ketzer, die das Gerücht aussprengten, die

Jesuiten seien Diener der Inquisition. Alle Beschuldigungen, die man gegen diesen unvergleichlichen Orden geschleudert hat, sind aus der Luft gegriffen. Die Lüge und Verleumdung hat deshalb allgemein Glauben gefunden, weil es der Orden für unnötig hielt, sich dagegen zu verwahren, was gewiß unrecht war. Darum aber teilt er heute das Schicksal aller derjenigen, die in aufgeregten und gesetzlosen Zeiten den Zerstörern der Ordnung entgegentreten und sich ihnen feindselig oder furchtbar zeigen - er wird gehaßt."

Der Fremde machte eine kleine Pause und fuhr dann fort:: "Sehen Sie nicht, daß eine gewisse Ähnlichkeit zwischen den Epochen der Reformationskriege und der Gegenwart herrscht? Erkennen Sie nicht, daß diejenigen, die heute den Geist des Aufruhrs niederzuhalten versuchen, sich um die Ordnung und um die menschliche Gesellschaft ebenso verdient machen, als die Jesuiten es damals getan haben? Und wenn Sie das erkannt haben und wirklich eine gute Katholikin sind, dann dürfen Sie nicht mehr eine schlechte Jesuitin sein. Und wenn Sie es dennoch zu sein glauben, weil Sie in einem Irrwahn befangen sind, dann müssen Sie versuchen, sich zu bessern, das heißt, sich aus den Schlingen des Unglaubens zu befreien. Ich biete Ihnen die Hand dazu."

Die Dialektik des Fremden hatte sie ein wenig verwirrt; sie wußte nichts Besseres zu entgegnen, als zu fragen: "Wie glauben Sie, daß ich besser werden könnte?"

"Sie müssen in unsere Lehre gehen!"

"In Ihre Lehre, mein Herr? Es könnte mich reizen, den Versuch zu machen. Doch sagen Sie zuvor, wohin wird mich der Weg führen?"

"Ich habe Ihnen bewiesen, daß die Jesuiten gute Menschen sind und unzählige Märtyrer für die Sache der Religion, die eine Sache der Könige ist, wie für die Sache der gesetzlichen Ordnung, die doch ebenfalls eine Sache der Könige ist, gehabt haben; zahllos sind die Beispiele, die die Geschichte kennt. Ich begnüge mich, Sie an die Revolution von 1830 zu erinnern, die Sie selbst miterlebt haben, obzwar Sie damals kaum mehr als ein Kind waren. Waren es damals nicht auch die Jesuiten, welche die wankenden Throne gestützt und wieder aufgerichtet haben und seither auch in diesem Lande bemüht sind, das katholische Bewußtsein wieder herzustellen, den Glauben, der das sicherste Fundament der überlieferten und von Gott eingesetzten Ordnung ist?"

"Nun ja", erwiderte sie, "das will ich Ihnen ja alles gern glauben, besonders da Sie es schwarz auf weiß haben, woran ich nicht zweifle. - Genügt Ihnen das nicht? Gibt es etwas über den Glauben?"

Der Seelenfänger zog sachte die geschickt gelegten Netze zu.

"Es genügt nicht", warf er leicht hin, "Sie müssen es andere ebenfalls glauben machen!"

Da lachte sie belustigt auf: "Andere? Was geht mich der Glaube anderer an? Es ist lächerlich, sich darum zu quälen!"

Und mit einer schalkhaften Pose fügte sie hinzu: "Ich tauge wenig dafür; glauben Sie, mein Herr - ich habe in meinem Leben mehr Heiden als Gläubige gemacht!"

Jetzt war es Zeit, das Netz zuzuschlagen.

"Spotten Sie nicht, meine Liebe! Es handelt sich hier um nichts Geringes, bedenken Sie Ihre Stellung -"

"Meine Stellung?"

"Sie sind die Geliebte des Königs und haben Einfluß auf ihn - "

Die Donna erhob sich, wie um die Unterredung abzubrechen, und sagte mit erkünstelter Kälte, indem sie dem lauernden Kundschafter den Rücken zuwendete: "Was hat das mit der Sache zu tun?"

"Miß Gilbert!"

Wie festgewurzelt stand sie plötzlich, drehte sich dann langsam nach dem seltsamen Mann um, mehr erstaunt als erschreckt, und sah ihm voll in das plötzlich veränderte, hart und gnadenlos gewordene Knochengesicht.

"Wa - as?"

"Miß Gilbert", wiederholte er scharf und streng, "Sie sind nicht die, die Sie scheinen wollen! Ich kenne Sie! Sie spielen eine falsche und schlechte Rolle in der Welt - die Toten stehen auf wider Sie! Kapitän Tames, Ihr erster Gatte; Graf Poincaré, den Sie in den Tod trieben; Graf Alexander Porwanski, den Sie in Rußland unmöglich gemacht haben und der mit seiner Familie entzweit und verschollen ist; Marquis von Villiers, mit dem Sie geflohen sind, nachdem er Ihren Geliebten, seinen Nebenbuhler getötet; Madras, der Karlist, der auf dem Schafott endete; Dujarez, Ihr späterer Gatte, der Ihretwegen im Zweikampfe fiel; die Hunderte von anderen Opfern, die ein ganzes Buch fassen ..."

"Halt!" schrie das Weib bleich und entsetzt. "Was wollen Sie, fürchterlicher Mensch?"

"Nur noch dieses: Sie sind ein Ärgernis in den Augen der Königin, in den Augen des Volkes, der öffentlichen Sittlichkeit und -"

"Was wollen Sie?" murmelte geistesabwesend das Weib, noch ganz schreckensstarr. "Aber was wollen Sie?"

Nun konnte die Wildtaube nicht mehr entwischen, sie war reif für den Fang: das Netz mußte zufallen, jetzt oder nie. Und mit der gleichen unerschütterlichen Ruhe und Sanftmut, mit der er die fürchterlichen Anklagen erhoben hatte, und mit derselben Bestimmtheit, die jeden Widerspruch ausschloß, sagte er nun: "Sie gehen mit uns für das Volk - oder Sie gehen ..."

Wie Loths Weib, das Sodom und Gomorrha gesehen, so stand noch immer die Tänzerin, zu Salz erstarrt. Nun aber kam Fluß in die versteinerte Gestalt, sie schleuderte sich förmlich aus ihrer Unbewegtheit heraus, wie sie es auf der Bühne tat, mit jener wunderbaren Wucht der Überraschung, die schönen Plastiken ebensogut angehört wie schönen Landschaften, indem sie den Fels in eine Woge verwandelt. Ungestüm brach sie hervor:

"Ich gehe nicht mit Ihnen - und Sie gehen ..."

Dann fing sie zu lachen an, ein krampfhaftes,

hysterisches, gellendes Lachen, daß es sie schüttelte und die Locken flogen.

Der Fremde lächelte wie früher und neigte sein Antlitz, so daß der Verdruß nicht zu sehen war, der hinter diesem Lächeln stand. Das Netz war zu, aber leer. Er hörte noch immer das girrende, schluchzende Lachen, diesen ungeheuren Spott, obzwar er schon gegangen war, auf neue Jägerlisten, Fallstricke und Fangnetze sinnend, die unüberwindliche Herrschsucht in den Mantel der Demut gehüllt, der Jünger Jesu ...

"Geht Euren Weg - ich werde den meinigen gehen!"

Der Seelenfänger stand nicht mehr vor ihr; es war sein Schatten, sein Phantom, seine Worte, gegen die sie stritt. Unsichtbar war er noch anwesend. Sie mußte die Fenster aufreißen, um Luft und Lärm von der Straße hereinzulassen und Menschen zu sehen, fremde, gleichgültige Gesichter, die sie dreist oder unfreundlich anstarrten, und die eine Zuflucht waren vor diesem drohenden Gespenst. Eine namenlose Angst kam über sie, Angst vor dem unsichtbaren Feinde, dessen Listen und Machtgrenzen sie nicht kannte, und von dem sie nur wußte, daß er sie mit Fallen und Schlingen umstellte und zu verderben suchte.

Es schnürte ihre Kehle zu, als wollte es sie ersticken, dieses unheimliche Etwas, das sie fürchten machte.

"Nein, nein!" schrie sie wie im Traum auf, der sie mit schreckhaften Bildern umgaukelte. "Nicht fort müssen, nicht fort, nicht da hinaus ins Uferlose, nicht mehr zurück ..."

Und sie streckte die Hände von sich, entsetzt, als sehe sie das Trostlose. "Ach, ich bin ja nicht klug - es kann ja nicht sein - es darf nicht - nein, nein, nein! Aber - was hab' ich nur?" Sie fing zu trällern an.

Es war die Angst, zu verlieren, was sie erreicht hatte, wieder herabzusinken von der Höhe des Ruhms, die das stärkste ihrer unersättlichen Gelüste befriedigte, ihren Ehrgeiz. Auf allen Irrfahrten hatte sie von diesem Ziel geträumt, hatte die Liebe verleugnet, den Niedrigen verstoßen, wenn der Höhere kam, und war fortgegangen, fort bis an dieses Ziel. "Ein König, ein König hat mich erwählt!" Sie, die Priesterin der Liebe, die unerschütterlich an ihre Bestimmung glaubte, die in Indien ein Brahmane ihr anbetend kundgetan: daß Könige sie ehren werden und daß sie angesehen im Kreise der Menschen sitzen werde! Und nun sollte sie weichen, sollte zurück in die Dunkelheit einer abenteuernden Existenz, sollte den Platz an der Sonne verlassen, dahin sie Schönheit, Raffinement und Schicksal berufen, sollte ihrem Glück und ihrem Ehrgeiz entsagen, weil sie dem Egoismus der anderen im Wege stand? Oder sollte als Werkzeug dienen, sie, die triumphieren wollte! Mit aller Kraft ihres ungebändigten Naturells stemmte sie sich dagegen. Mit der Angst erwachte zugleich die angeborene trotzige Wildheit, die sich nicht unterjochen ließ, jeder Art von Gefangenschaft spottete, niemandem gehorchte als sich selbst und unzähmbar war wie ein schönes Raubtier. "Geht Euren Weg - ich will den meinen gehen!"

Der Geheimnisvolle hatte indes ein Beschwörungswort gebraucht, das nicht verstummen wollte und als zweiter Schatten dastand, nicht drohend zwar, doch anklagend: die Königin! Aber gegen die Frau der Majestät hatte die Geliebte einen schweren Stand. Ihre Knie zitterten, als ob dieses Hirngespinst von einem Schatten Fleisch und Bein geworden wäre. Da wurde sie plötzlich schamlos wie immer Weiber, die in Eifersucht gegeneinanderfahren:

"Was kümmerte ich mich um Sie, als mir der König erklärte, daß er mich lieb gewonnen? Was brauchte ich anderes zu denken als dieses eine: es ist der König, der mir sein Herz schenkt; es ist der König, der in Liebe zu mir spricht?! Was kümmert mich alles, was außerhalb dieses wohltuenden Gedanken liegt? Ich habe ihn nicht gefragt: Haben Eure Majestät nicht schon eine Gemahlin, und soll ich etwa die Ehre haben, Ihre Mätresse zu sein? Sind Sie nicht vielleicht zu alt für mich? Erlaubt es auch Ihre Familie? Ihr Volk? Ihre Ratgeber? Die Jesuiten? Ich habe nicht gefragt und frage um nichts, sondern wiederhole, daß ich den schönsten Augenblick meines Lebens erreicht hatte, als ich die beglückenden Worte des Königs hörte, und wiederhole, daß mein Leben, meine Gedanken, mein Herz, mit einem Wort, die Lola Montez dem Könige angehört, solange sie unter den Lebenden sein wird!"

So kämpfte sie gegen das Unsichtbare und fand die Ruhe erst gegen Abend wieder, als Ludwig sie besuchte.

Ein Blick in den Spiegel gab ihr wieder die volle Sicherheit. Der Spiegel log nicht, wenn er ihr bewies, wie weit die Machtgrenzen ihrer Gegner reichen. Sie reichen nicht bis an ihre Schönheit, die über alle Listen triumphiert. Und ebensowenig konnte das Auge des Königs lügen: sie reichen nicht bis an sein Herz, über das ihre Schönheit herrschte!

Die anderen mochten ihren Weg gehen - sie ging den Weg des Herzens, der war der ihrige.

Aber die Unruhe hatte Spuren hinterlassen; der König bemerkte es und wollte das Vorgefallene genau wissen.

"Der Versucher, er hat mich auf einen hohen Berg geführt, ganz nahe an einen Abgrund. Die Welt sollte mein sein, wenn ich meinen König verrate. Aber der sonst so schlau und vorsichtig seine Opfer umgarnt, so hinterlistig und leise, hat sich allzu ungestüm gebärdet, zu plump und ungeduldig - und ist selbst in den Schlund gefallen, der sich mir auftun sollte -"

So kleidete sie lachend ihr Erlebnis in dieses biblische Gleichnis ein.

Und nachdem sie umständlich alles dargetan, schloß sie: "Ich habe nur zu sehr erkannt, von welchen Egoisten mein königlicher Freund umlagert ist, die im Namen des Volkes ihre selbstsüchtigen Zwecke verfolgen - für das Volk sollte ich mit ihnen gehen, für das Volk wollen sie gegen mich sein - weil ihr Eigennutz es nicht ertragen kann, daß der König liebt, und noch weniger, daß der König geliebt wird!"

"Was dann? Was war weiter? Was wollte er noch? Und was sagtest du? Was waren deine Worte?" drängte der König mit Fragen.

Indem sie sich mit halbgeschlossenen Augen wollüstig zurücklehnte:

"Ich habe aus meinen Empfindungen heraus gesprochen, und diese Empfindungen haben nicht gelogen, wenn ich gestand, daß ich Sie liebe, liebe mit der ganzen Seele, liebe, wie nur ein König geliebt wird. Und weiter: daß jene gemeinen Naturen sich selbst brandmarken, die meine Liebe mißbrauchen und zu einem Werkzeug ihrer Pläne herabwürdigen möchten. Oder mich mit Haß und Verfolgung bedrohen, weil ihnen die Absicht mißglückt. Gemeine Naturen, die nie daran gedacht, welchen unbeschreiblichen heiligen Zauber das Wort König auf ein weibliches Herz ausüben kann -"

Ah, Kurtisane!

Berauscht von den zärtlichen Worten der Tänzerin und außer sich im Anblick ihrer Schönheit, wollte der König sie umarmen und das Herzblatt ihres Mundes mit Küssen bedecken.

Blitzschnell war sie ihm entglitten, pantherartig, und schon lag sie zu seinen Füßen, leidenschaftlich schluchzend: " - und dennoch werden

Sie mich preisgeben, werden mich verstoßen, und alles Lebensglück wird zerronnen sein wie ein kurzer, allzu kurzer, schöner Traum -"

Überwältigt von diesem jähen Umschwung der Gefühle, diesem unvermittelten Übergang aus dem Lächeln des Glücks in die Tränen der Verzweiflung, beschwor sie der König aufzustehen und leistete auf den Knien den Eid seiner unverlöschlichen Liebe und Treue: "Ohne Lola kein Ludwig!"

Nun hatte sie ein königliches Wort und besiegelte Gewißheit darüber, daß sie ihre Gegner nicht zu fürchten habe.

Mochten die ihren Weg gehen -!

Vollendete Künstlerin der Liebe, sie ging den Rosenweg; er war der geradeste und nächste, sie ging ihn allein. Und jedes Wort schmiedete einen neuen und festeren Ring, diese Herzen zusammenzuhalten, untrennbar. Glühende Worte, Küsse, Ekstasen …

Karl von Abel
Kg. Bayr. Staatsminister des Innern

Sechstes Kapitel

Fürs Volk!

Die versteckten Drohungen des geheimnisvollen Fremden sollten sich bald erfüllen. Die Hölle wurde heiß gemacht für die schöne Sünderin. Ihr Ehrgeiz fand sein Himmelreich; wer aber den Himmel hat, der hat auch die Hölle, so will es die göttliche Komödie dieses Lebens. Die Eifersucht, die bei den Frauen entbrannte und alsbald auf die Männer übergriff, war eine politische Angelegenheit geworden. Denn auch die Kirche ist ein Weib, und die Priester tragen Frauenkleider; sie hatte in den damaligen Zeiten eine Ehe mit dem Königtum geschlossen: der Ehevertrag hieß das Konkordat. Sie ist erbittert über die gottlose Kebsin, die ihre Pläne kreuzt, und entfesselt eine Legion Teufel, die bereits den Spieß glühen .... Die Zeitungen beginnen zu schüren; von versteckten Angriffen gehen sie zu offenen über; trotz der strengen Zensurverbote und ungeachtet des ausdrücklichen Befehls des

Königs, daß sich die Zeitungen jeder Äußerung über die Person der Tänzerin Lola Montez zu enthalten haben. Nun entbrennt der Kampf auf allen Linien. Man hat freilich vergessen, daß die Tänzerin Lola Montez vor allem auch ein Weib ist, wild und fanatisch und ohne Scheu vor der Öffentlichkeit. Von der Ballettänzerin zur Heroine - sie verdankt diesen Aufstieg ihren Gegnern. Man spricht bald von nichts anderem als von der Lola; die Atmosphäre ist mit Zündstoff geladen, jeden Augenblick kann das Ungewöhnliche eintreten. Schon zieht am politischen Horizont ein Gewitter herauf; die Ereignisse lassen nicht lange auf sich warten.

Die Klosterfrage, die die Ausbreitung und Befestigung der Jesuitenherrschaft in Bayern bezweckte, wurde im Landtag abgelehnt, obzwar der ultramontane Minister von Abel mit verzweifelter Hartnäckigkeit für die Vorlage seiner Partei arbeitete. Die Vertreter der Landstände hoben laute Klage, daß die wirtschaftlichen Interessen des Volkes in den Landtagen ganz in den Hintergrund geschoben und die kirchlichen fast allein an der Tagesordnung obenan wären. Die Landwirtschaft liege danieder, der Bauer verzehre das Getreide, solange es noch Gras ist; die Not treibe ihm ein Stück Vieh nach dem anderen aus dem Stall: was nicht der Metzger hole, nehme sich der Steuerbote.

Die Auswanderung nach Amerika nehme in erschreckendem Maße zu, nur die Güter der toten Hand seien immerfort im Wachsen. Die Regierung sei dem Elend gegenüber allzu gleichgültig, taub gegen alle Vorstellungen und dringenden Petitionen, die wirtschaftliche Verbesserungen, Steuerentlastungen, Schulreform und Volksaufklärung verlangen. Was not täte, wären nicht Klöster, sondern Hebung des Handels und Verkehrs durch Verbesserung der Straßen, die in einem trostlosen Zustande wären, durch Schaffung von Eisenbahnlinien mit Anschluß an die großen bestehenden Strecken im mittleren und nördlichen Deutschland, die Erschließung von neuen Absatzgebieten, Beseitigung der Zollschranken, Ausbau des Donau-Main-Kanals, der ins Stocken gekommen war, kurzum Wirtschaftspolitik statt Klosterpolitik. Man wies auf das Treiben der Redemptoristen, einer Jesuitenkongregation, die ganz Bayern in ein Kloster verwandeln wollte. Man erinnerte an ein Wort des Königs, der den Kanzeleiferern Mäßigung gebot. Das sei ein deutlicher Wink der Krone. Mit Beten und Beichten sei es nicht getan, der Volksverdummung müsse endlich Einhalt geboten werden. Selbst die hochkonservativen Landstände wie Fürst Wrede und Fürst Wallerstein erhoben sich gegen den ultramontanen Minister, indem sie ihn anschuldigten, das Land in eine schlimme Lage gebracht zu haben und den König um die Liebe eines großen Teils der Bevölkerung bringen zu wollen. Gleichzeitig wurde ein Antrag für ein zeitgemäßes Gesetz über Ministerverantwortlichkeit eingebracht, "weil es durchscheine, daß Staatsminister von Abel die Interessen der Krone und des Landes dem hierarchischen Prinzip des Ultramontanismus opfere usw. usw."

Mit äußerlicher Beherrschung und anscheinender Sachlichkeit verteidigte der angefeindete Minister Abel sich und sein System. Der Mißstand sei durch die schlechten Ernten und Hungersnöte der vorhergehenden Jahre verursacht, sei aber in Bayern immerhin weniger fühlbar gewesen als im übrigen Deutschland, zumal durch seine eigene und seines Königs Initiative, dessen getreuer Diener er sei, die reichen ärarialischen Speicher herangezogen werden konnten und obendrein der Spekulation unzugänglich gemacht wurden; ferner haben gerade die Ausfuhrverbote, insbesondere auch auf Getreide, das Schlimmste abgewendet. Was die Tätigkeit der Redemptoristen betreffe, so sei er diesem Orden zu größtem Dank verpflichtet, weil er die Religion und Sitte im Lande befestigt habe; dem zersetzenden Einfluß gewisser Strömungen der Zeit entgegenzuwirken, seien geistliche Genossenschaften wie diese vor allem berufen. Jesuitische Orden ins Land zu ziehen und anzusiedeln, sei nicht nur sein, sondern seines Königs ausdrücklicher Wunsch. Überdies sei der Landtag als bloß beratende oder vorschlagende Institution nicht berufen, staatliche Notwendigkeiten dieser Art zu entscheiden oder zu verweigern; das ständische Recht als Ausfluß der königlichen Gnade könne von dem Souverän widerrufen werden, wenn verfassungswidrige Übergriffe geschehen sollten.

Darüber fürchterlicher Lärm, der Kirchenstreit stand wieder im Vordergrund, und es endete damit, daß der Landtag unverrichteter Dinge wieder heimgeschickt wurde.

Nun erhob sich ein Adressensturm für und wider die Klöster im ganzen Lande. Kein Dichter hätte in diesen Tagen das Volk so mit sich fortreißen können, wie die aufreizenden Flugschriften jener Tage es taten, die nichts anderes bezweckten, als die Gemüter gegenseitig zu erbittern. Man lebte schon in einer stillen Revolution und fühlte ein leises Erdbeben unter sich. Es war trotz des äußeren breiten Behagens der unheimliche Zustand von Unzufriedenheit und Aufruhr der unteren Schichten gegen die oberen, ein heimlicher Kampf in der Tiefe des öffentlichen Lebens, der in Bayern freilich noch ins Kirchliche gewendet war.

In diesen Wirrnissen bewahrte der König jedoch den richtigen Takt:

"Ich habe es schon in meinen Regierungsgrundsätzen ausgesprochen", erklärte er seinem vortragenden Minister, "daß ich Übergriffe der geistlichen Gewalt in die weltliche ebensowenig geduldet wissen will wie alle Übertreibung in kirchlichen Dingen. Sagen Sie das den Bischöfen, wenn sie es vergessen haben! Sorgen Sie dafür, daß den Worten Ihres Königs entsprochen wird und nicht etwa eine entgegengesetzte Handlungsweise der Dank für alles wird, was ich für die Kirche getan habe. Vor allem wünsche ich, daß im Sinne der Verfassung alle meine Untertanen, wes Glaubens oder welcher Denkrichtung immer, gleich behandelt werden. Lesen Sie dieses Bittgesuch des Lehrers Thomas Dieter; veranlassen Sie eine strenge Untersuchung: Verweis und Strafe für die Schuldigen, Entschädigung für diesen Mann!"

Der Minister überflog das Schriftstück und nahm sich die Frage heraus: "Wer wagt es, Eure Majestät mit solchen Anliegen, die dienstlich behandelt werden sollen, zu beschweren?"

"Wer?!" betonte der König scharf.

"Ein guter Geist, der auf Wahrheit hält und des Glaubens ist, daß zwischen König und Volk kein Aktenpapier, kein Amt und auch nicht immer die Person des Ministers zu stehen braucht. Da gibt es ein gutes Wort. Fénelon schreibt es an Ludwig XIV: Dem König die Wahrheit nicht in ihrem ganzen Umfang zu enthüllen, dies heißt Hochverrat an ihm begehen! Jener gute Geist hat es mir neulich vorgelesen, eine reine, schöne Seele …"

Der König vergaß sich und lächelte im Ansehen eines sehr holden Bildes, das vor seinem inneren Auge stand.

Der Minister war betreten, er stammelte einige Worte, sie blieben ungehört. Nach einer Weile erwachend, schlug sich der König mit der flachen Hand an die Stirn:

"Bin ich verhext? Haben Sie etwas gesagt? Schon gut. Tun Sie, wie ich verlangt habe!"

Des Königs Meinung war nicht mißzuverstehen. Minister von Abel ging mit dem vorgefaßten Entschluß im Herzen, die Klosterfrage um jeden Preis durchzusetzen. In der Gewissensfrage, ob König, ob Kirche, gab es ein Drittes: Volk! Es war der Rösselsprung um die Ecke, um den König: fürs Volk, als die Formel, die auf alles paßte, wobei jeder an sich denken konnte.

Fürs Volk!

Siebentes Kapitel

Der Preis des Mannesmuts

Der geistige Drahtzieher der ultramontanen Politik war Professor Josef von Görres, die fünfte Großmacht, wie ihn Napoleon einst genannt hatte. Er hatte sich auf allen Tummelplätzen des politischen und geistigen Lebens herumgetrieben, immer in führender Rolle: zuerst als begeisterter Anhänger der französischen Revolution mit dem Plan, die Rheinlande an Frankreich zu bringen, dann als Erwecker des deutschen Sinnes in Preußen, wegen liberaler Ideen von der Regierung verfolgt, und schließlich mit dem Aufblühen der Romantik als fanatischer Anhänger des Papsttums und Verfechter religiöser Ideen. Der Saulus ward zum Paulus, er pflückte die blaue Blume als Dichter und Sagenerzähler, als Mystiker und Philosoph. Er war das Hirn der ultramontanen Partei, eine magnetische Kraftstation, die einen belebenden Strom von Gedanken und Ideen den Politikern und Ministern zuführte, damit diese ihr Licht leuchten lassen konnten. Sein Wort glich der Ausgießung des heiligen Geistes; die Apostel konnten nicht gläubiger beisammensitzen mit feurigen Zungen, die sich über sie herabsenkten, als die Freunde und Machthaber um ihn, die politischen Heilkünstler, Emigranten und Sendlinge aller Länder. Sie vereinigten sich in dem bescheidenen einstöckigen Häuschen des einfachen Gelehrten am englischen Garten zu anscheinend zwanglosen Abendgesprächen, als Generalstab des kirchlich-politischen Kampfes. Generalstabschef war der von göttlichen Instinkten geleitete alte Görres, das ungekrönte Haupt, vielleicht sogar heimlicher deutscher Papst, auch ohne Heiligsprechung in den Augen seiner Jünger mit einem ewigen Glorienschein umleuchtet.

Scharf geschnittene, intelligente Theologen- und Diplomatengesichter den großen grünen Tisch entlang, in der ungewissen Atmosphäre des schlecht erleuchteten Studierraums, nebelhaft verschleiert von bläulichen Rauchringen, leicht hingetuscht, mystisch entrückt und mit zunehmender impressionistischer Unbestimmtheit, Kopf an Kopf bis in die dunklen Schatten des Zimmers.

Es ging wider die neuen Kirchenfeinde und Klosterstürmer in Bayern her.

Ein schmächtiger Mann mit eingekniffenen Lippen setzte den Aufhorchenden auseinander:

"'Ich bin verhext', sagte er und schlug sich an die Stirn. "Verhext, ja, das ist das richtige Wort. Verhext und von Mißtrauen erfüllt gegen uns, gegen die Klosterfrage. Ein böser Geist hat es ihm angetan ..."

"Wissen wir längst", fuhr der immer leidenschaftliche Görres dem Minister von Abel ins Wort, "und wissen Sie wer?"

Die dünne Stimme ließ sich wieder vernehmen: "Seine Majestät sagte es mir selbst: eine reine, edle Seele, ein Engel in Menschengestalt, ein Schutzgeist ..."

Gelächter und Ausrufe der Entrüstung, ein aufgeregtes schwärzliches Wogen mit Wellenkämmen von weißen Gesichtern um die grüne Insel des Tisches.

"Diese Tochter Babels, die Bayern den Becher der Wollust kredenzt!" donnerte Görres in den Aufruhr.

Mit einer Stimme wie Öl, die Wogen zu glätten, erhob sich jetzt der Bischof Diepenbrock, der Vertraute der Königin Therese und langjähriger Freund der königlichen Familie: "Unser König ist der katholischen Kirche innig ergeben, er wird sich mit Gottes Beistand aus der Umschlingung des Bösen befreien, so gewiß er ein guter Christ ist. Ich kenne sein Herz, das rein ist von dem Wurmfraß, ich bürge euch dafür!"

Aber Görres als Vater Bors gab keine Ruhe und schnaubte kalt und rauh: "Er will uns abschütteln, seine Freunde, einer Buhlerin zuliebe. Man befreie den König aus den Banden des Weibes und eröffne den Kreuzzug gegen die Götzendiener der gottleugnenden Vernunft, gegen die Sendboten der Fleischbefreiung und ihres orgiastischen Kultus! Man predige in unseren Blättern den Kreuzzug wider diese babylonische Hure!"

"Könnte sie nicht im Dienste der Kirche Gutes wirken, wie sie jetzt Böses anstiftet? Es wäre zu versuchen, ein Weib ist leicht zu bekehren", wagte sich ein sehr kluges Maulwurfsgesicht hervor.

"Ist bereits versucht worden", wandte sich ein fremd aussehender Mann in halb geistlicher Tracht gegen ihn. "Nützte aber nichts. Sie ist des Teufels ..."

"Ich bin durchaus ein Gegner solcher schmutzigen Werkzeuge", begann wieder Görres, der neben dem Fremden saß, "sie bringen nie Glück. Ich bin jedenfalls der Ansicht, daß man ganz entschieden und unverhüllt gegen dieses Schandweib auftreten soll."

"Wie gedenkt nun der Herr Minister von Abel den Klosterantrag durchzubringen?" kam eine Frage vom anderen Ende des Tisches.

Der Minister zuckte die Achsel.

"Der Herr Professor Döllinger fragt mich zu viel. Es hängt davon ab, inwieweit ich die Zustimmung der Krone erlange - oder bedarf."

"Keinesfalls kann auf den Antrag verzichtet werden", griff Görres ein; "ebensogut könnte die Kirche auf ihr Erstgeburtsrecht verzichten. Die Kirche hat ein Recht, das um ein halbes Jahrtausend weiter zurückreicht als die älteste Dynastie."

Die Kirchengelehrten mit den unsichtbaren Bäffchen am unteren Ende des Tisches, wo außer Lassaulx, dem Germanisten, Höfler, Phillips, von Moy de Sons, Döllinger, Deutinger, Sepp, Meyer, Merz saßen, begannen der Reihe nach Steine zu schleppen.

"Das Konkordat", hieß es von unten, "spricht klar genug. Sind nicht Prärogative darin gewährleistet? Rechte, welche die Kirche nach göttlicher

Anordnung zu genießen hat? Man berufe sich auf die kanonischen Satzungen!"

Görres faßte alle Zurufe zusammen und prägte sie auf die Formel:

"In strittigen Fragen ist zu untersuchen, ob die heiligen Rechte der Kirche höher stehen als die Wünsche der Krone. In der Reichsratskammer hat der Herr Minister von Abel die Majorität. Es ist Ihnen ganz leicht, sich über diese Rechtsfrage zu vergewissern und für Ihre Verantwortlichkeit eine Deckung zu erlangen, indem Sie einfach abstimmen lassen - abstimmen über die Frage, ob das Konkordat oder die Verfassung den Vorzug verdient. In dieser Form retten Sie die Klostersache und bringen den Antrag glücklich durch."

"Und der König?"

Der Bischof Diepenbrock hatte sich wieder erhoben. Die pergamentenen Gesichter rückten zusammen wie eine Reihe Folianten und hielten dem Minister die stumme Frage entgegen:

"Und der König?"

Görres löste die Spannung wieder auf, indem er zuvorkam: "Der König wird nicht anders können ..."

Hätte dem Minister in diesem Augenblick nicht die biblische Erleuchtung gefehlt, so hätte er auf die Frage der Schriftgelehrten geantwortet: Dem König was des Königs ist und Gott was Gottes ist. Statt dessen aber entschied er: "Gott was Gottes ist und dem Volk was des Volkes ist - im Notfall gegen den König."

Aber da fuhr schon wie ein Bauernknüttel die grobe Stimme des Bischofs Diepenbrock dazwischen:

"So geht's nicht! Der Handel gefällt mir nicht. Gegen den König! Revolten, meine Lieben in Gott, bedenkt, Revolten! Das kann zu Revolten führen!"

"Mag's immerhin führen." piepste das Maulwurfsgesicht.

Jetzt schwang der graue Görres, in dem der Jüngling nicht zur Ruhe kommen konnte, die Sturmfahne:

"Wenn der Geruch der Verwesung durch die Gesellschaft geht und der Übermut keine Grenzen mehr kennt, dann tun sich die Brunnen des Abgrunds auf und Fluten brechen über sie herein. Das nennen die Menschenkinder eine Revolution; in der Sprache der Überirdischen aber heißt es ein Umschwung, der nach Richtmaß der ewigen Ordnung von der Vorsehung zugelassen ist!"

Der vom heiligen Geist geleitete, göttliche Instinkt des Görres hatte gesprochen!

Das grüne Eiland des Tisches war wieder von Aufruhr umwogt, einem schwärzlichen Meer mit weißer Gischt.

Das Männlein mit den zusammengekniffenen Lippen suchte dem unwilligen Bischof klar zu machen:

"Fürs Volk und selbstverständlich auch für den König, was dasselbe ist. Auch wenn er's nicht gleich einsieht, doch dankt er's nachher, wie so oft."

"Die Abstimmung in der Kammer!" mahnte Görres mit erhobenem Finger. "Die Abstimmung vergessen Sie nicht!"

Gesagt, getan.

Mitten in der Debatte über die Klosterfrage in der Reichsratskammer wurde der Antrag gestellt, ob in Streitfragen die Verfassung entscheide oder das Konkordat. Die Majorität der kirchlichen Partei schien gesichert. Damit war der Wille der ultramontanen Partei über den Willen des Königs und über die Verfassung gestellt. Pathetisch erklärte der Minister:

"In dem Konflikt der Staatspflichten gilt der Appell an das Gewissen als der höchsten menschlichen Instanz, die zugleich ein Göttliches ist und in sichtbarer Form durch die Kirche dargestellt wird."

Wie ein Mann sprangen der protestantische Staatsrat von Maurer, der liberale Staatsrat von Berks und die anderen freisinnigen Mitglieder der Kammer auf.

"Was ist das für ein Schwindel mit dem Gewissen?" rief Maurer. "Es gibt ein gutes, ein böses, ein enges, ein weites, ein strenges, ein zartes, ein leichtsinniges, ein schlafendes, ein wachendes und auferwecktes, ein protestantisches und katholisches, ein freisinniges und konservatives, ein liberales und demokratisches Gewissen! Was entscheidet also? Im Staatsleben gibt es nur ein Gewissen, das wir anzurufen haben, und das ist die Verfassung! Wenn die Abstimmung vorgenommen wird, verlassen wir den Saal!"

Der Rumpf blieb zurück.

Spornstreichs lief Staatsrat von Berks zu Lola Montez.

"Was will mein dummer deutscher Bär? Tanzen lernen? Ach, schon wieder eure langweilige Politik?"

"Allerschönste Donna, freuen Sie sich! Ihre Freunde, die Jesuiten, werden siegen. Der kirchliche Absolutismus steht vor der Tür. Dann bleibt

Ihnen nichts übrig, als in ein Kloster zu gehen, Lola Ophelia. Geh' in ein Kloster …"

"Mein lieber Berks, Sie halten sich wohl für geistreich, indem Sie sich schlechte Scherze erlauben?"

"Sche-erze? Sche-erze? Nun, Sie werden ja bald sehen, was es für Scherze sind!"

"Der König wird niemals zugeben, daß …"

Berks lachte. "Wenn's dann noch darauf ankäme! Unser gnädiger Herr hat keine Ahnung vor diesem jesuitischen Komplott. Die Gefahr ist vorderhand abgewendet - auf wie lange? Die Kammer gesprengt und der Schachzug gegen den König vereitelt. Sitzen Sie fünf Minuten lang ruhig, wenn Sie können, spitzen Sie Ihr allerliebstes Ohr und lassen Sie sich den Hergang kleinweis erzählen."

Mit einer jener prachtvollen Bewegungen schöner wilder Katzen oder Schlangen, die plötzlich aus der schläfrigen Ruhe hervorschießen, schnellte Lola von der Causeuse auf, noch ehe der Staatsrat zu Ende war. Es war das viel bewunderte Ungestüm, mit der sie ein verblüffendes Wort in die Unterhaltung warf.

"Das ist ja Verrat", rief sie, "Verrat an dem König!"

Der Staatsrat wiegte bedächtig den Kopf hin und her und meinte nach einiger Überlegung: "Ja, wenn man's so ansieht, ist es Verrat."

"Und da sitzt ihr dabei und seht alles ruhig kommen, und keiner von euch hat das Herz, dem König reinen Wein einzuschenken. Was seid ihr für Männer! Schämt euch!"

"So einfach geht das nicht, wie ein gewisses eigensinniges kleines Frauengehirn sich die Sache vorstellt. Alles hat seinen Weg. Man wird sich doch nicht um Kopf und Kragen reden wollen!"

"Es wär' auch wirklich schade um diesen Kopf", spottete Lola, indem sie seine Glatze zu tätscheln anfing, eine Liebkosung, die alsbald in ziemlich unsanfte klatschende Streiche überging.

Er suchte sich der etwas schmerzhaften Berührung dadurch zu entziehen, daß er ihre Hände zu erfassen und zu küssen versuchte. Mit plumper Zärtlichkeit wollte er auf sie eindringen.

Sie stieß ihn zurück und zog augenblicklich die Klingel, das Kammermädchen erschien.

"Die Reitpeitsche!" befahl Lola.

"Was?" Der Staatsrat war verdutzt.

"Ah, dieser Mannesmut, der nur hinter Weiberröcken entflammt!" Verächtlich warf sie die Peitsche hin.

Berks tat kläglich, nicht ohne Perfidie:

"Ich bin nicht schön, bin nicht jung und kann nicht in Gedichten säuseln. Aber ich liebe Sie!"

Lola bereitete sich zum Ausgehen vor und ließ sich von dem Mädchen helfen. Sie tat sich dabei gar keinen Zwang an und ließ bei dieser Aus- und Ankleideszene den Hausfreund ruhig zusehen wie einen Sklaven oder wie einen Hund, den die Peitsche im Zaume hält. Er stöhnte wie ein Tier beim Anblick der halbentblößten Reize und wagte doch nicht zu muksen. Wenn er zu laut oder unverschämt wurde, befahl sie mit der Stimme einer Bändigerin: "Ruhe!" funkelte ihn mit zornigen und harten Blicken an, mit Blicken hart und blau wie eine angelaufene Stahlklinge in einem Griffe von weißen Opalen und machte eine geschmeidige, pantherartige Bewegung nach der Peitsche hin. Da duckte er schon wieder nieder.

"Über eine Lola Montez haben mehr als einer den Kopf verloren ..." Und wie um die freche Anspielung zu verstecken, ergänzte er schnell, anscheinend harmlos: "- auch ich. Mehr als einen Kopf hat der Mensch nicht zu riskieren. Darum bleibt halt so wenig für die Politik übrig."

Sie achtete gar nicht auf sein Geschwätz und zog die Handschuhe an.

"Aber wohin, Allerschönste?"

"Zum König!"

"Um Gottes willen, Vorsicht ..."

"Ach, was! Ein gewisses, eigensinniges, kleines Frauengehirn ist entschlossen zu tun, was euer Staatsmännergehirn nicht fassen kann."

Der Staatsrat erschrak. "Übereilen Sie nichts, Lola, für alles kommt seine Zeit. Bedenken Sie: Staatsgeheimnis! Wenn's schief geht, kommt's auf mich. Bin Familienvater und habe Kinder. Kann weder Kopf noch Kragen riskieren, den Kopf, den ich übrigens an die schönste Frau verloren habe ... Judith!"

Sie überhörte gänzlich, was er sagte, nahm die Peitsche und warf die Frage leicht hin:

"Sie stehen also gut für das, was Sie mir erzählt haben?"

"Ja, ja, aber... übrigens ist es besser, Sie berufen sich auf Staatsrat von Maurer ..."

"So, nun an die Luft!"

Indem sie ihm bedeutete, daß er gehen könne, hielt sie ihm die Peitsche vor, um ihn darüberspringen zu lassen, und rief: "Also hoppla!"

Sein Mannesstolz wollte sich regen:

"Ich bin kein Pferd, kein Hund, kein Clown, kein Zirkusaffe ..."

"Na, wird's?" wurde sie ungeduldig. Und als er sich immer noch widersetzte, flötete sie süß, indem sie ihn mit einem zärtlichen Blick blau umleuchtete:

"Aber wenn ich beim König Ihre Verdienste ins hellste Licht setze?"

"Um diesen Preis, ja!" schrie er außer sich. "Mit Gott für König und Vaterland!" Und faßte die Schöße seines Staatsrockes zusammen, nahm einen Anlauf und - hoppla! war der massige Körper drüber.

Über die Peitsche gesprungen.

"Ach, wie possierlich!" Sie lachte wie besessen und klatschte übermütig in die Hände. "Ich bin kein Pferd, kein Hund, kein Clown, kein Zirkusaffe ... Geben Sie acht, Herr Staatsrat, daß Sie den Zopf nicht verlieren!"

Ärgerlich wandte er sich um:

"Der Zopf? Was für ein Zopf?"

"Der Zopf, der hinten hängt!"

Wütend schoß er davon, verfolgt von ihrem Spott, der um seine Ohren gellte: "Ich bin kein Pferd, kein Hund, kein Clown, kein Zirkusaffe ..."

Achtes Kapitel

Skandalöse Zeiten

Saal des Verrats in der Residenz. Farbengewitter an den Wänden. Wild bewegte Leiber, Helden, Frauen, Volk in Schnorr von Karolsfelds romantischen Fresken, theatralische Pose, große Oper. Hagen erschlägt Siegfried. Kriemhilde am Frühgang zur Messe erblickt den toten Körper, den Hagen gebracht und vor die Kemenate geworfen hat. Herbeistürzende Fackelträger, Aufruhr; im Hintergrund der Dom. Kriemhildens Schmerz; sie gelobt Rache. Der Streit der Königinnen: "Es soll vor Königs Weibe die Eigen-Holdin nimmer gehen!"

In der Mitte des Saales ein Tisch mit einem Stoß Zeitungen darauf, prächtige Stühle herum, reich geschnitzt, viel Weiß und Gold, kardinalroter Damast. Ein Konzilium fand statt. In einem breiten Armsessel die stattliche Königin Therese, erregt, mit roten Flecken im Gesicht; ihr gegenüber der neuernannte Erzbischof von Breslau,

Diepenbrock; hinter ihr stehend ein hagerer Schatten, der Beichtvater Hilarius mit brennenden Augen in dem süßlich lächelnden aschfarbigen Gesicht; an der Breitseite des Tisches des Königs Schwester Erzherzogin Sophie, die aus den Zeitungen vorliest:

"Sammelt euch zum Kreuzzug gegen die Götzendiener der gottleugnenden Vernunft und Sendboten der Fleischbefreiung und ihres orgiastischen Kultus ..."

Sie las immer nur einen Satz oder eine Zeile und nahm dann ein anderes Blatt.

"Die Pompadour, die den königlichen Freund am Gängelband führt ..."

"... Als Herostrat, der die Brandfackel in das Staatsgebäude schleudert ..."

"Die Tochter Babels, die Bayern den Becher der Wollust kredenzt ..."

"Lola, die in Feigenblätter eingehüllt, von dem Wirt 'Zum heiligen Ludwig' in Sevilla vor seiner Posada gefunden wird ..."

"Genug, genug!" winkte die Königin ab und hielt die Hände an die Ohren. "Ich will gar nicht wissen, was in den Zeitungen steht. Ist das nicht schon Revolution, wenn das Königshaus ungestraft geschmäht werden darf?"

Sophie hatte die Zeitungen hingeworfen.

"Nein, nicht Revolution, da sei der liebe Himmel davor!" beruhigte der Bischof, indem er die Arme erhob, als sollte er eine Volksmenge segnen. "Nicht Revolution, nur die gekränkte Liebe der Untertanen, das beleidigte Gewissen, die empörte Sittlichkeit!"

"Der Skandal ist schon in allen Gassen laut", setzte Sophie resolut ein; "die Person muß expediert werden, damit Ruhe im Haus wird. Bei solchen Kreaturen helfen nur zwei Mittel: Geld und Gewalt! In der einen Hand den Zucker, in der anderen die Peitsche. Zwanzigtausend Pfund ist eine schöne Summe; um den Preis haben wir sie los. Ich bringe das Opfer für meinen Bruder, fürs Land, nun ja, für euch alle ..."

"Du warst ja immer eine gute Seele, Sophie", tat die Königin gerührt, "aber glaubst du denn, daß das hilft?"

Auch der Bischof tat ungläubig.

"Der Polizeipräsident, dem ich die Sache übertragen werde, wird für den gehörigen Nachdruck schon sorgen. Zucker und Peitsche - ah, da ist er ja, mein lieber Herr von Pechmann - ich habe den Polizeipräsidenten herbestellt - nehmen Sie doch Platz! Was bringen Sie also Neues in der Sache?

Die Nachforschungen haben doch viel interessantes Material ergeben?!"

Umständliche tiefe Verbeugungen, etwas linkisch provinzial, dann nahm der Polizeichef Platz. Sein breites Gesicht war fast ins Quadrat gezogen. Die angespannten Muskeln verrieten viel Energie; ein braves Sergeantengesicht konnte nicht weniger Ehrlichkeit und bärbeißige Beschränktheit ausdrücken. Er zog ein Aktenbündel hervor und begann den Polizeirapport mit etwas eintönig schnarrender Stimme vorzulesen:

"Es ist festgestellt, daß die Sennora Lola Montez, Künstlerin aus Paris, Verbindungen unterhält mit den revolutionären und republikanischen Führern, die von London aus ihre europäische Propaganda betreiben. So soll sie vor allem mit Mazzini eine Korrespondenz geführt haben. Ihre früheren Beziehungen zu Lord Palmerston sind aus gleichen Gründen verdächtig. In Petersburg ließ sie der Polizeiminister Graf Benkendorff ausweisen und verhütete damit, daß sie sich weder dem Kaiser noch dem Großfürsten näherte. Eine charakteristische Äußerung des englischen Gesandten in München wurde kürzlich aufgefangen, der sagte: In zwei Jahren sitzt kein deutscher Fürst mehr auf dem Thron. Das ist eine Anspielung und ein Hinweis auf die Werkzeuge des Umsturzes, zu denen Buhlerinnen gehören, die den Taumelkelch dem Fürsten von Gottes Gnaden reichen sollen. Wenn auch das Beweismaterial keineswegs lückenlos ist, so enthalten die umlaufenden Gerüchte und die sonstigen Anhaltspunkte Fingerzeige genug usw., usw."

"Ach, das ist ja fürchterlich, das ist ja fürchterlich!" entsetzte sich die Königin.

"Ja, da wäre es doch am einfachsten und am sichersten, Sie schaffen die Frauensperson ohne viel Federlesens über die Grenze." entschied die tatkräftige Sophie.

"Verzeihung, Hoheit", erlaubte sich der Polizeichef, "Seine Majestät ... es fehlen die wichtigsten Beweisstücke, die ich dann zur Rechenschaft brauchte, zur Deckung meiner Verantwortlichkeit ..."

Er fürchtete die Ungnade, das Risiko war zu groß, und gegen den König etwas zu unternehmen, widersprach seiner Geradheit.

Sophie setzte zu: zuerst das Geld, und wenn ihr Appetit gereizt, dann solle er zupacken, das übrige würde schon der Hof besorgen, und die Anerkennung für die patriotische Tat würde nicht ausbleiben. Alles schmeichelhafte Zureden half indessen nicht viel, außer daß er doppelte Wachsamkeit und Strenge gegen die übermütige Ausländerin versprach, was ihm ja selbst am Herzen lag; denn der Tratsch schoß immer üppiger ins Kraut und erzeugte ebenso fanatische Bewunderung, als er fanatischen Haß erweckte. So erwuchsen der Geschmähten auch Verteidiger, und bald gab's in allen Familien Streit und Spaltung.

"Wenn's so weiter geht, kommt's noch zu einer Weiberrevolte", meinte schließlich der Polizeichef, "und schon deswegen muß das Unkraut ausgejätet werden."

"Na, es ist doch am besten, ich rede dem König selber ins Gewissen", meinte der Bauernbischof und reckte sich auf. "Das mahnende Wort der Kirche ist bei unserem Landesherrn immer noch auf einen fruchtbaren Boden gefallen. Die Prüfung wird vorübergehen, und eine neue Zeit des religiösen Lebens wird anbrechen. Es ist zu viel Kampf, zu viel äußere Geschäftigkeit, zu viel Kriegslage; jeder ficht für den heiligen Opferherd, aber das Feuer auf ihm brennt düster und qualmig ..."

Der Friedensapostel wurde plötzlich selbst ganz kriegerisch und kampflustig. Wild fuhr es aus ihm heraus: "Aber hab' ich erst einmal den

König so weit, dann, lieber von Pechmann, raus mit dem Mensch!"

Hatschiere in weißen Röcken, schwarz lackierten Kanonenstiefeln, silbernen Helmen mit weißen nickenden Roßschweifen. Grenadiermaß. Blitzende Hellebarden. Ein Nicken, Strammstehen, Salutieren. Seine Eminenz der hochwürdigste Herr Bischof kommt, wandelt durch die marmorne Pracht des Festsaalbaues. Will geradeswegs zum König. Hier lebt klassischer Geist, Ludwigs Geist, seine Griechenideale in Stein gemeißelt. Säulen und Kuppeln. Warm getönter farbiger Marmor, und wo die schmucksteinhafte Fläche aufhört, dort setzt die Malerei ein und gibt den Gewölben und Zirkeln künstlerisches Leben. Die Leibgardisten, obzwar statuenhaft unbeweglich, gleichen jetzt ein wenig den Maskenstöcken eines historischen Museums. Dann aber zwei griechische Idealfiguren aus Bronze, Girandolenträgerinnen links und rechts, einer gemeißelten Pforte gegenüber der spiegelnden Marmortreppe. Hier biegt der würdige Bischof ein. Erster Empfangssaal weiß in weiß mit Reliefschmuck wie Biskuit, vornehm, ein wenig frostig, Klassizismus, strenger Stil. Zweiter Empfangssaal pompejanisch mit der Auffassung des Jahrhundertanfangs. Viel Ziererei in dem schönen Ebenmaß des Raums. Der Mann Gottes hält sich immer geradeaus.

Aber halt!

"Bedauere, Eminenz, kann Sie nicht vorlassen. Jemand geht bevor."

Der Offizier vertritt ihm den Weg.

"Was? Wer könnte bevorgehen, wenn der Bischof kommt?"

Der Offizier zuckt die Achseln: "Privataudienz!"

Ärgerlich: "Wer denn eigentlich?"

Der Offizier neigt sich zu ihm und flüstert ihm etwas ins Ohr.

"Pfui Teufel!" spuckt der heilige Mann aus und bekreuzt sich sofort, indem er wie zur Beschwörung den Allmächtigen anruft.

"Melden Sie mich sofort!"

"Geht nicht, strenger Befehl!"

"Verflucht!" und klopft sich schon aufs Maul. "Wollte sagen, Gott verzeih mir diese Sünd'..."

Privataudienz. Begonnen im Staatsratzimmer und beendet im sogenannten Herzkabinett, das zu den Gemächern des alten Baues gehörte.

"Wie schön!" sagte Lola kindlich fromm zu ihrem königlichen Begleiter auf dieser Wanderung durch eine Reihe von Sälen und Zimmern und blieb verwundert stehen, sich alles genau zu betrachten.

"Dieses Spiel mit Herzen!"

So bunt und lustig wie auf einem Spiel Karten, wo es die Herzen nur so herumwirbelt. So hatte "die weiland durchläuchtigste Adelheid von Savoyen mit verschiedenen Zeichen der hertzlichen Liebs-Regungen das Gemach erleuchtet und dadurch auch ihrem durchläuchtigsten Gemahl Kurfürsten Ferdinand Maria dero haiß angeflammte Affektion bezeugt". Zwischen goldenen Barockschnörkeln trieben mutwillige Amorln allerlei Schabernack mit roten Herzen, entflammten, gefesselten, pfeildurchbohrten, einsam schwirrenden Herzen, überflüssigerweise zu zeigen, daß nichts auf der Welt so leicht Unfällen und Attacken ausgesetzt ist als eben das Herz. Da wirft einer dieser Knaben sein Herz einem Löwen zum Fraß hin, ein anderer zieht das seine aus einem Brunnen heraus; auf dem Fries stickt die schöne Kurfürstin Adelheid einen "Herzteppich", während ihre Töchter es ebenfalls sehr heftig mit Herzangelegenheiten zu tun haben. Sie baden ein Herz in Tränen, krönen es mit Dornen, spießen und zerhämmern es. Städtebilder mit Liebesszenen an allen Wänden. Es war danach angetan, Lola zu entzücken, die sich in diesem Gemach wie in einem Spiegel sah. Sie hatte mit Herzen gespielt wie mit Karten; aber den Herzkönig behielt sie als Trumpf.

Nachdem sie alles sattsam betrachtet, führte sie das unterbrochene Gespräch weiter.

"Es ist Heuchelei", rief sie entrüstet, indem die Augen wie große blaue Falter um sich schlugen, "wenn sie vorgeben, der Kunst zu dienen. Nie hat die Kirche das Göttliche in der Kunst anerkannt, es sei denn, daß dieses Göttliche zugleich auch das Kirchliche war. Nie hat sie die Kunst gefördert, außer wenn sie sich ihrer als eines prunkenden Gewandes bedienen durfte, sondern sich selbst hat sie gefördert, und eine Kunst galt nicht in ihren Augen, wenn sie einen eigenen Sinn besaß. Es ist eigentlich ein Widerspruch, in Wahrheit der Kirche und zugleich der Kunst angehören zu wollen. Haben die Ultramontanen nicht bereits einen Sturm erregt gegen die Kunstbauten Euerer Majestät, weil angeblich noch immer zu wenig Kirchen und Klöster im Lande seien? Und ist das Verhältnis der Kirche zum Königtum nicht ganz ähnlich wie zur Kunst? Sie behauptet zwar, die stärkste und verläßlichste Stütze des Throns zu sein, aber sie ist es nur solange, als ihre eigene Macht dadurch gefördert wird. Nur scheinbar befestigt sie, zugleich aber ist sie destruktiv, antinational und antipatriotisch, indem sie sich zwischen Volk und König als Keil eindrängt, um von Rom aus die Geschicke der Staaten und Völker zu leiten. Und wenn nun nicht alles nach Wunsch geht, ist sie unbedenklich genug, das Volk gegen die Majestät des Königs aufzuwiegeln, wie sie es jetzt in versteckten, gehässigen und boshaften Angriffen durch die Blätter tut. Das ist die wahre Gesinnung dieser Stütze der Throne! Wie die Schlingpflanze den Stamm erdrückt, an dem sie emporklettert, so will sie den Thron, den sie zu stützen vorgibt, umklammern und überwuchern. Es gibt noch stärkere Beweise dieser Gesinnung! Der Wille der Kirche soll über dem Willen des Königs stehen, das Konkordat über der Verfassung."

Und sie erzählte, was sie von Berks wußte. "Liebe und Dankbarkeit bestimmen mich, meinem König dieses zu sagen."

Der König war erstaunt, erschreckt; gerührt und aufgebracht zugleich. "Ja, aber woher wissen Sie das alles, Sie seltsames Wesen?"

"Als ich hierher kam, und als Sire der Verfolgten und Weltflüchtigen eine Zuflucht boten, wußte ich nichts von Politik." tat sie wieder unschuldig wie eine Schäferin. "Ich hörte nur Worte wie Konkordat, Ultramontanismus usw., aber ich begriff ihren Sinn nicht und fand sie nur häßlich und langweilig. Aber allmählich drängte sich die Bedeutung dieser Worte auf, man konnte ihnen gar nicht entgehen; sie waren immer da und brachten andere Worte mit sich, eine streitsüchtige Bande, einen ganzen Rattenkönig, der auseinander und gegeneinander will und unlösbar verwirrt und verknotet ist. So habe ich's gelernt, besonders aber, nachdem ich einen Blick in die Laboratorien der Politik werfen durfte, wo das Tränklein gegen die Übel der Zeit gebraut werden soll. Aber fragen Sie nicht mich, Sire, die mit ihrem Sprüchlein zu Ende ist; fragen Sie jene, die den Hexenkessel rühren, fragen Sie die Staatsräte von Maurer, Berks, Männer von treuer unparteiischer Gesinnung, doch fragen Sie nicht Ihre Minister - diese Minister sind falsch! Diese Minister -"

"Ich weiß es wohl", sagte der König bekümmert und in tiefem Nachdenken, "mit dem Abel geht's halt nicht mehr!"

Am nächsten Tag hatte der König den Schachzug des Ministers durch einen unerwarteten

Gegenzug erwidert, der die Position der Gegenspieler erschütterte. Der Staatsanzeiger brachte die königliche Order vom 15. Dezember 1846, wonach dem Minister des Innern, von Abel, die Angelegenheiten für Kultus und Unterricht entzogen und der ministeriellen Leitung des freier denkenden Freiherrn von Schrenk unterstellt wurden.

Somit war die Klosterfrage gefallen. Der König hatte mit unerwarteter Entschlossenheit und Selbständigkei gegen seinen allmächtigen Minister gehandelt und einen Strich durch die Rechnung gemacht.

Der Liberalismus jener Tage konnte einen Sieg verzeichnen, um den er nicht gekämpft hatte. Mühelos eingeheimst wie ein Geschenk, das vom Himmel gefallen war. Die Verblüffung darüber war bei den Freunden fast noch größer als bei den Feinden. Verständnislos sah man sich an, Haß auf der einen Seite, Mißtrauen auf der anderen vereinigten sich gegen die mutmaßliche Urheberin dieser Neuerung:

"Wem verdanken wir dieses Medeengeschenk?"

Der zähe Diepenbrock wollte das gottgefällige Friedenswerk vollenden, ehe er seine Münchner Diözese für immer mit dem Breslauer Bistum vertauschte. Große politische Interessen hingen von dem Erfolg seiner Unterredung mit dem König ab.

Es war in einem der großen Säle des Festsaalflügels, den Ludwig erbauen und mit riesigen Geschichtsillustrationen schmücken ließ. Die bedeutenden historischen Momente aus dem Leben deutscher Herrscher wie Karl des Großen, Friedrich Barbarossa und Rudolf von Habsburg waren in Freskengemälden festgehalten, die kolorierten Bilderbogen glichen. Brav in der Zeichnung, aber ohne Kraft und Wärme, ein hohles Pathos, eine große tönende Phrase, erinnern sie nur von ferne an die lebendige sprühende Kunst eines Pinturicchio und anderer großer Italiener der Renaissance; doch waren sie nachsichtig anzusehen als Werke der Sehnsucht, Künstlersehnsucht, die es immer nach Italien zog gleich jenen Kaisern, von denen diese Wände erzählen, und gleich Ludwig, der sie schaffen ließ. Epigonenkunst, blutarm, kraftlos, bläßlich wie der nordische Himmel im Vergleich zu dem leuchtenden Blau des Südens. Rhetorik, die bloß das Hirn beschäftigt, aber nicht imstande ist, das Gefühl emporzureißen. Allerdings jene, die solches schufen, der König und seine Künstler, waren mit dem Herzen dabei und sahen mit den Augen der Liebe darauf: sie sahen sich selbst in der Größenhaftigkeit dieser Bilder. Das Pathos war das ihrige.

Karl wird zum Frankenkönig durch den Papst gesalbt. Durch ein Siegestor zieht der Frankenkönigin Pavia ein, ein Siegestor, wie es Ludwig in München errichten ließ. Auf dem Konzil zu Frankfurt sind die Kirchenfürsten Karls Ratgeber. Endlich krönt ihn der Papst zum deutschen Kaiser. Das wirkt ungeheuer erhebend auf Ludwigs Gemüt, der sich diesen großen Augenblicken innerlich so verwandt fühlt. War er nicht selbst in Deutschland als der Schirmherr der Kirche angesehen wie einst der große Karl? Ruhten nicht die größten Hoffnungen auf ihm, der Deutschlands Zukunft zu verkörpern schien? Und gingen nicht schon die Gerüchte um, daß der Papst ihm eine stolzere Krone aufs Haupt setzen werde, eine solche wie sie einst Karolus Magnus empfangen hatte? Oder wie sie Friedrich empfing, der in Frankfurt zum deutschen Kaiser ausgerufen wird, in demselben Frankfurt, wo abermals die deutsche Kaiserkrone zu vergeben war, am Ausgang des Vormärzen, als die Bundesversammlung dort tagte? War in diesen Wandbildern nicht die Kraft eines Gleichnisses, das die Zukunft im Spiegel der Vergangenheit zeigte? Bis vor kurzer Zeit noch schien die allgemeine Stimmung Ludwig das Recht zu geben, in der Darstellung Karl des Großen sich selbst zu sehen, kniend vor dem Papst, wie es bisher Könige und Kaiser tun mußten als Symbol, daß ihr Weltregiment von Gottes Gnaden sei. Schon lange besaß nicht mehr Österreich, sondern Bayern die Hegemonie in Deutschland, und die Deutschen blickten auf Ludwig I..

Aber das Leben machte ein Farce aus der Haupt- und Staatsaktion. Ein Teufelsweib hat den Plan der Geschichte gekreuzt und des Königs Sinn gewendet. Jetzt heißt's zu retten, was zu retten ist, und den Teufel auszutreiben, wenn jene stolzere Krone, noch unsichtbar, sich wirklich auf dieses königliche Haupt herabsenken soll. Eben ist ein heiliger Bischofsmann im Begriff, den König tüchtig abzukanzeln. Dies ist das wirkliche Leben, das andere einstweilen noch Hirngespinst, Künstlerphantasie, geschichtliche Reproduktion, bloßer Traum.

"Es betrübt mich, Majestät auf einem Weg zu sehen, auf dem nach den Worten Salomonis drei Könige sich verderben", begann der heilige Mann seine Strafpredigt und ließ wie ein polternder Dorfpfarrer eine heftige Kapuzinade gegen die

Unzucht und Wollust los. Sein Bannstrahl war gegen die schöne Buhlerin gerichtet, dabei bekam der König auch hin und wieder eins ab. Könige müssen auf sich achten, weil sie den Blicken des Volkes ausgesetzt seien, dem sie ein gutes Beispiel geben sollen. Die Sittenlosigkeit nehme ohnehin erschreckend überhand. Mit Kreuz- und Querfragen, einem richtigen Beichtstuhlverhör, gedachte er das Sündenkind zur strengen Gewissenserforschung und Buße hinzuführen.

Aber der König schnitt alle Fragen kurz mit einer Gegenfrage ab: "Sagen Sie mir zuerst, wie es kommt, daß die Blätter kirchlicher Observanz sich einen erstaunlich ungeziemenden Ton gegen den König und gegen die Personen, die er mit seiner Freundschaft auszeichnet, herausnehmen? Wie rechtfertigen Sie es, daß diese verletzenden Ausfälle gegen die geheiligte Person der Majestät in Ihren Parteiorganen geduldet werden, obgleich strenge Zensurvorschriften bestehen, die zu meinem Befremden gerade von der ultramontanen Presse mißachtet werden - von jener Seite, Eminenz, die sich auf ihre unwandelbare Untertanentreue beruft?"

"Die allgemeine Aufregung, die erschreckenden Zustände im Lande …" Der Bischof schnappte nach Worten. Was eigentlich nur Tratsch war, erschien nun aufgebauscht als tiefgehende Gärung, als drohende Unruhe, die kaum mehr im Zaum zu halten sei.

So sorgte der blinde Eifer jener, die es mit ihrem Fürsten immerhin gut meinten, dafür, daß des Königs Mißtrauen neue Nahrung bekam.

"Haben Sie es alle nicht selbst vor kurzem anerkannt und laut gepriesen, daß Bayern ein Eldorado des Glücks und der Zufriedenheit ist? Überlassen Sie mir die Sorge und seien Sie getrost: solange Ludwig lebt, wird Bayern dieses Eldorado bleiben."

So stritten sie mit manchem harten Wort.

Seine Beziehungen zu Lola berührend, betonte der König, daß er weder einer Ermahnung noch einer Zurechtweisung bedürfe. Als König habe er übrigens das Recht, wie jeder Privatmann seine Unterhaltung dort zu suchen, wo es ihm gefiele; in der Aufwallung setzte er hinzu: "Und überdies, wir lieben uns schuldlos, und das ist genug!"

Damit aber war der Bischof nicht abzuschütteln. Der hatte sich in seine Mission verbohrt, ließ den Erlaß und politische Dinge ziemlich unberührt und stürmte mit der ganzen Wucht seines heiligen Eifers gegen den Erbfeind, der schon vom Paradiese her die Wurzel alles Bösen war. Das war freilich ein verfehltes Beginnen. Es stärkte nur den Widerstand des Königs.

"Vergönnt mir, doch wieder ein Mensch zu sein!"

Ludwig, der jeden Widersacher seines Lieblings als persönlichen Feind betrachtete, fand für seinen ehemaligen Vertrauten ziemlich harte, abweisende Worte. Der Abschied war nicht so, wie der Bischof es gehofft hatte. Ludwig tat es wieder leid, er glaubte den Gottesmann zu beruhigen, indem er sich auf Heinrich IV. berief, der, wegen seines Verhältnisses zur Gabriele d'Estrée getadelt, gesagt haben soll:

"Nie hat das Vergnügen eine solche Gewalt über mich ausgeübt, daß ich die rechte Zeit zu nötigen Dingen darüber versäumt hätte. Heute im Krieg, morgen auf der Jagd - und habe ich die Nacht in den Armen der Liebe verloren, so findet mich der Morgen doch an der Spitze meines Heeres, bei den Geschäften, oft in Gefahr. Wenn der Bogen auch in Ruhe ist, verliert er doch darum seine Stärke nicht."

Graf Reisach, der Oberhirt von München und Nachfolger Diepenbrocks, wollte seinem Amtsbruder zu Hilfe kommen, um das schier mißlungene Werk der Seelenrettung aus eigenem zu vollbringen. Aber damit kam er beim König gar schlecht weg.

"Bleiben Sie bei Ihrer Stola und ich bei meiner Lola!"

Gelinder wogten Unwillen und Schmerz des Königs, um in poetischer Klage auszuströmen:

Gestattet, daß ich von dem Lebensbaume
Zuweilen doch ein einz'ges Blättchen pflücke,
Mich wieder wende zu dem früh'ren Glücke,
Oh! wecket mich nicht aus dem flücht'gen Traume,
Mißgönnt mir nicht die kurze freie Stunde,... etc.

Es konnte also nicht ausbleiben, daß der König wegen dieser Frau sich von den Männern abwendete, die früher sein Vertrauen hatten.

Diese Zeit am Ausgang des Jahres 1846 und die weitere Entwicklung der Dinge lieferten den Beweis, daß über die Lola wirklich mehr als einer den Kopf verloren hatte. Sie stritten gegen das Schicksal, das sich dennoch erfüllen mußte, indem sie gegen dieses Weib kämpften, das anscheinend bestimmt war, die Weltuhr zu regulieren. Denn ohne sie hätte das Antlitz der deutschen

Erde ein anderes Gesicht. Zu deutlich sah der Augenblick schon die deutsche Kaiserkrone über dem Hause Wittelsbach schweben, nie wäre sie den Hohenzollern zugefallen. Ludwig, der kommende Reichsverweser, von da nur noch ein kleiner Schritt - er hätte ihn getan, es schien ihm bestimmt. Aber da kam das Unvorhergesehene: Ludwig hatte sich mit der Kirche überworfen, das Weib wirkte als blinder Hebel des Schicksals - und an dem Tag dieser Unterredung hatte sich das Blatt schon gewendet.

Die Schranne (Marienplatz)

Neuntes Kapitel

Der Zwischenfall Montez

Alle Häuser haben ein menschliches Gesicht, sogar das Polizeihaus. Das Lächeln der Grazien ruht nicht auf seiner Stirn. Es hat ein verkniffenes, drohendes Antlitz, finster und verschlossen wie eine Gefängnistür. Es hat auch eine Stimme, wie alle Häuser ihre eigene Stimme haben, die den Ton angibt, leise oder laut, fröhlich oder feierlich, den man dann unwillkürlich nachahmt. Doch die Stimme dieses Hauses tönt nicht, sondern rasselt; sie spricht nicht, sondern schreit. Auch einen Atem hat dieses Haus wie alle Häuser, einen Hauch, der beklommen macht und übel riecht nach dumpfen Räumen, menschlichem Elend, Schmutz und Verwahrlosung, Kloaken, schlechten Lampen, ungelüfteten, halbdunklen Korridoren, staubigen Amtszimmern.

Obschon von aller Schönheit und Lebensfreude verlassen, hat sich eine der Grazien hierher verirrt. Im Torgang die Wache, den Pallasch in der Hand, Ingrimm im Gesicht, Rasseln in der Stimme, als ob ein phantastisch großer Schlüsselbund in dem rostigsten Gefängnisschloße herumgedreht würde:

"Halt da! Was wollen Sie? Wer sind Sie?"

Der Hausgeist schreit bereits. Dass ist nicht höflich, ist aber Dienstbrauch. Wozu brauchten Diensteifer und Amtstreue den Zuckerüberguß von Höflichkeit, besonders die Polizei?

Die Grazie ist erstaunt, sie will zum Polizeipräsidenten. Nun steht sie im Zimmer des gewaltigen Polizeichefs von Pechmann. Er ist Richter gewesen und versteht sich auf Menschenkenntnis und Psychologie. Durch die Brille des Paragraphen hat er sofort den Verbrecher im Menschen heraus; das ist seine Menschenkenntnis. Als Erzieher zur Ordnung und Sitte will auch er läuternd auf die Seele wirken. Dabei fruchtet nichts so sehr gegen die Verstocktheit des Übeltäters als Einschüchterung. Das ist seine Psychologie. Es war die gute alte Schule. Darum schreit er schon mit derselben Stimme wie der Büttel unter dem Tor, denn es ist ja die Hausstimme: "Ah, da sind Sie ja, da sind Sie ja!" Ein unverständlicher Zorn lodert in den Augen, in den Gesichtsmuskeln, in den Worten.

"Lola Montez, Sie sind ..."

"Sennora Lola Montez." verbesserte ihn die Grazie.

Da brüllt er bereits: "Lola Montez, Sie sind vorgeladen ..."

"Eingeladen ..."

Die Faust fährt dröhnend auf den Tisch. "Angeklagte, Sie haben sich anständig zu benehmen! Die Polizei ladet nicht ein, sondern sie ladet vor, sie ersucht nicht, sondern fordert auf, sie fragt nicht, sondern sie verhaftet, verstanden? Aktuarius Thürriegel! Die Akten der Lola Montez!" Der Gerufene schleppte ein hochgeschwollenes Bündel herbei. Der Präsident blättert darin und beginnt halb lesend ein Verhör.

"Die polizeilichen Ermittelungen haben ergeben: Lola Montez durch den russischen Polizeiminister Grafen Benkendorff landesverwiesen wegen gefährlicher Umtriebe um die Person des Großfürsten und des Kaisers; landesverwiesen aus Baden-Baden durch eigenes Handschreiben des regierenden Fürsten Heinrich von Reuß-Lobenstein-Ebersdorf; kurz vordem von Berlin ausgewiesen über Befehl König Wilhelms IV., der sich ebenfalls nicht berufen fühlte, die schlechten Sitten einer schlechten Tänzerin zu verbessern."

"Herr Präsident jedoch fühlen sich berufen ..."
Sie setzte ihre gelassene Ironie gegen seine sinnlose Heftigkeit. "Wenn Sie wüßten, Herr Präsident, wie liebreich diese Könige und Fürsten waren gegen die - ach, wie geschmacklos! - schlechte Tänzerin ... Sie ahnen es nicht, und ich muß schweigen. Diskretion ist Ehrensache für meine schlechten Sitten im Gegensatz zu Ihren guten Manieren."

Die geschliffenen Worte aus der Feinzeugschmiede verwirren den Polizeigewaltigen und machen ihn noch mehr erbost. Er versteht sich besser auf das grobe Geschütz, läßt alle Minen springen, droht mit der Ausweisung, rückt schließlich mit der Abfindungssumme von zwanzigtausend Pfund hervor, die von hoher Seite bereitgestellt wären unter der Bedingung, daß sie freiwillig das Feld räume - und war nicht wenig verblüfft, als weder die Einschüchterung noch Gold als Zaubermittel wirkten.

"Ihre guten Manieren haben sich offenbar in den schlechten Sitten der Tänzerin getäuscht, die weder käuflich noch bestechlich ist."

Sie konnte jetzt großartig tun; es war wieder einer der seltsamen Augenblicke, wo ihr das ungeschickte Spiel der Gegner einen Trumpf in die

Hand gab. Das Geheimnis des Aufstieges zur Macht; sie verstand die verborgenen Glücksmomente, die immer da sind, und an denen andere blind vorübergehen, zu nützen. Zwanzigtausend Pfund waren eine gewaltige Summe; aber hellseherisch wie ein Sonntagskind wußte sie, daß der Einsatz sich verzehnfachen würde, nicht nur in Geld, sondern auch in Ruhm und Ehre, und daß die Gegner in dieselbe Grube fahren würden, die ihr von ihnen gegraben ward.

"Sie schätzen mich zu niedrig ein, mein Herr", spottete sie, "nennen Sie das Zehnfache, der König wird Sie überbieten! Nennen Sie das Hundertfache, die Freundschaft des Souverän wird mir lieber sein!"

"Verflucht!" Vorbeigelungen! Er knirscht. Zwanzig Männer machen nicht so viel zu schaffen als ein solches Weib! Aber man wird sie klein kriegen. Wäre ja schade um das Sündengeld! Es muß auch ohne gehen. Sobald nur das Beweisnetz geschlossen ist: Hochverrat! Einstweilen kann man sie in Haft behalten. Als zureichenden Grund hat man - eine ganz artige Ohrfeigengeschichte. Einige Leute können von einer weichen kleinen Hand erzählen, die mit elektrisierender Schnellkraft ihre Wange liebkost hatte, so zärtlich und warm, daß ein rotes Brandmal von allerliebsten fünf Fingern auf der geistreichen Backe verblieb ... Ein Veterinär, der Lolas schöne schwarze Dogge schlecht behandelt hatte, ein Packknecht des Ingolstädter Boten, der eigene Hauswirt und Hotelier Havard zum braunen Hirschen, schließlich ein Postbote waren die Betroffenen. Sie hatten es an schuldigem Respekt fehlen lassen, und das südliche Blut war rasch ... Der Postbote war Amtsperson: also lag ein Delikt gegen die Amtsehre vor! Sie zerriß die Vorladung im Zorn: das war Herabwürdigung einer staatlichen Einrichtung ... Der Fallstrick war gedreht.

Die orthodoxen Blätter predigten im Geist ihres Ideennapoleon, des von Heinrich Heine schmeichelhaft "die tonsurierte Hyäne" getauften Joseph von Görres, den Kreuzzug gegen die Tochter Babels, die Demokraten haßten und fürchteten sie als Verkörperung der drohenden Willkürherrschaft im alten Stile der Pompadour, und die freundliche Stimmung, die seit der königlichen Order in der Klosterfrage für sie als die Urheberin der verheißungsvollen Neuerung einsetzte, wich wieder vor der umgreifenden Hysterie des Volkes, die in krankhaft gesteigerte Eifersucht und Wehleidigkeit ausartete.

"So weit ist es schon gekommen, daß eine Fremde ungestraft bayerische Bürger schlagen darf!"

Sie war für alle Parteien ein Stein des Anstoßes. In der einen Hand die Waage, in der anderen das Schwert, zugleich aber eine Binde um die Augen, waltete der Polizeichef seines Amtes als Rächerarm des beleidigten öffentlichen Gewissens. Der aufgespeicherte Unwillen fand in Pechmann eine behördliche Spitze, aus der der schlagende Funke springen mußte.

Aber das Weib war stärker in dem ungleichen Kampf.

"Ohrfeigen?"

Die Grazie war belustigt und dachte an die Heiterkeit des Königs, der jedesmal bis zu Tränen lachte, als sie ihm das eine oder andere derartige Geschichtchen erzählte. Er hatte ihren Mut belobt, und dieser humorlose Patron hier nahm es tragisch! Oh, Geist der Schwere!

Ihr Spott ist unverwüstlich: "Ich habe allerdings so manche Ohrfeige ausgeteilt, aber ich habe kein Tagebuch darüber geführt und habe es auch versäumt, mir eine Quittung über den Empfang geben zu lassen."

Aber die gestrenge Polizei macht mit Musen

und Grazien, als welche sehr liederliche Frauenzimmer sind, kein Federlesen, besonders wenn sie so gassenbübisch frech werden wie diese da:

"Herr Präsident", höhnte sie, "die Lola Montez hat einen starken Bayer geohrfeigt, sie hat einen starken Bayer geprügelt; die Lola Montez hat einen starken Bayer - gefressen! Was habe ich an Buße zu bezahlen?"

"Geldbuße? Mitnichten!" Der Polizeichef tobte. Riß einen schweren Folianten vom Regal, die Polizeigerichtsordnung vom Jahre 1675, die in Kraft ist und die Weisheit der Vorväter überliefert, schlug eine Stelle auf, die unzweideutig urteilte "über die Verbrechen der öffentlichen Gewalttat, Verhöhnung der Staatsgewalt, indirekte hochverräterische Anstiftung zum Aufruhr unter Anwendung mildernder Umstände:

"Gefängnis oder Zuchthaus und Landesverweisung! Punktum!"

Die heimliche Stimme: niemand wird in der Kirche lärmen wollen oder im Palast gemütlich werden oder schreien; der Plauderton schwingt am besten in der Traulichkeit der vier Wände aus, das überlaute Betragen mahnt an die Schenke, an den Stall, an die Wachtstube und wirkt roh außerhalb solcher Orte. Der brüske Polizeimensch von

Pechmann empfand es mit Unbehagen, aber er konnte den Ton nicht recht finden, den der Genius loci anderswo verlangt; hatte die Vorahnung, es gibt ein Unglück, als er aus seinem Polizeipalast, der doch nur ein finsterer Stall war, in die heiter festlichen Räume der Residenz kam.

Der Monarch ließ ihn zu sich bescheiden, um den Gestrengen über seine Freundin Lola Montez eines Besseren zu belehren. Eine freundliche Nase dem Übereifrigen, das konnte nicht schaden.

"Nun, mein lieber von Pechmann", begann die huldvolle Ansprache des Königs. Der Polizeidirektor war unruhig, diese Frauenzimmergeschichte ging ihm sehr gegen den Strich, aber das Bewußtsein der erfüllten Amtstreue gab ihm den nötigen Halt. Er blieb frostig, steif, ganz Amtsmensch und taute nicht um einen Grad auf, trotz der Wärme, mit der ihn sein Monarch behandelte.

"Die dumme Geschichte, mein lieber von Pechmann, arge Übereilung, wie! Dame fordert Genugtuung, mit Recht, lieber von Pechmann, mit Recht. ..." Bevor er aber noch das Referat Pechmanns anhörte, um es günstiger zu gestalten und die Überweisung an das Stadtgericht zu verhindern, warf er die Frage hin: "Was spricht man denn im Volk, wie?"

Es lag ihm daran, über die öffentliche Stimmung, die seit den letzten Ereignissen starken Schwankungen unterlag, Näheres auch von seinem Beamten zu erfahren. Es ging bunt genug zu: Abel hatte dem ungnädigen Monarchen gekränkten Tones einen Brief geschrieben mit dem Vorhalt, wie oft er sich für seinen König geopfert, nicht am geringsten, um die Erübrigungen für die kostspieligen Kunstbauten zu erwirken; die Gegner Abels hinwiederum bewiesen in der Abendgesellschaft Lolas, wie oft dieser Minister, um sich und seine Freunde zu halten, Gesetz und Recht gebrochen, wie häufig er zum Vorteil einer Partei das Volk verdummt und geknechtet und den Verräter an Deutschland und Bayern gespielt. Das war auch die Meinung in der Öffentlichkeit. Dagegen waren wieder die Orthodoxen auch nicht faul und nützten die Lage auf ihre Art aus. Ein Gezeter erhob sich im Land: der König will sich emanzipieren!

In den Beichtstühlen wurde zur Absolution das Gebet auferlegt, Gott möge den König und das Land bald von der Unholdin Lola befreien, die für alles Unglück verantwortlich schien. Der König wußte um diese Dinge.

Und nun auch diese arge Verlegenheit, die dieser hitzige Polizeimensch mit seinem Scheuklappenverstand angerichtet hatte!

Der wollte nun gar nicht recht heraus mit der Sprache, aber Ludwig setzte ihm zu:

"Dem König muß man die Wahrheit sagen; wer ihm nicht die ganze Wahrheit sagt, vergeht sich gegen die Staatsordnung!"

Da gab sich Pechmann einen Ruck, seine innere Erregung löste den Amtszimmerton aus, den er unaufhaltsam abschnarren ließ:

"Majestät! Sie haben die schönste Perle aus Ihrer Krone verloren, die Liebe Ihres Volkes!"

Der König zuckte unmerklich, lächelte und sprach von scheinbar gleichgültigen Dingen.

"Sie waren in Landshut, ehe ich Sie hierher berief? Ist eine gute Luft in Landshut?"

"O ja, o ja!" Pechmann war ganz perplex. Er hatte es in seiner Treue gut gemeint, aber für den Mann von hartem Schlag hatte Grobheit und Aufrichtigkeit denselben Sinn. Die Sache jedoch war heikel und persönlich und wollte mit feinen, behutsamen Händen angefaßt sein. Und das war just nicht Pechmanns Art.

"So, so", gab der König trocken zurück, "gehen Sie wieder nach Landshut, wo ja auch gute Luft ist. Also fort; fort!"

"Dem König muß man die Wahrheit sagen - "

Daß er nun gehen mußte, das hatte Pechmann davon! Der Sinn in der Geschichte? Er konnte es nicht ergrübeln. Was ist Wahrheit? Jeder sieht sie anders. Für Pechmann war sie eindeutig. Aber alle Eindeutigkeit ist unzulänglich, ist wertlos, ist nicht mehr Wahrheit. Vielleicht war seine Äußerung, die einen persönlichen Tadel gegen den König enthielt, nur eine Dummheit. Aber Amtstreue ist auch auf die Dummheit stolz.

Amtstreue! Damit konnte sich der starrsinnige Pechmann in der guten Luft von Landshut trösten.

Freiherr von Mack, sein Nachfolger in München, nahm noch am selben Tag das Polizeiregiment in die Hand. Das war ein geschmeidiger Mann, der hatte Unterscheidungsvermögen und verstand sich auf den höfischen Ton, ganz anders als der grobkörnige Vorgänger, der mit einem bedauernden Achselzucken abgetan ward: "Guter Kerl, aber schlechter Musikant!"

Das ließ sich nun von Mack nicht sagen, wenn er es auch auf der Amtsstube nicht sparte:

"Thürriegel!"

Der Aktuarius fuhr in die Höhe.

Der neue Herr Präsident wünschte einen Bericht

über die Akten der Lola Montez, die inzwischen wieder dicker geworden waren wie ein Schneeball, der bei jeder Umdrehung schwillt.

"Lassen Sie los!" Der Aktuarius, die Nase auf dem Papier, begann zu leiern: "Verbindung mit Revolutionären, Korrespondenz mit Mazzini, Beziehungen zu Palmerston ... Landesverwiesen ... russischer Polizeiminister -"

"Mensch!" schnauzte Mack. "Was lesen Sie da für einen Quatsch! Sie dichten ja! Werden Sie Possenschreiber, etablieren Sie sich als Genie, wenn Sie nichts Besseres fertig bringen als solchen Unsinn!"

"Polizeiliche Informationen, Herr Präsident!" wagte Thürriegel einzuwenden.

"Spitzelweisheit, unsaubere Angeberei, Zeitungsgewäsch! Das nennen Sie Information! Wir schreiben hier keine Hintertreppenromane! Seien Sie vorsichtig mit dem, was man Information nennt, mein Lieber, Sie tragen die Verantwortung."

Der Aktuarius erschrak, daß ihm der Gänsekiel vom Ohr fiel.

"Sie tragen die Verantwortung für jeden Fehlgriff, also sehen Sie sich vor!" sagte nochmals der schneidige Mack mit scharfer Betonung. "Beweisbare Tatsachen, mein Bester; keine Phantasien! Wenn Sie durchaus den Pegasus reiten wollen, dann gehen Sie unter die Dachstubendichter und Hungerleider, Sie - Sie Poet!"

Das Schriftenbündel verschwand auf Nimmerwiedersehen in dem Aktenverließ des grauen Hauses.

Der Zwischenfall Montez war glatt erledigt.

Zwanzigtausend Pfund, eine fürstliche Summe!

Der König aber überbot sie um das Vielfache, der Knicker!

Zunächst eine kleine Gabe auf den Opfertisch der Liebe: ein silbernes Tafelservice, durch den Finanzminister Grafen von Seinsheim zu überreichen. Das war ein Kumpan aus der fröhlichen Tafelrunde bei Don Raffaele Anglada an der Ripa Grande zu Rom, ein Freund aus der kronprinzlichen Zeit, der ebenfalls revolutionäre Rosinen im Kopf trug, ganz wie sein erlauchter Herr. Aber die Zeiten hatten sich geändert, die Revolutionäre von damals waren die starren Orthodoxen von heute, Konservative und Ultramontane, wobei ja der König seinen Jugendfreunden, die durch ihn groß und einflußreich wurden, mit dem Beispiel voranging. Aber die neue Schwenkung Ludwigs machten sie nicht mehr mit. Keiner der alten Freunde folgte ihm auf den Weg, den der König jetzt allein ging.

Zur Lola Montez? Dieser verworfenen Person, die das Herz des Königs verdarb, die Freunde verlästerte, die Politik verwirrte, das Volk beunruhigte?

Dieser blutsaugende Vampir, der das Land bedrückte? Er, der Finanzminister des Landes sollte -?

Es war der fürchterlichste Hohn, ihn und seine Partei zu dieser Huldigung zwingen zu wollen.

"Niemals!" Er bat den König, diese Mission ablehnen zu dürfen. Es gäbe Berufenere für diesen Zweck.

Was zur Folge hatte, daß der König nun erst recht auf seinem Willen bestand, wie immer, wenn ihn ein Widerspruch mißtrauisch machte oder seinen Eigensinn stärkte.

"Ich begreife, Graf Seinsheim, daß es für einen Finanzminister beschämend ist, ein so geringfügiges Geschenk zu überbringen." sagte der König sarkastisch. "Ich will Ihnen die Aufgabe erleichtern und füge ein zweites Geschenk bei, eine Equipage mit zwei Rappen, die ich für die Sennora bereits bestimmt hatte. Sie können beides in meinem Namen überreichen."

Neue milde Gabe auf dem Opfertisch der Liebe.

Der Finanzminister wurde ängstlich, daß bei längerer Weigerung die Verschwendungssucht und Schenkwut des Königs sich ins Unmeßbare steigern könne. Das Gespenst eines Staatsbankrotts tauchte drohend am Ende dieser Wirtschaft auf.

Er ließ durchblicken, daß das Geld, wenn es schon hinausgeworfen werden sollte, besser den Armen zustatten käme in diesen schweren Zeiten.

Der König parierte gar fein, indem er seine Antwort in eine Legende kleidete:

"Ein Weib wollte Jesus mit kostbarem Nardenwasser salben. Die Juden, die es sahen, wurden unwillig und meinten, es sei Verschwendung und besser, man würde das Nardenwasser verkaufen und den Erlös den Armen geben. Darauf Jesus erwiderte: 'Arme habt ihr allezeit, mich aber habt ihr nicht allezeit.' Seid Ihr's zufrieden, Graf Seinsheim?"

Der einstige Jugendfreund wehrte sich mit schwächerem Widerstand.

"Der König befiehlt es!" Das war jetzt der absolute Souverän.

Seinsheim verbeugte sich und gehorchte.

Ein drittes Scherflein auf den Opfertisch der Liebe. Nicht mehr und nicht weniger als ein kleines Palais in der Barerstraße. Eduard Metzger, als Nachfolger Gärtners der Vollender des Siegestores, sollte es bauen.

Sahen die Feinde Lolas noch immer nicht, daß sie um so höher stieg, je tiefer der Sturz sein sollte, den sie ihr bereiten wollten? Sie halfen an ihrer Erhöhung, indem sie an ihrer Erniedrigung arbeiteten. Die Liebe des Königs verwandelte jeden Schimpf und jede Schmach in einen neuen Triumph.

Ein Ringen hatte begonnen, ein heißer Wettstreit zwischen dem Haß und der Huld, aber die Huld war die Größere. Sie siegte - indes gab jeder Sieg dem Haß neue Nahrung und neue Kraft. Einstweilen aber hatte er das Nachsehen.

Lola Montez hatte nach dem Streitfall mit Havard, der offenbar dem Einfluß der feindseligen Stimmung gehorcht hatte und dadurch wider Willen als Hebel an Lolas Erhöhung mitwirkte, ihre Hotelwohnung aufgegeben und ein Privathaus in der Theresienstraße bis zu dem nahen Zeitpunkt gemietet, da sie ihr eigenes Palais beziehen konnte, das in der damals halbländlichen Barerstraße und in dem Weihebezirk der Pinakotheken rasch emporschoß: ein Tempel der Liebe auf attischem Felde.

Ein neues, fröhliches Treiben, bei dem Kunst nicht fehlen durfte. Metzger baute, Stieler malte, der König schlug die Leyer. Was der König sang, hatte Stieler in dem Bildnis Lolas, das die Schönheitsgalerie krönen sollte, verwirklicht. Da war die "feuchte Glut im Gazellenauge", "die süßen Flammen von Rosen und Rubinen, die auf den Wangen glühten", man sah in schwarzen Wogen "das seidenweiche Haar mit dem Glanzgefieder des Raben wetteifern", auf einem schlanken Hals "weiß wie Schwanenflaum" das blumenhaft schöne Antlitz, bei dessen Anblick, es Ludwig "zaub'risch in sich tagen fühlte".

Doch - war es die Schwäche des Pinsels? - Der König fand, daß das Bild weit hinter der Wahrheit zurückblieb.

Schon am anderen Tage rief der König dem Künstler über die Straße zu:

"Stieler, Euer Pinsel wird alt!"

Eine königliche Kritik! Die samtene Amazonentracht war ja ganz schön; aber warum ging der Künstler dem Nackten aus dem Wege? Der Griechensinn des Teutschen erhob diesen Tadel.

Ein junger Bildhauer verstand es besser, indem er Lolas Fuß, der das ganze Wundergebäude ihres Leibes, diese Meisterschöpfung der Natur trug, bis zum Ansatz der zierlichen in sphärischer Kurve ausschwingenden Wade modellierte. Voll Andacht stand der König vor dem Werk, einem Fragment, das gleichwohl schon die platonische Idee des vollendeten Körpers enthielt oder seine Suggestion gab, und immer wiederholte er:

"Ja, ja, die besten Künstler leben im Verborgenen!"

Seine Betrachtung wurde abgelenkt; die Türen eines Schrankes standen offen, zwei Dolche lagen in dem Fach.

"Was soll das?" Sein fragender Blick ging auf Lola.

Sie verstand es, den Zufall so zu wenden, daß er einer Bestimmung glich und einen geheimen Sinn zu enthüllen schien.

"Der eine für mich und der andere für dich, Ludwig", folgte sie entschlossen ihrer Eingebung, "wenn du mich verläßt!"

"Lukrezia!" rief der König und war entzückt über seinen Einfall. "So hätte dich der Stieler malen sollen: als Lukrezia, den Dolch gegen die offene Brust gezückt - e nel ben sen per entro un mar di latte tremolando nutar due pome intatte -"

Der König liebte die Kunst, die mit überlieferten Vorstellungen arbeitete.

Eine neue Lukrezia - mit Dolch - den Busen enthüllt - ein Milchmeer, darin zitternd schwimmen - welch eine Aufgabe für einen Künstler! Dachte es und bedauerte:

"Schade, sein Pinsel war leider zu alt dazu -"

Was Stielers ohnmächtiger Pinsel nicht vermochte, versuchte als Dichter des Königs Baumeister Eduard Metzger, der es seinem Herrn gleichtat und in Liebesnöten die Leser rührte, Lolitas Busen zu besingen. So groß war die Macht der Circe, daß alle ihrem Zauber erlagen, die nicht mit Haß gewappnet waren und ihre Nähe mieden. Er teilte das Schicksal der Gefährten des Odysseus und pries sein jämmerliches Glück in jämmerlichen Versen:

Lolita sing' ich jetzt, dank' dies dem Sterne,
Der mich berief, zu bauen ihr ein Haus ...

Zehntes Kapitel

Konzert im Odeon

Der warme Glanz des gelblichen Stucco-Marmors, die feierliche Wucht der Säulen, die eine zweite, leichtere Ordnung tragen; antike Tempelweihe. So wollten es Klenze und sein königlicher Bauherr als Förderer der Musik. Ludwig, der alle Herrschertugenden von Karl dem Großen bis Napoleon studiert hatte, um sie in sich zu vereinigen, hatte auch diesen Lorbeer in seinen Kranz geflochten und der Tonkunst eine klassische Stätte geschaffen.

Der Saal war bis auf das letzte Plätzchen gefüllt. Vorn, ganz nahe beim Podium, wo der sinnige, heiter-ernste Franz Lachner den Zauberstab schwang, saß im Halbkreis die Hofgesellschaft. Der König immer mobil vor und nach der ersten Symphonie, steuerte auf diese und jene Gruppe zu, begrüßte mit einem klassischen Spruch seinen Leibarzt und Begleiter auf italienischen Reisen, Ringseis, nebst einer Schar von anderen Gelehrten, erzählte da und dort einige seiner Anekdoten, musterte die Reihen, wo die festlich gekleideten Schönen saßen und bei seinem Nahen siegahnend erröteten, in der Hoffnung, "das Taschentuch zugeworfen zu bekommen". In den vergangenen Blütezeiten des Absolutismus war es ebenso ein Symbol wie der Apfel, den Paris der Schönsten reichte. Was setzten die Töchter des Bürgertums nicht alles dran, hier nicht minder als im Theater dem König aufzufallen und in seinen Augen als die Schönste zu gelten? War doch damit die sichere Anwartschaft verbunden, durch Stielers Pinsel in unverwelkbarer Maienblüte für die Schönheitsgalerie verewigt zu werden und herrlich vor allen Genossinnen dazustehen. Wer wollte nicht die Schönste sein? Aber o weh! Der König hatte auf seiner Runde durch den Saal schon eine Anzahl von Künstlern erspäht, darunter den scharf geschnittenen Kopf Kaulbachs, Fausten gleich ins Romantische übersetzt, und den rotbackigen, gedrungenen Moritz von Schwind, diesen Naturburschen mit dem deutschesten, innerlichsten, poesievollsten Malergemüt, der immer seinen Mund voll Musik haben mußte und Lachners liebster Freund war, schon von der liederseligen Wienerzeit her.

"Muß hören, was meine Künstler machen!"

Mit einigen Sätzen war der König drüben und alsbald in eine Kunstdebatte mit dem ebenso idealen als liebenswürdigen launischen Schwind verwickelt. Warum der Künstler in seinem Gemälde, dessen Karton der König kürzlich gesehen hatte, dem Vater Rhein nicht eine Lyra in die Hand gegeben habe anstatt der Fiedel? "Rhein" stamme doch aus dem Griechischen, also sei er ein Grieche.

"Dann bin ich auch ein Grieche." entgegnete der Dichtermaler etwas unwirsch über die Kunstkritik des Königs. "Vielleicht wenn dort am Podium statt des Klaviers eine Lyra wäre! Alles Lyra. Bratsche Lyra! Bassettel Lyra! Waldhorn Lyra! Der Postillon mit der Lyra! Das tät' ganz erhaben ausschauen. Der Vater Rhein soll nur die Fiedel spielen, Volkers Fiedel!"

Plötzliche Unruhe, ein Magnet ging durch den Saal und zog alle Blicke an. Alle sahen nach vorn. Es war nicht der Hofkreis, der dieses Interesse erweckte; es war die Lola. Die Damen hatten es besonders scharf auf sie - obschon den Wurm im Herzen, mußten sie gestehen, daß sie sehr schön sei. Dagegen konnten alle Diamanten der Herzogin von Leuchtenberg nicht aufkommen, die neben ihr saß.

Eine Aufregung entstand, und dann folgte ein Augenblick atemloser Stille. Die Herzogin war brüsk aufgestanden und hatte ihren Platz verlassen, gefolgt von einer ganzen Schar Damen des Hofes. Dort standen sie zitternd vor Empörung unter der mächtigen Kolonnade und blieben während des ganzen Konzertes dort stehen, wo Studenten, Musikeleven und -elevinnen und anderes Publikum ein billiges Entrée hatten. Ein Glück, daß im kritischen Moment die Musik einsetzte ...

Lola Montez blieb ruhig sitzen, als ginge sie die Sache gar nichts an. Die Stühle um sie herum waren leer geblieben. Dort saßen später mit Zustimmung des Königs ihre Ehrenkavaliere: Staatsrat von Berks, Architekt Metzger, Elias von Vilseck und der ganze Stab von Anbetern und Bewunderern.

Alle Bemühungen des Königs, die Hofgesellschaft mit Lola anzufreunden, waren vergeblich. Nicht einmal im Konzertsaal wurde sie als Sitznachbarin geduldet. Eine Schranke war gezogen, unsichtbar und unüberwindlich: der Hof auf der einen Seite, Lola und ihre Freunde auf der anderen. Bis in das Volk herunter durch alle Stände ging die Klüftung. Der Kunstverein schloß sie mit Stimmeneinheit von der Mitgliedschaft aus, sonst hätte er die Hofkreise verloren; der Hoflieferant wagte ihr aus ähnlicher Befürchtung nichts zu verkaufen. Sie hatte in Schulzes Modehandlung Stoffe gewählt, doch der Händler verweigerte ihr den Verkauf mit den Worten: "Der Artikel gehört für eine hohe Person." Und sie darauf: "Dann muß ich etwas noch Schöneres haben!" Worauf sie der Ladenbesitzer hinauswies.

Was nützte es, daß sich der König einmengte, die Handlung aufsuchte und den Mann einen Flegel nannte? Was nützte sein Zorn und seine Ungnade der Hof-Kamarilla gegenüber? Überall derselbe stumme und zähe Widerstand.

Waren es der sichtbaren Gnadenzeichen noch nicht genug, um dem Liebling des Königs die allgemeine Achtung zu verschaffen? Das Opfer hat eine heiligende Kraft, es schafft die Atmosphäre des Wunders und erhebt Menschen zum Range der Götter.

Was mußte noch geschehen, um die stolzen Nacken der hohen und liebenswürdigen Damen und Herren des Hofes vor seiner Göttin zu beugen?

Eine ungewöhnliche Genugtuung ward auf

den Schimpf gesetzt, den Lola im Odeon erfahren hatte: die Erhebung in den Adelstand.

So bestrafte der König die Hochmütigen und rächte seinen Liebling, indem er ihn den adelsstolzen Damen ebenbürtig machen wollte.

Der Zutritt in die vornehmen Kreise war einer Lola Montez verschlossen; einer Gräfin von Landsfeld jedoch mußten sich die Türen öffnen!

Schier unfaßbares Glück! Binnen weniger Monate von der abenteuernden Tänzerin zur bayerischen Gräfin. Eine Landstreicherin, viel geschmäht und verachtet und zugleich auf den Gipfel der Ehre gestellt! Ein seltsames Geschick, doch wußte sie es mit Würde zu tragen. Es war ein Äußerstes an Selbstbeherrschung bei einem zügellosen Temperament, daß sie, obschon funkelnd vor Freude und Ruhmgier, Bescheidenheit heuchelte und sich, wenngleich nicht ohne Überhebung, für unwürdig erklärte: "Mein König, welches sind die Verdienste, um derentwillen die Tänzerin Lola Montez eine Krone des Landes tragen sollte? Sie hat sich ja weder im Krieg beim Totschlagen noch im Frieden beim Münzenschlagen ausgezeichnet, sie hat weder neue Theorien des Staatsrechtes aufgestellt noch neue Systeme für den Untertanengehorsam erfunden. Womit also hat die Tänzerin eine gräfliche Krone verdient?"

Ihre Berechnungskunst war gut. Nichts konnte den König mehr anspornen als Abmahnung und Zweifel. Er wollte ja den Beinamen "der Beharrliche" verdienen.

"Allerdings", versetzte der König galant, "die Natur, die Sie zur Königin der Frauen bestimmte, hat Ihnen den größeren Adel verliehen; in dieser Hinsicht bedürfen Sie meiner Krone nicht -"

Wie meinte er das? Sie veränderte die Taktik und lenkte vorsichtig ein: "Doch weiß ich, mein König, daß mit der äußeren Macht und dem Ansehen auch die Würde, der Mut und die Zuversicht wachsen, die man in diesem Leben so nötig hat. Vor allem aber bewegt mich - außer der tiefen Dankbarkeit gegen die königliche Majestät - das Gefühl der Pietät gegen meine Familie, deren alter, in Vergessenheit geratener Adel durch meine Standeserhöhung zu neuem Glanz käme. Ich aber möchte nach den Ahnen vieler dieser vornehmen Damen und Herren fragen, die mich aus ihrem Kreise bannen: ob ihr Stammbaum so weit hinaufreicht wie der meinige; wer weiß, ob ich nicht oft genug Gelegenheit hätte, in der Butike eines Krämers einzutreten als dem Stammhaus derer, die da wähnen, daß in ihren Adern edleres Blut rolle als in den meinigen …"

Pietät gegen die Familie, deren gesunkener Glanz aufgerichtet werden sollte! Das war der moralische Stützpunkt, der Ludwig standfest machte als Schutzherr einer unglücklichen und unschuldig verfolgten Edlen. Gerecht! Das war ja sein anderer Beiname.

"Nun, Sie werden schon nicht die schlechteste Gräfin sein." lautete die tröstliche Versicherung.

Zur Adelsverleihung war das bayerische Staatsbürgertum, das sogenannte Indigenat, erforderlich. Der Verfassung gemäß mußte das königliche Dekret über die Naturalisation durch die Hände des Staatsrats gehen, der zwar keine entscheidende Stimme hatte, jedoch sein Gutachten über Würdigkeit des Indigenatsbewerbers abzugeben hatte.

Der König berief den Staatsminister von Abel zu sich, um ihn mit seiner Absicht vertraut zu machen.

"Ich wünsche der Sennora Lola Montez das Indigenat und damit verbunden jenen Rang zu geben, der als Grundlage für ihre Hoffähigkeit erforderlich scheint. Ich denke dabei, ihr die Stellung in der Gesellschaft anzuweisen, die ihr meines Erachtens zukommt; ich zweifle nicht, daß die Kreise, die sich einer Lola Montez verschließen, mit gebührender Ehrerbietung einer Gräfin von Landsfeld eröffnet werden."

Der Minister, der sich nach seinen eigenen Worten so häufig für Seine Majestät geopfert hatte, verleugnete seinen Opfermut. Er hatte den Schlag nicht verwunden. Jetzt war der Tag der Vergeltung.

"Das ist unmöglich, Majestät!"

"Unmöglich? Warum?" Der König war erstaunt.

"Majestät, ich bitte den üblen Leumund der Dame zu bedenken, ihre dunkle Vergangenheit, den zweifelhaften Ruf."

"Sie sprechen von einer Schutzbefohlenen, die der König mit seiner Freundschaft auszeichnet", betonte der König scharf und sarkastisch; "sie hat nur diesen Leumund, keinen besseren!"

Der Minister mit einer Verneigung: "Sie ist gedeckt durch die Gnade des Königs. Allein die exklusive Gesellschaft …"

"Die Gesellschaft!" fiel ihm der König rasch ins Wort. "Welcher stolzen Frau aus dieser sogenannten besseren Gesellschaft wäre es wohl anders ergangen, wenn sie jung, schön und hilflos in die Welt geschleudert worden wäre? Und ist etwa die und die wirklich besser, die sich erkühnten, in einem öffentlichen Saal den Platz neben ihr zu verlassen? Ich kenne sie alle, und auch den Unversuchten halte ich ihre gepriesenen Tugenden nicht allzu hoch!"

Der Minister blieb ruhig und förmlich, obschon er eine lose und stechende Zunge hatte.

"Wage nicht zu widersprechen, wenn Majestät es so befunden haben; doch sei mir erlaubt, an die Unüberwindlichkeit jenes inneren Widerstandes zu erinnern, die in einem historischen Beispiel ersichtlich ist. Majestät wissen, daß selbst Friedrich der Große vergebens dagegen ankämpfte, und daß es einen wahren Aufruhr unter seinen Generalen hervorrief, als er ihnen die Gesellschaft seiner Freundin, der Tänzerin Campani, aufzwingen wollte. Die bedenkliche Stimmung in der Öffentlichkeit, im Innern der Familie, ja im ganzen Lande läßt es gefahrvoll erscheinen, einen Schritt zu wagen, der zu einer ähnlichen - sagen wir: Palastrevolution führen und das Ansehen des Thrones erschüttern könnte."

Eisen wird um so härter, je mehr darauf gehämmert wird. Der trotzige und demütigende Ton, den sich der ehemals so unterwürfige Minister herausnahm, war kaum das rechte Mittel, den König von seinem Vorhaben abzubringen. Und nun gar der Hinweis auf Friedrich den Großen! Was Friedrich II. nicht vermochte - Ludwig I. mußte es können. Eine Machtprobe! Das war der zweite moralische Grund. Und was die bedenkliche Stimmung im Lande betrifft - alles Tratsch, Neid, Eifersucht! Das Volk beugt sich vor der Gräfin, nicht vor der Tänzerin. Es muß erst die nötige Distanz geschaffen werden, dann ändert sich die Stimmung mit einem Schlag. Also Distanz durch Rangerhöhung! Das war der dritte moralische Stützpunkt.

Staatsratssitzung vom 8. Februar 1847. Gegenstand der Beratung: das königliche Dekret über das Indigenat der Sennora Lola Montez.

Der protestantische Staatsrat Georg von Maurer kann schon bei Beginn der Sitzung seinen Unmut nicht mehr meistern: "Diese Indigenatsverleihung ist wohl die größte Kalamität, die über Bayern kommen konnte!"

Staatsminister von Abel bezeichnet im Verlauf der Beratung den Gnadenakt als eine gefährliche Konzession und legt ihn als eine Willkür aus, die Gesetz, Recht und Ordnung zertrete. Es bedarf keiner großen Überredung, den versammelten

Rat, der eine ultramontane Mehrheit hat, von der Gefährlichkeit einer solchen Konzession zu überzeugen, die die Ruhe des Reiches gefährde und alle konstitutionellen Bande löse. Der Staatsrat sei sich seiner Verantwortlichkeit nicht nur dem König, sondern vor allem auch dem Volk gegenüber bewußt und müsse eine Regierungshandlung ablehnen, die im Widerspruch mit der Verfassung stehe, weshalb er die Indigenatsverleihung an Lola verneinen und um einstimmige Annahme dieses Gutachtens bitten müsse.

Dagegen erhob sich jetzt der Staatsrat von Maurer, weil er nicht an einem Strang ziehen wollte mit dem Vorkämpfer der Orthodoxie, der jetzt zum Schein die Verfassung verteidigte.

Wenn er auch anfänglich auf das Indigenat der Lola Montez nicht gut zu sprechen gewesen sei, erklärte er, so könne er unmöglich in dem Gnadenakt eine Verletzung der Verfassung oder der Staatsgesetze erblicken. Die Räte würden ihrer Verantwortlichkeit nichts vergeben, wenn sie einen Herzenswunsch des Königs erfüllten; viel eher würde in ihrer Verweigerung ein Akt der Willkür zu erblicken sein. Überdies stehe dem König das Recht zu, auch gegen die Majorität, ja, selbst gegen die Einstimmigkeit des Staatsrates das Heimatsrecht zu erteilen; er für seine Person sehe keinen Grund zur Weigerung, die nicht nur demütigend für die königliche Würde sei, sondern als Auflehnung gegen den Willen der Krone einer üblen Spekulation auf die Pöbelinstinkte gleichkäme ...

Nun glich die Geschichte wieder einem Schachbrett, wo Schlag auf Schlag erfolgte und der König, um seine Dame zu schützen, alle unnützen Figuren preisgab.

Verneinendes Gutachten der Indigenatssitzung vom 8. Februar; fast einhellige Ablehnung mit Ausnahme der Stimme Maurers, der sich für Lola Montez aussprach.

Indigenatsverleihung an Lola Montez seitens des Königs durch eigene Machtvollkommenheit gegen die erdrückende Majorität seiner Räte.

Königliches Dekret über die Ernennung der Sennora Lola Montez zur Gräfin von Landsfeld auf Grund des ihr durch die Gnade des Souveräns erteilten Indigenats mit der gleichzeitigen Weisung an den Staatsminister, die Adelsernennung zu kontrasignieren, wie es die Verfassung vorschrieb, wenn der Gnadenakt Rechtskraft erlangen soll.

Aber das war die Klippe, an der die Macht der

Willkür zerschellen mußte. Zur Adelserhebung bedurfte das königliche Dekret der Gegenzeichnung eines der Minister ... Wie aber vermochten die Minister zu signieren, nachdem der Staatsrat ein verneinendes Gutachten ausgefertigt hatte?! Der schlaue Abel! Er hatte es fein eingefädelt. Das ablehnende Gutachten war der Riegel, den er beizeiten vorgeschoben hatte. Also? - Natürlich Weigerung der Minister, den Gnadenakt zu zeichnen, der ohne die Kontrasignatur ungültig ist. Sie überreichen ein Memorandum, darin sie ihre Weigerung begründen und den König warnen. Ein feines Spiel mit Finten!

Gegenzug des Königs: Beratung mit Staatsminister von Maurer, der empfiehlt, den Ministern einen Tag Bedenkzeit zu geben. Persönliches Handschreiben an jeden einzelnen Minister, an von Abel, von Schrenk und an die Freunde seiner Römerzeit, den Kriegsminister von Gumppenberg und den Grafen Seinsheim. Der Appell versagt. Die Freunde stehen im Gegenlager.

Entscheidungszug des Königs ...

Das Memorandum, hinter dem sich die gegnerischen Minister verschanzen, gibt dem "allerdurchlauchtigsten großmächtigsten König, dem allergnädigsten König und Herrn" folgendes zu bedenken: Das Nationalgefühl sei auf das tiefste verletzt, weil Bayern sich von einer Fremden regiert glaube, deren Ruf in der Öffentlichkeit gebrandmarkt sei. Männer wie der Bischof von Augsburg und der Erzbischof von Breslau vergössen blutige Tränen über das, was vorgehe - blutige Tränen!

Die ausländischen Blätter brächten täglich schmerzliche Anekdoten und herabwürdigende Angriffe gegen die königliche Majestät. - Die gleiche Stimmung herrsche von Berchtesgaden und Passau bis Aschaffenburg und Zweibrücken, ja, sie sei über ganz Europa verbreitet! - Die Sache des Königtums stehe auf dem Spiel - daher das Frohlocken derer, die auf den Umsturz der Throne hinarbeiten und das Königtum in der öffentlichen Meinung verderben wollen - die Sache des Königtums!

Gebrochenen Herzens bäten die Unterzeichneten den König, von seinem Vorhaben abzustehen - gebrochenen Herzens!

Gut und Blut täten sie für ihren allergnädigsten Herrn freudig opfern - aber deshalb sei es ihre doppelte heilige Pflicht, dem König die Gefahren offen darzulegen, die mit jedem Tage wüchsen. Es ließe sich auf die Länge nicht verhüten, daß auch die bewaffnete Macht den schlimmen Einflüssen von außen unterliegen würde - und was dann, wenn auch dieses Bollwerk schwanke? - Die bewaffnete Macht!

Es wäre Verrat an ihren Pflichten, wenn sie, die Minister, ihre Zustimmung zur Adelserhebung der Fremden geben würden. Lieber wollten sie ihr Amt niederlegen. - Verrat an den Pflichten!

So in allertiefster Ehrfurcht und mit unverbrüchlicher Treue und Anhänglichkeit

> von Abel, von Gumppenberg,
> Graf Seinsheim, von Schrenk.

"Ist dies das einzige Exemplar?" fragte der König die Überbringer des Memorandums.

Es wurde bejaht. Dann erfolgte das erwähnte Handschreiben und die Gewährung der eintägigen Bedenkfrist. Die Antwort darauf war - die Veröffentlichung des Memorandums in den Blättern. Das angeblich einzige Exemplar des Schriftstückes besaß der König, wie kam es in die Zeitungen? Das hatte der ultramontane Minister und seine Partei getan. Der Widerstand des Königs mußte gebrochen werden; darum taten sie wie jene, von denen es hieß, "daß sie das Königtum in der öffentlichen Meinung verderben".

Nun konnte die Entscheidung nicht ausbleiben. In seiner Bedrängnis und Gewissensnot schließt sich der König ein; niemand hat Zutritt, einsam reifen die großen Entschlüsse. Einsam ist der König, aber nicht allein - die Muse ist bei ihm. Sie vernimmt seinen Zorn und Schmerz: das Prachtgefäß des Sonetts dient seiner Entladung.

Ihr habt mich aus dem Paradies getrieben,
Für immer habet ihr es mir umgittert,
Die ihr des Lebens Tage mir verbittert;
Doch macht ihr mich nicht hassen, statt zu lieben.

Die Festigkeit, sie ist noch nicht zersplittert.
Ob mir der Jugend Jahre gleich zerstieben,
Ist ungeschwächt der Jugend Kraft geblieben.
Ihr, die ihr knechten mich gewollt, erzittert!

Mit dem, wie ihr gen mich seid, gibt's kein Gleichnis,
Die eignen Taten haben euch gerichtet
Des Undanks, der Verleumdungen Verzeichnis.

Die Wolken flieh'n, der Himmel ist gelichtet,
Ich preis' es, das entscheidende Ereignis,
Das eure Macht auf ewig hat zernichtet!

Aus dem Nibelungen-Saal des Verrats

Elftes Kapitel

Ministersturz

"Alle meine Minister habe ich entlassen! Das Jesuitenregiment hat aufgehört in Bayern!"

Mit diesen Worten kam der König in die Abendgesellschaft seiner Freundin.

Außer dem unvermeidlichen Berks, dem Architekten Metzger, dem Stabsarzt Curtius waren einige Fremde zugegen, ein holländischer Bankier, Herr von Stoma, und ein Attaché der französischen Gesandtschaft. Die Unterhaltung hatte sich, ehe der König eintrat, fast ausschließlich um die Demonstration der Minister gedreht, und Berks war der Wortführer.

"Selbst wenn man eine gute Absicht annimmt", schaltete der Bankier im weiteren Verlauf der Debatte ein, "erscheint die Veröffentlichung des Memorandums und dessen Inhalts ebenso ungeschickt und roh als unzweckmäßig."

"Unzweckmäßig?" fuhr der Staatsrat lebhaft fort. "Gerade das war es nicht. Der Plan ist verteufelt zweckmäßig angelegt. Man muß nur zu lesen verstehen. Worauf kam es denn diesen Herren an? Bloßstellung des Königs vor aller Öffentlichkeit - Aufwiegelung revolutionärer Elemente im Volk - Politik der Straße. Jeder Satz dieser - Denunziation, man kann das Memorandum nicht anders nennen, enthält Sprengstoff. Es ist wohlüberlegt und berechnet, welche Wirkung es haben muß, wenn die ersten Diener des Staates dem König mit dem Abfall des Volkes und mit dem Abfall des Heeres drohen und das Indigenat als einen Verrat bezeichnen. Das Indigenat ein Verrat! Ich bitte Sie! Nun weiß doch jeder der Herren, daß die Verfügung des Königs weder gegen die Verfassung noch gegen ein Staatsgesetz verstößt - es war einfach auf die persönliche Beleidigung des Königs abgesehen, weil er damals in der Klosterfrage und im Schulwesen gegen das Vordrängen des Jesuitismus war. - Mit gutem Vorbedacht wird die bedenkliche Stimmung im Volke betont -"

"Gespensterseherei!" warf der Baukünstler hin. "Freilich Gespensterseherei, aber man wiederholt diese Dinge mit Absicht solange, bis jedermann daran glaubt, obgleich alle wissen, daß kein Wort daran wahr ist."

"Ich habe über das Memorandum, als ich es gelesen hatte, hellauf lachen müssen", rief nun die Montez; "aber was soll man dazu sagen, wenn, wie allgemein bekannt ist, die Geistlichen am Schluß der sakramentalen Handlung den Beichtkindern ans Herz legen, für den König zu beten, daß die heilige Jungfrau seinen Sinn abkehren möge von der ungläubigen Lola?"

"Es ist derselbe teuflische Jesuitismus, der aus dem Memorandum spricht." erklärte Berks. "Bosheit und Ingrimm, in die Form der Religiosität gehüllt."

"Der Mißbrauch ist nur zu bekannt", ließ sich der französische Attaché vernehmen, "er ist eine wahre Waffenschmiede und von furchtbarer Gefährlichkeit, wenn Kirche und Staat feindlich einander gegenüberstehen. Bei der Pariser Bluthochzeit haben ebenfalls Wochen vorher die Priester im Beichtstuhl den Beichtenden Bittgebete als Genugtuung auferlegt, daß Gott doch alle Ketzer vertilgen möge."

Und nun Berks:

"Immer dieselbe Geschichte: die Religion als Deckmantel für destruktiv politische Tendenzen mißbraucht!"

"Aber nun hier? Es handelt sich doch um

nichts - verzeihen Sie, es handelt sich um eine schöne Frau, eine reine Privatsache", fing der Holländer wieder an. "Ich begreife nicht, was deshalb hierzulande für ein Geschrei gemacht wird; es hat ja doch keinen Sinn."

"Es hat den Sinn", verdeutlichte Berks, "durch eine künstlich ins Volk getragene Erregung den König in Schrecken zu versetzen und ihm den Willen der Partei aufzuzwingen. Und wenn es geschehen ist, den harmlosen Brand zu löschen und in der Pose der Königsretter dazustehen, der von altersher verläßlichsten und nie versagenden Stützen des Throns!"

"Nu", fragte belustigt der jüdische Bankier, "brennt's schon? Wo brennt's denn?"

"Herr von Stoma hat ganz richtig gefragt, welchen Sinn diese unbegreifliche Demonstration habe", begann Lola; "sie hat diesen erhabenen Sinn und keinen anderen als - eine schwache Frau wie eine feindliche Invasionsarmee aus dem Lande zu treiben! Wir Frauen sind nun einmal das unterdrückte Geschlecht."

Sie fand bereitwillige Lacher, und die ernste Stimmung schlug um.

"Drum hab' ich beschlossen", rief sie übermütig, "den Herren der Schöpfung den

Krieg zu erklären und die Frauen zu rächen an euch, an dem ganzen Geschlecht, an den Ministern und allen Männern! Verderben euch allen!"

"Das wollen wir uns alle gern gefallen lassen", meinte Stabsarzt Curtius und Lolas Leibarzt, "wenn Sie, schönste Dame, nur die eine Art von Rache, die gefürchtetste und grausamste, an uns nicht üben, die uns allerdings in die Flucht schlagen könnte, nämlich, daß Sie alt und häßlich würden - aber das werden Sie uns gnädigst doch nicht antun."

Grenzenlos war der Jubel, als der König erschien und die Nachricht vom Ministersturz zum besten gab. In der magnetischen Atmosphäre seiner Freundin und in der Ungezwungenheit ihres Kreises fand er seine Zuversicht und jugendliche Frische wieder zurück, die in diesen Tagen schon ziemlich gelitten hatte.

"Die Morgenröte bricht an", rief begeistert der Staatsrat von Berks und schickte sich an, eine feierliche Rede auf den König zu halten. Aber Lola schob ihn beiseite, und in aufwallender Gefühlsregung, der sie unbedenklich gehorchte, umarmte sie den König und küßte ihn, ohne die geringste Rücksicht auf die Anwesenden zu nehmen.

"Nie habe ich an meine Minister ein Begehren gestellt, das sie in Konflikt mit ihren Pflichten bringen könnte", erklärte der König an diesem Abend, "und trotzdem klagen sie mich vor meinem Volke an." Und indem er die nachzitternde Erregung niederkämpfte: "Ich kümmere mich nicht um das Memorandum, es ist schon mehr über mich ergangen und das wird auch an mir vorübergehen."

Berks tat wichtig. "Bedarf wohl keiner Versicherung, Majestät, daß der vergiftete Pfeil auf die Absender zurückgeflogen; das ganze Land ist eine Stimme und verurteilt das Memorandum als ein Gemisch härtester Schmähung und weinerlichster Rührung, als Frechheit und Unverschämtheit unter der Maske der Ehrfurcht!"

"Nun also", sagte der Bankier, "es brennt ja doch nicht, ich hab's gleich gesagt!"

"Nein, Gott sei Dank!" erhob Berks die Stimme, "Dürfen nicht vergessen: Bayern - loyales Volk! Treu und achtsam! Zündung versagt! Konnten Minen nicht auffliegen! Hält Pulver trocken für Majestät, nicht gegen!"

"Wahrhaftig, ich muß die Mäßigung meines tiefgekränkten Königs bewundern!" schmeichelte Lola. "Ah, die Minister -! Der Fall ist unerhört in der Geschichte. Hatte man gewagt, so mit einem Heinrich VIII. zu reden? Oder mit einem Heinrich IV., als er seine geliebte Gabriele besuchte? Oder mit einem Ludwig XIV.? Oder mit einem Friedrich II.?"

"Nein", gab der König launig zurück; "hieße es aber nicht Lola Montez, sondern Loyola Montez, dann wäre alles in Ordnung gewesen!"

"Die Partei hat sich wieder einmal gezeigt, wie sie stets war!" Berks gab den gestürzten Ministern auch noch diesen Eselstritt.

"Sie büßten es, denn nun sind sie fort."

Beglückt neigte sich Lola zu dem König; ihr heißer Atem berührte sein Gesicht, als sie flüsterte: "Nun sind sie fort, alle - und ich? Ich bekomme meine Krone?"

"Ich hoffe", lächelte der König, "daß ich in meinem Reich so viel König bin, um es durchsetzen zu können ..."

Seiner Zustimmung zum Indigenat hatte es Georg von Maurer zu danken, daß er vom König mit der Bildung eines neuen Ministeriums betraut wurde. Am 13. Februar 1847 erfolgte die Amtsniederlegung des Ministers von Abel. Am 24. Februar zeichnete der König die Schreiben zur Ernennung der neuen Minister, die mit dem folgenden ersten März die Führung der Staatsgeschäfte zu übernehmen hatten. Von Maurer wird Justizminister, von Zenetti Minister des Innern, von zu Rhein Finanzminister, Freiherr von Hohenhausen Kriegsminister. Das Kabinett sollte vorerst provisorischen Charakter haben. Es war ja auch nur die Brücke, auf der Lola Montez zur Gräfin hinübertanzte. Ministerium der Morgenröte wird es genannt; es ist, als ob der Freiheitsgedanke jener Zeit sich einen neuen schönen Tag erwartete.

Der König wünscht, daß der neue Mann seines Vertrauens bei Lola Montez erscheine; Maurer lehnt es ab. Er erweist dem König zwar den verlangten Dienst, indem er das Indigenatsdekret und Adelspatent mit seiner erforderlichen Gegenzeichnung versieht, aber er bittet zugleich auch, der Dame fremd bleiben zu dürfen. Es wird ihm zwar übel vermerkt, besonders der weibliche Stolz ist verletzt, aber die Empfindlichkeit hat im ersten Rausch der Freude keine Macht.

Lola Montez sah sich trotz aller Stürme, die einst die unstete Tänzerin zu zerschellen drohten, am Ziel.

Sie war nicht mehr Tänzerin, sondern Gräfin.

Anläßlich der Indigenatsablehnung durch das

verabschiedete Ministerium ließ ihr der König zum Trost eine Kassette überreichen, darin sich sein Miniaturbild und ein Viertelpfund bayerische Banknoten befanden.

Damals glaubte auch der Intendant der königlichen Privatkasse an den unvermeidlichen Sturz des Verhalten und weigerte sich, die monatliche Rente auszubezahlen, die ihr der König angewiesen hatte. Auch als Hofballettänzerin empfing sie einen Ruhegehalt aus der Theaterkasse. Der Intendant gebrauchte die Ausrede, daß ohne die Unterschrift des Königs keine Rechnung honoriert werden könne. Arm in Arm mit ihr verfügte sich hierauf der König zum Intendanten und bedeutete ihm, daß Lola Montez ihre Rente auch ohne seine Unterschrift bekommen müsse, worauf sich die Favoritin halb im Scherz, halb im Ernst vor dem Beamten vergewisserte:

"Nicht wahr, Majestät, ich kann also befehlen?" Der erwartete Sturz hatte indessen wenige Tage später nicht sie, sondern ihre Widersacher begraben, und sie stand hoch oben, höher als je - und trug als Preis ihres Sieges Krone und Wappen.

Der König selbst hatte das Wappen entworfen, das aus einem gevierteilten Schild bestand: auf rotem Feld ein aufrechtstehendes blankes Schwert mit goldenem Griff, auf blauem Feld ein streitbarer, gekrönter Löwe, auf dem dritten, ebenfalls blauen Feld, ein silberner, linksgewendeter Delphin, auf weißem Feld eine blaßrote Rose. Das Schwert sollte sie schützen, der gekrönte Löwe bewachen, der Delphin, der den orphischen Sänger trug, war den Musen heilig und trug die Sehnsucht des königlichen Dichters, und die blaßrote Rose auf weißem Feld? Sie war das Ziel aller Huldigungen. Auf dem Schild ruhte mit rechts von Blau und Gold, links von Rot und Silber abhangendem Helm eine gräfliche, mit neun Perlen geschmückte Krone. Wer bis jetzt noch zweifelte, mußte nun daran glauben, daß der König seinen Liebling vor aller Welt auszeichnen und ihm die Ehrerbietung aller Mitmenschen zuwenden wollte. Bürger und Volk sperrten Mund und Augen auf: klingt das alles nicht außerordentlich?

Die neue Gräfin aber jubelte in Übermut, herausfordernder Laune, freudiger Genugtuung: "Ihr hohen Damen und Herrn, biedere Bayern, deutsches Volk und verehrtes Münchener Publikum, die ihr mein Debut als Tänzerin nicht gutheißen wolltet - sollte euch mein Debut als Gräfin nicht mehr zusagen?"

Diesen Ausgang der Ereignisse, die zu ihrer eigenen Niederlage führten, hatte die bisher führende ultramontane Partei nicht erwartet. Die Sprengkraft des Memorandums hatte versagt, sie hatte vielmehr nur zum eigenen Unheil gewirkt: der König hatte sich nicht ins Bockshorn jagen lassen, das Volk war ruhig geblieben, und was Lola betrifft, so blieb es beim alten, ja, das Verhältnis wurde noch fester und enger, je größer die Anstrengungen waren, daran zu zerren und es zu zerreißen. Trotzdem ruhten die Gegner nicht und schürten im geheimen. Die Standeserhöhung der Tänzerin gab dem glimmenden Brand neue Nahrung. Die Blätter ihrer Richtung fielen mit zynischer Wut über die Sache her, es fand sogar eine Annäherung der Ultramontanen an die radikal-demokratischen Gruppen jener Tage statt, denen damals ja die Schwächung des monarchischen Prinzips besonders erwünscht kam. Die Fäden hinter der Bühne vereinigte der alte Görres in seiner Hand, dieser Herkules am Spinnrocken der Kirche, der den sanften Tritt des Maultieres dem raschen Schritt des Götterrosses vorzog und mit dem Rosenkranz die Sünden des Radikalismus seiner Jugend abbüßte.

Er dirigierte das politische Theater, obzwar er

äußerlich ruhig und unbeteiligt schien. "Die Veröffentlichung des Memorandums können wir nur als Glück ansehen", erklärte er in dem Kreis, der um ihn versammelt war, "trotzdem man diesen Akt als einen unkonstitutionellen verdammt hat - allein, was uns wichtiger war: es vertrat Sittlichkeit und Recht, die Wurzel alles sozialen Lebens der Völker, und es wollte diese Sittlichkeit und dieses Recht nicht der Willkür eines sittenlosen Weibes opfern, das die Krone und das Land befleckt."

Einer der anwesenden gefallenen Minister tat die Äußerung: "Man wird schon sehen, welches Geschmeiß hinter uns noch drein kommt."

Der Bischof von München-Freising erzählte: "Ein Mann wegen Konkubinat angeklagt, beruft sich zu seiner Rechtfertigung auf das Beispiel des Königs. Habe es an Majestät geschrieben. Man sieht in dem Fall klar, wohin wir treiben."

Und ein anderer fügte hinzu: "Ja, ja, es regnet Dreck!"

Da nahm wieder Görres das Wort zu einem neuen kriegerischen Vorstoß.

"Der ethische Unwille des Volkes über die Frechheit eines öffentlichen Weibes", legte er dar, "ist lebendig wie der glimmende Funke unter der

Asche; es bedarf nur eines kräftigen Windstoßes, um ihn zur Flamme zu entfachen. Die Hochschule als erste sittliche Korporation hätte die Aufgabe, diesen Unwillen im Volk wach zu erhalten und anzufeuern. Es bedarf einer symbolischen Handlung wie etwa einer Dankadresse an den gestürzten Minister Abel; das Beispiel der Universität müsse die reinigende Wirkung einer Opferflamme haben.

Auf also, lasset uns das tiefgebeugte Haupt des edlen Märtyrers mit Lorbeern und unverwelklichen Imortellen umschlingen! Ist er auch gesunken in der Gunst des irdischen Königs, nicht gesunken ist er in der unsrigen, dieweil wir einem Herrn dienen, der über alle Herr ist, treffe uns auch gleich jenem die Ungnade um jenes Götzenweibes willen! Eine solche oder ähnliche öffentliche Erklärung ist, glaube ich, die oberste sittliche Behörde im Staate dem früheren Premierminister schuldig."

Der Vorschlag fand allseitige Billigung, und Görres' Neffe, der Philologie-Professor Lassaulx, betrieb als eifriger Agitator der Adreßangelegenheit die Sache im akademischen Senat. Er stellte dem Professorenkollegium den Antrag:

"Die Hochschule möchte als erste sittliche

Korporation im Staat dem früheren Minister, der für die Sittlichkeit eingetreten, ihre Anerkennung zollen."

Der Theologe Döllinger warnte davor, die Sache auf die Spitze zu treiben; man möge Herrn von Abel doch für seine Verdienste um die Hochschule den Dank aussprechen.

Professor von Phillips, der Prinzenerzieher im königlichen Hause, der Jurist, Professor Doktor von Moy und der Historiker, Professor Doktor Höfler standen zwar, um den Schein zu wahren, auf der Seite Döllingers, ließen aber nicht verkennen, daß ihre größeren Sympathien bei dem Antrag des Lassaulx wären. Nur Professor Zuccarini warf ein, daß Minister von Abel für die Pflege der Wissenschaften so viel wie gar nichts getan habe. Nun war der Zwiespalt erregt, und die Professoren fuhren aufeinander los. Durch den Rektor Weißbrot kam die Sache dem König zu Ohren.

"Es heißt mit anderen Worten, daß die Professoren eine Rebellion machen und die Studenten gegen mich hetzen wollen." äußerte der König und verfügte sofort eine Gegenmaßregel.

Am 28. Februar wurden die Vorlesungen des Professor Lassaulx untersagt, und dasselbe Verbot hatten auch die anderen Professoren zu gewärtigen, die Ludwig einst als Stützen des Glaubens nach München gezogen hatte: Moy, Döllinger, Sepp, Phillips usw., im ganzen neun Professoren von streng ultramontaner Gesinnung, die zu ihrer Partei gehalten hatten. Die Absetzungsorder stützte sich auf den § 19 Abs. 2 der Beilage IX zur Verfassungsurkunde.

"Man hält es für verderblich, wenn öffentliche Vorlesungen von Professoren gehalten werden, die einem entgegengesetzten System huldigen."

Nur vor Joseph von Görres, der sechsten Großmacht, der Napoleon bereits seine Verneigung gemacht hatte, hielt der königliche Zorn merkwürdigerweise inne:

"Ach, diesem alten Mann will ich das Leid nicht antun!"

So groß war der Nimbus des alten Löwen, daß der erzürnte König sich scheute, ihn, dessen Seele Purpur zu tragen schien, zu treffen.

Rektor Friedrich v. Thiersch

Zwölftes Kapitel

Befreiung aus geistiger Knechtschaft

Trotz der schlagfertigen Entschiedenheit, mit der der König die Ehre der Krone verteidigte, war es der zu Boden geworfenen ultramontanen Partei gelungen, einen Volkstumult zu erregen, obwohl die Gesamtmasse der Bevölkerung nicht das geringste innere Interesse daran hatte. Im Gegenteil, in den intelligenten Schichten herrschte vielmehr Freude über den Sturz des Ministeriums Abel; man atmete erleichtert auf und sah erwartungsvoll der neuen Freiheit entgegen, von der in dem verworrenen Drang jener Tage allerdings niemand sagen konnte, wie sie auszusehen habe.

Laut und offen wagte jetzt jeder auszusprechen, was vordem ein Verbrechen gewesen wäre, nämlich daß Abel ein Pfaffenknecht gewesen war, daß er vor allem die Jesuitenherrschaft gefördert und die weltlichen Angelegenheiten in den Hintergrund geschoben habe; daß er auf den Landtagen mit den Volksvertretern und der Konstitution wie die Katz mit der Maus gespielt und oft das Königswort im Interesse seiner Partei mißbraucht habe.

Aber ungeachtet der allgemeinen Befriedigung ging das Gespenst des Aufruhrs am hellen Tage um. Eine merkwürdige Stille herrschte, die Stille vor dem Sturm. Die Leute hielten sich auf der Straße an und fragten einander:

"Es wird was geben!"

"Wann geht's denn los?"

"Man sagt, daß Geld unter die Leute verteilt worden ist."

Die alten Herren, die um die Mittagsstunde im Hofgarten in der Ludwigstraße, vor der Feldherrnhalle und in den Arkaden unter den klassischen Landschaften Rottmanns, sich von der Sonne bescheinen ließen, standen in eifrig politisierenden Gruppen umher.

Ein Kreis von Leuten hatte sich gebildet, die es mit dem Fortschritt hielten: der Schokoladenfabrikant Meyerhofer, der Kaufmann Nußbaum, Herr Tambosi, der Mäzen und Kunsthändler Boligiano und ein langer, hagerer Don Quichotte ähnlicher Parteifanatiker namens Jakob. Der plebejische Kaufmann Weinschöppel kam des Wegs und trat an die Gruppe heran. "Da habt ihr ja die

Freiheit, ihr Herren Liberalen, um die ihr mehr als ein Jahrzehnt gekämpft habt!" redete er die Gesinnungsgenossen ohne weiteres an.

"Ja, aber euer Verdienst ist es nicht", rief der alte Nußbaum. "Einer Hetärenlaune verdankt ihr es! Ein Paar Tanzbeine haben mehr zuwege gebracht, als eure Legion grübelnder Köpfe."

"Zu allen Zeiten war eben der Einfluß der Beine größer als der der Köpfe!" witzelte Weinschöppel.

Die anderen warfen sich zur Verteidigung Lolas auf, besonders Meyerhofer, Tambosi und Boligiano: "Hoch die neue Jungfrau von Orléans!" rief der eine. "Lola Montez, die Befreierin aus geistiger Knechtschaft!"

Und die anderen sekundierten: "Der weibliche Kain, der den Abel erschlagen hat! Gräfin von Kainsfeld war ein besserer Name für sie!"

"Dein Sohn, der Herr Leutnant, denkt eben anders als du und ich, gelt, Nußbaum?" wurde Weinschöppel anzüglich. "Der ist schön eingeseift, Feuer und Flamme für dieses Mensch! Was sagt Jungfer Marianne dazu? Bleibt die Verlobung?"

"Erinnere mich nicht an den Kerl! Ein wahres Unglück für uns alle, dieses Teufelsweib!" ergrimmte Nußbaum. "Die Kameraden haben ihn hinter Schloß und Riegel gesetzt; solange, bis er zur Vernunft kommt und der Lola abschwört! Es wird keine Ruhe sein, bis sie zum Teufel ist!"

"Wo wären wir heute noch ohne die Montez?" rief Meyerhofer. "Sie ist und bleibt unsere Retterin, die Schutzheilige Bayerns, die uns die Freiheit gebracht hat."

"Wenn man gesagt hat, daß die Fanny Elßler Goethe tanzt, und wenn andere behauptet haben, daß der Tanz der Taglioni welthistorischen Inhalt enthält", fügte Boligiano hinzu, "so braucht das nicht sehr übertrieben zu sein; denn wir sehen Lola Montez, die allen Ernstes bayerische Geschichte tanzt ...!"

"Ihr irrt euch, meine Herren, niemals werden wir die Freiheit aus den Händen einer Kurtisane empfangen!" rief unter dem Gelächter der anderen entrüstet Herr Jakob, der stolze Hidalgo. "Freiheit, wie alle höheren Rechte des Volkes, wollen nicht durch die feilen Küsse einer Dirne erschmeichelt, sondern sie wollen errungen sein: darin liegt die Bürgschaft für ihren Bestand. Wenn es keine andere Wahl gibt, um zur Freiheit, zur Volkswürde, zu Menschenrechten zu gelangen, als Blut oder die vermittelnde Hand einer Metze - so will ich Blut, Blut bis an die Knöchel!

Ich verdamme keine Hetäre - aber man ist es der Selbstachtung schuldig, eine Freiheit zurückzuweisen, die aus solchen unreinen Händen kommt. Handelt der König aus Überzeugung?

Er, der heute um des Lustkitzels wegen zugesteht, was er gestern noch den innigsten Bitten der Edelsten aus dem Volke versagte; er, der einer Tänzerin freigebig gewährt, was gestern aus ernsten Gründen zu verlangen noch mit Gefahr verbunden war und zu Kerker und schmachvoller Abbitte vor seinem Bilde führen mußte, wie es Behr erfahren hat; er, der dem Weibe zuliebe die Jesuiten mit Hohn aus dem Lande treibt, denen er bis gestern erlaubte, das Bayernvolk an Leib und Seele zu unterjochen; er, der gestern noch Moral predigte und sich auf Heiligenbilder malen ließ und heute zum Beispiel für Laster und Ehebruch wird! Wenn es Überzeugung war, wie er früher gehandelt hat: wer bürgt uns dafür, daß er seine jetzige Überzeugung nicht ebenso rasch wieder ändert. und morgen schon ins alte Fahrwasser zurückkehrt, sobald es der frechen Laune seiner Dame gefällt. Wird er uns nicht ebenso unbedenklich der Buhlerin opfern, wie er jene geopfert hat? Ich bin kein Blutmensch; aber beim Himmel! Wenn es nichts anderes gibt, als Blut oder solchen Hohn, dann Blut!"

Sprach's und rannte in heller Aufregung davon.

"Recht hat er, tausendmal recht!" rief Nußbaum und lief hinter ihm drein, wendete sich aber vorher noch einmal zurück. "Mit der spanischen Fliege will kein inständiger Mann zu tun haben, merkt euch das, ihr Herren Parteibrüder! Wir gehen nicht mit! Nein, wir gehen nicht mit!"

"Der Jakob und der Nußbaum, das sind die lächerlichen Figuren unter euch, ihr Herren Liberalen", spottete jetzt Weinschöppel; aber das Lächerliche ist zugleich immer auch das Tragische. Die beiden sprechen euch nämlich aus der Seele; ihr habt ja so viele Seelen in euerer Brust, meine Herrn! So seid ihr nun eben. Da fliegt euch die Freiheit wie eine gebratene Ente ins Maul, ihr habt nichts zu tun als zuzubeißen und es euch mit dem herzlieben Vöglein wohlergehen zu lassen, aber nein! Sofort erheben sich Bedenken darüber, woher der Vogel kommt und wer ihn gebraten hat, und ob man ihn überhaupt verspeisen soll, worüber jeder anderer Meinung ist. Streit und Uneinigkeit brechen aus, und statt den Vogel schön appetitlich zu zerlegen, zückt ihr das Messer gegeneinander. Zum Schluß wird auf den Braten gespuckt. Das ist eure Taktik, ihr Herrn Liberalen, Patrioten, Freisinnige, Fortschrittliche, Demokraten und Nationale, oder was ihr euch sonst für Namen beilegen wollt; dieser traurige Don Quijote, der eben davonrannte, und der andere Narr verkörpern ein wesentliches Stück euerer Tragikomödie. Ihr wißt nicht, was ihr wollt, weil jeder was anderes will; nur die anderen wissen, was sie wollen, eure Gegner, die Ultramontanen, weil von denen jeder dasselbe will, nämlich euch an den Kragen! Man sieht ja heute schon, wie es kommt; uneinig und unklar wie ihr seid, wird ein Teil von euch aus lauter Trotz und Sonderbündelei gemeinsame Sache mit eurem Erzfeind machen, der euch dann Stück für Stück in aller Gemütsruhe wieder auffrißt. Der Platz am Ruder ist jetzt frei, so greift doch zu in Teufels Namen, ohne viel zu fragen!"

Der Volkswitz hatte damit wieder den Nagel auf den Kopf getroffen.

Die politischen Parteien wußten nicht, wie sie sich der neuen Lage gegenüber benehmen sollten; ein Teil des damaligen Liberalismus erblickte in der Lola Montez die Befreierin des Vaterlandes und rief sie wie eine Königin als Lola Montez von Bayern aus; der zweite Teil, der weitaus größere, hielt äußerlich auf Tugend und Anstand und beobachtete tatenlos strenge Zurückhaltung; der dritte Teil endlich, der in seiner Art am komischsten war, warf sich in die Brust und tat entrüstet, weil die Freiheit nicht in der erträumten Gestalt des starken und unbeugsamen deutschen Mannes mit der Jakobinermütze auf dem Kopfe erschienen war, sondern in ihrer angeborenen Weiblichkeit, zwar nicht griechisch angetan, wie es der Deutsche gern hat, mit Wolkenschild, Olivenhelm und Minervens Speer, sondern gar verführerisch mit Ballettröckchen und einem zierlichen Theaterknicks:

"Nehmt mich, ich bin die Freiheit! Euere Schutzheilige, Patrona Bavariae!"

Einig und zielbewußt in der Verneinung alles dessen, was ihre Kraft zersplittern konnte, waren nur die Ultramontanen, die das Beispiel der wundervollen, sonst nirgends annähernd erreichten Organisationskraft der römischen Kirche gaben, von jeher ihre Stärke und Unüberwindlichkeit.

Der Hauptsache nach aber schieden sich sämtliche Parteien in zwei Gruppen: in Ultramontane und Lolamontane.

Der Anschlag am schwarzen Brett von der

Professoren-Enthebung brachte den angehäuften Zündstoff zur Explosion.

Am 1. März versammeln sich um neun Uhr morgens etwa hundertfünfzig Studierende, meistens katholische Theologen, vor der Universität, ziehen sodann, inzwischen auf zweihundert verstärkt, vor das Wohnhaus des Suspendierten in der oberen Gartenstraße nächst dem Universitätsgebäude und bringen dort ein Hoch aus. Der Zug bewegte sich sodann in die Schönfeldstraße, wo vor der Wohnung des Professors Görres dieselbe Ovation dargebracht wird. Das gleiche wiederholt sich vor dem Hause eines jeden der gemaßregelten Professoren.

Am Nachmittag findet um drei Uhr eine neuerliche Zusammenrottung von einigen hundert Studenten statt, verstärkt durch Leute aus der Au und aus dem Schwabingerdorf, Lehrlinge und Handwerksgesellen, Montagsblaumacher, die dabei sein mußten, wenn's einen Auflauf gab.

Unter Johlen und Pfeifen, mit unaufhörlichen Pereats, Schimpfworten und Katzenmusiken zieht die Menschenmasse, Studenten und Straßenpöbel, in die Theresienstraße, um vor dem Hause der verhaßten Freundin des Königs zu demonstrieren.

Die Gräfin hat ihre Freunde um sich versammelt, das Haus kann die Blumen nicht fassen, die ihr von allen Seiten als Dankzeichen anläßlich des Ministersturzes ins Haus fliegen, Kränze mit Schleifen, Lorbeerbäume, als Huldigung seitens Tambosis, Boligianos und ihrer liberalen Gesinnungsgenossen. Das Speisezimmer und der Salon ist in einen Hain verwandelt; auf der Tafel steht die lebensgroße Büste Lolas - aus Schokolade, ein Geschenk des Schokoladenfabrikanten Meyerhofer, der sich außerdem mit ungeheueren Mengen von Bonbons einstellte. Zum Schluß der Tafel - als Dessert - werden aus Hunderten von Zuschriften, darin gute Münchener Bürger ihren Tribut der Dankbarkeit zollen, einige vorgelesen.

Da schreibt einer:

"Mit- und Nachwelt wird es Ihnen nicht vergessen, daß Sie Ihren Einfluß nur zum Besten unseres Landes anwenden ..."

Ein anderer:

"Sie haben sich den unvergänglichsten Ruhm erworben, ein Land vor seinen ärgsten Feinden gesichert zu haben."

Ein Dritter:

"Sie sind es, zu der alle Bayern mit Hoffnung und Dankbarkeit emporblicken..."

Ein Vierter:

"Das erste Monument, das die Bayern aufrichten, wird die Statue der Lola Montez sein, den Bannstrahl schwingend, der die Jesuiten für immer in ihr finsteres Reich, dem sie entstiegen, zurückverscheucht!"

"Schöne Elogen!" erhob sich Lolas Glockenstimme. "Diese dankbaren Bayern!"

Unterdessen braust in den Straßen Lärm und Tumult, näher und näher kommt die Woge heran, jetzt umtost sie das Haus. Die Herren an der Tafel erbleichen und springen auf.

"Das ist Revolution!" rief einer von ihnen.

Sie eilen ans Fenster und sehen hinab.

Das da unten sind keine Menschen mehr, das ist eine drohende wilde Bestie mit einem einzigen riesigen Kopf, der unförmlich ist wie eine Kartoffel, und einen Rachen besitzt, der Unflat auswirft, und Augen, die funkeln und sprühen wie die Lichter eines Raubtieres, aber keinen Strahl der Seele verraten. Wo ist die menschliche Seele? Die Masse weiß nichts von Seele und nichts von Vernunft. Sie ist ungezügelter Trieb, roh und wild und zerstörungsgierig wie die Meeresflut im Sturm, oder demütig und schmeichelnd wie diese, wenn die Luft blau und still ist. Der Geist, der sie peitscht und nach Zwecken lenkt, ist nicht der ihrige. Es ist der Geist, von dem der göttliche Görres inspiriert ist, der das Hereinbrechen der Fluten prophezeite und guthieß, "als einen von der Vorsehung nach dem Richtmaß ewiger Ordnung zugelassenen Umschwung", wie es "in der Sprache der Überirdischen" heißt, während es "in der Sprache der Menschenkinder Revolution genannt wird". Es ist sein Werk und sein Geist, des Göttlichen. Die unten sind die gepeitschte Woge im Sturm des Herrn. Arme Menschen sind es.

Angesichts der Gefahr fallen die Masken; es zeigt sich, daß die meisten Freunde verkappte Feinde sind, die nur um ihres Vorteils oder Eigennutzes willen die Rolle unterwürfiger Schmeichler spielen. Es waren hohe Beamte, Männer in angesehenen öffentlichen Stellen, die hier an Lolas Hof ihren Weizen blühen sahen.

"Geben Sie dem Volk nach, Gräfin, sonst sind Sie verloren!"

"Was raten Sie mir?"

"Fliehen Sie, gehen Sie außer Land, sonst ist der Thron verloren!"

"Meine Herren, nichts ist verloren, solange wir den Kopf behalten; daß ich den meinigen nicht verliere, darauf gebe ich Ihnen mein Wort!"

"Aber den Thron, bedenken Sie, den Thron, den König! Dem Willen des Volkes müssen Sie nachgeben!"

"Meine Herren, diese Handvoll Menschen sind nicht das Volk, es ist der Pöbel! Sie glauben doch nicht im Ernst, daß diese armselige Horde einen Thron erschüttern oder einem König schaden kann, der als Wohltäter seines Volkes gepriesen wird?"

"Oh, Sie kennen das Volk nicht! Das Volk vergißt alle Wohltaten, wenn es erregt und zornig ist!" bemerkte Berks, der ebenfalls anfing, schwankend zu werden.

"Meine Herren, das Volk ist, wie Sie alle sind, je mehr man ihm gibt, desto mehr nimmt es sich heraus -"

"Hören Sie den Tumult? Es wird immer ärger!"

Die Fenster erzittern unter dem Geschrei von unten. Das Getöse schwillt an, ein Gequiek von Kindertrompeten erhebt sich, dazwischen Pereatrufe und unflätiger Schimpf.

"Es ist ein Spaß!" jubelt Lola, laut lachend, obschon erregt.

"Ein Spaß?! - Das könnte ein blutiger Spaß werden! Wir können Sie leider nicht schützen."

"Das ist auch gar nicht nötig, meine Herren; ich schütze mich selber."

Im selben Augenblick fliegen Steine herauf. Einige Herren nehmen Reißaus, ein paar Staatsräte voran, dann der Schokoladenfabrikant Meyerhofer und der Rentier Tambosi; Boligiano sucht ihn zurückzuhalten, läßt sich aber scheinbar widerwillig mitziehen. Berks ist unschlüssig; er denkt wie der Schauspieler an einen guten Abgang.

"Um Gottes willen, was tun Sie?" Lola hat von der Wand ein paar Pistolen genommen, die geladen da hingen, und ist ans Fenster getreten.

"Lassen Sie die Pistolen, es ist um Sie geschehen, wenn Sie das Volk, das wie ein gereizter Löwe ist, noch mehr erbittern. Leutnant Nußbaum, nehmen Sie ihr doch die Pistolen weg!"

Berks selbst vermeidet die Nähe des Fensters; er schickt Nußbaum ins Treffen.

Der Gewahrsam hinter Schloß und Riegel hatte nicht geholfen, wie gut es auch die Kameraden meinten. Klugheit richtete nichts aus gegen Leidenschaft: Nußbaum war aus dem ersten Stock seines Arrestes gesprungen und zu seiner Circe geeilt.

"Ein paar Schüsse, und Sie werden sehen, wie

zahm dieser Löwe sein wird!" Aber da ist schon der Leutnant bei ihr und zieht ihren Arm zurück.

"Sie kennen das Volk nicht, Gräfin!"

Darauf klingelt sie dem Kammerdiener:

"Champagner! Die Gläser füllen! Rasch!"

Dann schaut sie furchtlos in das schwärzliche Wogen der Menschenmassen mit den verzerrten und gaffenden Gesichtern, die bei dem Anblick des Frauenwesens mit einem blöden Lächeln grinsen. Das Toben läßt nach. Sie glaubt zu erkennen, daß die meisten dieser Leute mehr aus Neugierde als aus böser Absicht hier versammelt sind, und daß ihnen der Impuls zu einer ernsten Feindschaft gegen sie fehlt. Sie legt die Pistolen beiseite und sagt zu dem anwesenden Rest ihrer Freunde:

"Diese Leute da unten haben durchaus nichts gegen mich, sie sind unschuldig an dem Spektakel; ich bin sogar überzeugt, daß ich unbehelligt mich in ihre Mitte begeben kann."

Mit diesen Worten ergreift sie einen gefüllten Kelch und tritt ans Fenster.

"Auf das Wohl des bayerischen Volkes!" Mit diesem Ruf leert sie das Glas Champagner.

"Horcht!"

Grenzenloser Jubel von unten.

"Meine Herren, fürchten Sie noch für den Thron und mich?"

Die Herren sehen sich verlegen an. Die Tür geht auf, Meyerhofer, Tambosi, Boligiano und einige von den Räten schleichen beschämt herein.

"Hier ist ja Konfekt, Bonbons, gute Meyerhofersche Schokolade - hinunter damit!"

Lachend ergreift sie die vollen großen Kartons mit Süßigkeiten - und unten liegen sie mitten in der Menge, die sich danach bückt, sich herumbalgt und die Hände ausstreckt, die Gaben in der Luft zu empfangen. Immer mehr wirft sie hinunter, mit vollen Händen, Zuckerwerk, Blumen, Kränze, Lorbeer, Schleifen, alle Geschenke und Huldigungszeichen der Freunde, auf die Straße hinunter ins Volk, das schon wieder guter und lustiger Dinge ist, und wie der Löwe, der den Zorn vergessen hat, demütig und schmeichelnd zu Füßen der Bändigerin liegt, oder wie die Woge, die sanft ans Ufer rollt, nachdem der Sturm ausgetobt hat.

Aber das ist nicht nach dem Sinn der Anstifter. Eine Stimme schrie und hundert andere fielen mit ein:

"Das ist Hohn! Das ist Hohn! Rache! Rache an diesem Weib!"

Es war die Stimme des Wolfram von Dinkelsbühl, der seinen ehemaligen Freund Elias von Vilseck nebst ein paar Studienkollegen, darunter den Grafen Hirschberg, in den Fenstern Lolas erblickte. So groß war der Haß des Jünglings gegen das Weib aufgeschossen, daß er wie wahnsinnig schrie, um ihr Verderben heraufzubeschwören.

Der Sturm will wieder anbrechen.

Die Herren erblassen abermals.

"Fürchten Sie nichts", lächelte sie, "treten Sie ans Fenster, Sie werden sehen, wie wenig Sympathie diese Schreier finden!"

Und mit einem Blick auf die zurückgekehrten Ausreißer fügt sie boshaft hinzu:

"Es war freilich gewagt, zurückzukehren, nachdem Sie schon Ihre Haut in Sicherheit gebracht hatten und mich für ein Kind des Todes hielten; aber ich gebe Ihnen recht, Sie sind bei Hochzeitsfeierlichkeiten und Kindstaufschmaus entschieden besser aufgehoben."

Da hatten sie es! Der Spott war tödlich.

Plötzlich jubelte sie auf.

"Der König! Meine Herren, sehen Sie doch, in welch großer Gefahr der Thron und der König schwebt! - Seine Majestät geht mitten durch das tobende Volk, ohne alle Begleitung - und sehen Sie nur, wie ehrfurchtsvoll er von allen Seiten gegrüßt wird! Weiß denn dieses Volk nicht, daß der König jetzt gerade zu mir geht?"

Wirklich geschah das Wunder.

Der König schritt ernst und würdevoll durch die tobende Menge, die augenblicklich still wurde, eine Gasse öffnete und ehrerbietig grüßte. Er ging ganz allein. So groß war der Glaube des Königs an die Heiligkeit der Majestät, die durch ihr bloßes Erscheinen die Aufrührer in den Staub werfen konnte; so groß war zugleich sein patriarchalischer Sinn, daß er unbekümmert durch die Demonstranten schritt, wie der Herr über die stürmischen Wogen.

Noch war der Monarch kein abstrakter Begriff, wenigstens in dem damaligen München nicht: der König vertraute auf die Macht seiner Persönlichkeit und auf die Ehrfurcht der Untertanen vor dem Gottesgnadentum - die Menge hatte ihm recht gegeben, sie wich scheu zurück, er ging unbehelligt durch.

Es war ja noch der idyllische Vormärz.

"Ach, Sie kennen das Volk nicht, meine Herren!" rief Lola. "Mut, Mut, Mut! Und Sie machen aus dem Volk, was Sie wollen!"

In diesem Augenblick trat der König ins Zimmer.

"Fürchten Sie nichts, Gräfin", sagte er sofort, "es sind alle Anstalten zu Ihrer Sicherheit getroffen."

"Sire, keinen Augenblick war ich um mich besorgt. Das arme Volk unten weiß ja nicht, was es will; ich hoffe aber, daß es so wie an Aufrührern nicht an einsichtsvollen Patrioten fehlen wird, die es über seine wahren Interessen aufklären. Was mich betrifft, so stehe ich mit dem Volke ganz gut, ich glaube nicht, daß es noch zu ernsteren Auftritten kommen wird."

"Militär ist im Anzug." sagte der König und fügte dann hinzu:

"Wenn ich auch für die Ruhe der Stadt nichts befürchte, so darf eine Ungebührlichkeit wie diese nicht geduldet werden. Ich kenne die Urheber dieses Tumultes; sie werden es büßen!"

Jetzt erst reifte der Entschluß des Königs, die Professoren, die er nur mit einem zeitweiligen Verbot der Vorlesungen warnen wollte, definitiv abzusetzen.

Lola Montez gab sich edelmütig und versuchte ein gutes Wort für die Gemaßregelten, insbesondere für Lassaulx einzulegen, indem sie meinte, die Professoren seien durch das Mißlingen genug bestraft, aber der König war stolz auf Beharrlichkeit und gerechte Strenge und wollte keine Milderungsgründe zulassen.

Im nächsten Augenblick sprengten schon Kürassiere an, drängten die Menge zurück, die sich ohne Widerspruch zerstreute, und in einigen Minuten war die Straße fast menschenleer. -

"Und da wagen die Anstifter des Unfriedens vom Abfall des Heeres, vom Abfall des Volkes zu reden!" empörte sich Herr von Berks. "Sah das nach einem Abfall des Volkes aus? Oder nach einem Abfall des Heeres?"

Die Revolution, ihre Ursachen und die Mittel ihrer Bekämpfung bildeten nun den Gesprächsstoff. Die Frage wurde aufgeworfen, ob für die nächste Zeit eine Revolution zu befürchten sei. Die Frage wurde für Frankreich bejaht, für Deutschland aber entschieden verneint.

"Die Revolutionen", sagte die Gräfin, "kommen immer, wenn man sie am wenigsten vermutet; sie können nur dadurch verhütet werden, daß man stets auf sie gefaßt ist."

"Dann möchte ein anderer König sein, ich danke dafür!" erwiderte Ludwig. "Glauben Sie nicht, daß die Liebe des Volkes zum Thron die sicherste Schutzwehr gegen Revolution ist?"

"Sire, ich hoffe mehr von der Furcht, als von der Liebe."

"Ich gebe Ihnen recht", sagte der französische Attaché, "Furcht ist der beste Gesellschaftskitt. Ich erinnere mich eines merkwürdigen Buches "König und Narr", darin ein sehr lehrreiches Gespräch zwischen Heinrich VIII. und einem als Narr verkleideten Gauner vorkommt. Unter uns gesagt sind die Spitzbuben doch eigentlich die nützlichsten Bürger im Staat, und ein König ist ihnen zu großem Dank verpflichtet; denn wenn es lauter fromme, ehrliche Leute gäbe, könnten diese sich selbst regieren. Wozu wäre ein König nötig, wenn die Leute keine Furcht voreinander hätten? Wenn ich König wäre, ließe ich jeden Jungen, der nicht Anlage zum Spitzbuben hat, in die Themse werfen. Wenn auch die Liebe nicht zu verachten ist, die Furcht ist die beste Stütze des Throns."

Diese scherzhafte Erzählung fand nicht den Beifall des Königs. Er verstand in diesen Dingen wenig Spaß und begann ganz ernsthaft die Frage zu diskutieren. Sein poetisches Gemüt nahm sich mit Wärme des Volkes an und berief sich auf den eben erbrachten Beweis der Liebe des Volkes, das selbst in der Aufregung und Unruhe nicht den schuldigen Respekt vergesse.

"Mehr als Gesetz und mehr als die bewaffnete Macht ist mir dies sicheres Fundament," sagte er nachdenklich, "daß mich das Volk liebt! Man hat es wieder gesehen, obgleich es Schwarzseher leugnen wollten: das Volk liebt mich ..."

Der Menschenstrom, von den Polizeisoldaten und Kürassieren zurückgestaut, flutet durch die Ludwigstraße ab, ergießt sich in Residenz- und Theatinerstraße, um aus diesen Kanälen in dem großen Sammelbecken des Max Josephplatzes wieder zusammenzufließen. Es ist gegen sieben Uhr abends; in einer unvorhergesehenen Anwandlung will die Volksseele der Königin eine Ovation bereiten.

Die Prinzen eilen an das Fenster, halb neugierig, halb erschreckt mit dem Ausruf: "Es ist schon wieder was los!"

Drunten erhebt sich das Huldigungsgebrüll.

Königin Therese ist mehr tot als lebendig; sie flüchtet in die entlegensten Zimmer, aber Pater Hilarius ist schon bei der Hand. Es gelte jetzt die Ehre des Throns zu retten; das treue Volk wolle seine Königin sehen, sie müsse ans Fenster!

Zitternd vor Angst steht sie nun vor dem

geöffneten Fenster, von Hilarius gestützt, der sich dicht hinter ihr hält, und muß lächeln und dankbar nicken.

Das Geheul verdoppelt sich jetzt, Arme fliegen in die Höhe und schwenken Tücher. Aber es fliegen auch vereinzelte Steine. Ein Theologie-Student wird von einem herbeieilenden Offizier in dem Augenblick ergriffen, als er ein Fenster des Königsbaues eingeworfen hat. Die Menge verteidigt den Studenten und entreißt ihn der Wache.

Die Königin ist ohnmächtig geworden vor Schrecken und wird vom Fenster weggeschleppt. Die Ovation artet in eine Keilerei aus. Militär ist nachgerückt und sprengt die Leute auseinander. Der Platz ist gesäubert und von Wachen umstellt.

Haufenweise ziehen die Banden wieder in die Theresienstraße, wo Schildwachen vor Lolas Haus stehen und Militärpatrouillen auf und ab ziehen.

"Das Volk liebt mich!"

Aber es fühlt sich dadurch nicht behindert, den König, als er ziemlich spät Lolas Haus verläßt, um wieder zu Fuß, auf die Liebe des Volkes vertrauend, nach der Residenz zurückzukehren, zu beschimpfen und mit Kot zu bewerfen. Wie anders als vor einigen Stunden! Militär muß einschreiten, um den König vor dieser Liebe des Volkes zu schützen.

Einige Tage später im Hoftheater.

Der König in der Loge wird bei seinem Erscheinen von dem anwesenden Publikum stürmisch akklamiert.

Der König, sichtlich gerührt über diese unerwartete Begrüßung, die ihm als elementarer Ausbruch der unwandelbaren Treue und Anhänglichkeit seiner Untertanen erscheinen will, erinnerte sich an die Äußerung seines früheren Polizeiministers Pechmann, der zu behaupten gewagt hatte, der König habe die schönste Perle aus der Krone verloren, die Liebe seines Volkes!

Allerdings!

Das Volk murrte über seine Liebschaft und mengte sich in sein Privatleben ein; es hatte aber auch gemurrt über seine Kunstbauten und über seine Verschwendung auf Kunstschätze; - war deshalb die Perle aus der Krone verloren?

"Man sieht es ja: das Volk liebt mich!"

Dreizehntes Kapitel

Schmerz und Schönheit

Nach den Auftritten des ersten März schlägt die Stimmung vollkommen um. Friede ist wieder eingekehrt. Plakate an den Straßenecken verwarnen zur Ruhe; die Theresienstraße bleibt tagsüber militärisch besetzt, die Residenzstraße von Abend an abgesperrt; vor Lolas Haus steht eine Schildwache.

Das Volk scheint mit der Spanierin vollends ausgesöhnt. Nachdem der Schimpf verbraucht ist, fängt es an, die Kurtisane mit einem Legendenkranz zu verklären. Dieselben kleinen Leute, die lärmend und drohend vor ihrem Hause standen, kommen nun demütig und heischen Almosen. Sie gibt reichlich; die niederen Schichten verehren sie fast schon als Heilige, sie wird als Wohltäterin des Volkes ausgerufen. Die Volksseele ist so leicht gerührt! Einer armen Familie, mit Drillingen beschenkt, fehlt es an den Taufgebühren, die das Dreifache ausmachen; Lola öffnet dem bittenden Familienvater lachend ihre Kassette, er solle selbst zugreifen. Die Volksseele ist ergriffen über diesen Akt freigebiger Mildtätigkeit.

Zu Sympathiebeweisen fehlt es nicht an Gelegenheit: Lola, infolge der Aufregungen vom 1. März an spasmodischen Zuständen leidend, die noch schlimmer werden auf ein Mittel, das Stabsarzt Curtius verschrieb, ruft dem anwesenden König zu: "Louis, ich habe Gift bekommen!" Worauf der König den Rest des Glases trinkt und scherzhaft die schicksalsschweren Worte gebraucht "Wenn keine Lola mehr ist, soll auch kein Ludwig sein!" Das Gerücht, Lola habe von ihrem Leibarzt Gift bekommen, gewinnt Umlauf, und es hätte nicht viel gefehlt, so wäre Curtius gelyncht worden. Der süße Pöbel ist erst beruhigt, als das Gerücht durch Lolas Erscheinen am Fenster widerlegt wird.

Von früh bis spät ist die Vielgeschmähte von Bittstellern heimgesucht: man wendet sich an sie mit den sonderbarsten Dingen, will ihre Mitwirkung und Hilfe für alles Mögliche in Anspruch nehmen; man hat sich daran gewöhnt, sie als Nebenkönigin mit eigener Hofhaltung zu betrachten, und gibt sich über ihren Einfluß auf die

Regierung den abenteuerlichsten Vorstellungen hin. Die niedergerungene ultramontane Partei verhielt sich seit ihrer letzten Niederlage am ersten März anscheinend untätig, als vermöchte sie es nicht, sich aus ihrer Ohnmacht zu erheben. Allein, war die beharrlich wiederkehrende Ansicht des Volkes von Lolas Einfluß auf die Regierung nicht ein Zeichen ihrer geheimen Wühlarbeit? Suchte sie nicht geflissentlich im Volk den Glauben zu erhalten, daß sie für alle Regierungsmaßregeln verantwortlich sei?

Zwar dürfen die inländischen Zeitungen kein Wort über die Gräfin verlauten lassen; auf Veranlassung des Königs wird von dem neuen Ministerium strenge Zensur geübt: nicht die leisesten Andeutungen werden geduldet. Um so eifriger wird die Hetze in den ausländischen Blättern betrieben und in den Mitteilungen an die fremden Mächte. Jeder kleine Attaché, der einmal bei Lola gespeist hat, weiß die amüsantesten Dinge an sein Land zu berichten; alle europäischen Höfe werden mit Skandalgeschichten aus Bayern erquickt.

Die Augen Europas ruhen auf Lola! Von Wilhelm IV. von Preußen wollen die Zeitungen wissen, daß er an Ludwig I. einen Brief voll ernster, freundschaftlicher Ermahnungen geschrieben und ihm zu bedenken gegeben habe, daß Lolas Frivolitäten der Königswürde in den Augen des Volkes mehr schaden könnten, als angesichts der heiklen politischen Lage in Europa zu vertragen sei. Dieser wahrscheinlich erfundene Brief war das rechte Futter für die Satire der Zeit, die sich den Spaß nicht verkneifen konnte und Wilhelm von Preußen im Partizipialstil Ludwig I. verspottete:

> *Stammverwandter Hohenzoller,*
> *Sei dem Wittelsbach kein Groller;*
> *Grolle nicht um Lola Montez,*
> *Selber habend nie gekonnt es.*

Die Spottdrossel im deutschen Dichterwald sang es. Die Spottdrossel war Heinrich Heine.

Gelegentlich versuchte Lola selbst eine Abwehr in einem der großen auswärtigen Blätter, oder in den inländischen Zeitungen, sei es um Entstellungen zu widerlegen, sei es um bekannt zu machen, daß man sie mit Petitionen und ähnlichen Anliegen verschonen solle, immer aber mit dem Refrain, daß sie in keinerlei Verbindung mit der Regierung stehe und sich um die Politik nicht kümmere.

So schrieb sie an die Kölnische Zeitung:

Soeben lese ich in der Kölnischen Zeitung vom 26. ds. die Abschrift eines Korrespondenzartikels, welcher sowohl die Ehre meiner Person angreift, als meinen Charakter verdächtigt, indem man mich fälschlich mit einer Madame James in London verwechseln will, einer Frau von sehr üblem Ruf, noch lebend und wenigstens zweimal so alt wie ich. Infolgedessen halte ich es für meine Pflicht, Ihnen zu sagen, daß mein Name Maria Dolores Porris y Montez ist; daß mein Vater ein carlistischer Offizier war, nach dessen Tod meine Mutter, eine geborene Havaneserin, sich mit einem irländischen Adeligen verheiratete. Ich bin im Jahre 1823 in Sevilla in Andalusien geboren, und infolge unglücklicher Familienverhältnisse sah ich mich genötigt, beim Theater mein Fortkommen zu suchen, was ich, seit ich mich in München häuslich niedergelassen, für immer verlassen habe. Indem ich Sie ein für alle mal bitte, meinen Namen nicht mit den politischen Angelegenheiten Bayerns zu vermischen, mit welchen meine Person nicht das geringste zu schaffen hat, ersuche ich Sie, diese meine Erklärung in Ihr sehr geschätztes Blatt aufnehmen zu wollen und so das Ihrige dazu beizutragen, daß der Wahrheit ihr Recht werde. Womit ich die Ehre habe, mich zu nennen -

Das alles half nichts. Nach jeder solchen Erklärung schwirrten um so dichter die Gesuche um Hilfe und Beistand aller Art ins Haus. Das war ja freilich zugleich auch eine Genugtuung, die der Eitelkeit frönte, den Ehrgeiz säugte und ein täuschendes Gefühl von Macht gab. Sie haschte nach Popularität, verschenkte gern und viel, wie es in ihrer nach Öffentlichkeit und Anerkennung hungrigen Natur lag, und scheute sich nicht, den König in Anspruch zu nehmen für Dinge, die jenseits ihrer Machtgrenzen lagen.

Seit den Ereignissen vom ersten März richtete sich ihr Augenmerk auf die Universität. Dort war ja der Herd, wo die Gegner den heimlichen Brand schürten. Sie hatten es mit der Jugend leicht, die im Geiste Abels erzogen worden war. Jetzt war freilich Ruhe. Der Dekan der philosophischen Fakultät Hofrat Doktor Thiersch hatte die Studentenschaft vor der "im Finstern schleichenden Böswilligkeit gewarnt, die auf mehr als eine Weise versucht hat, die Studierenden zur Standarte der Unruhe zu mißbrauchen und durch ihre Hand die Fackel bürgerlicher Zwietracht unter das Volk schleudern zu lassen". In der Vorahnung kommender Dinge mahnte er eindringlich, allen Parteiumtrieben fern zu bleiben, "welches auch die Tage sein mögen, denen wir vielleicht noch entgegengehen -!"

Der König hatte es bald darauf an einem Beweis seiner Versöhnlichkeit und Gnade nicht fehlen lassen, indem er die Rechte der Burschenschaften durch Aufhebung gewisser einschränkender Bestimmungen bedeutend erweiterte. Dafür brachten ihm die Studentenkorps einen Fackelzug dar. Die Wolke, die sich über der Universität zusammengeballt hatte, war verscheucht; der Streit war in eitel Wohlgefallen aufgelöst.

Auch Lola Montez versuchte es, den feindlichen Göttern das Feuer vom Herd zu stehlen. Sie hatte aus dem ersten März eine Lehre gezogen und wußte sie zu verwerten. Sie witterte, wenn irgendwo noch die Flamme ausbrechen konnte, so würde es dort sein, wo die leichtentzündliche Jugend einem verheerenden Brand so willig Nahrung bot. Aber warum sollte die Flamme zu ihrem Verderben brennen? Warum nicht eher zu ihrem Ruhm? Unerschütterlich würde ihre Stellung sein, wenn sie auch die Freundschaft der Universität gewänne. Das Volk hatte sie schon halb und halb auf ihre Seite gebracht; also auch die Herren Studenten! Ein leichtes Spiel! Die Blüte der Intelligenz! Junge

Ritter vom Geiste! Sie können nicht unritterlich gegen eine Dame sein! Oder gar unempfindlich gegen Schönheit und gegen die edleren geistigen Gaben, die eine Lola zierten!

Die Herren Studenten!

Sie taten alle so, wie Wolfram von Dinkelsbühl tat, der nach München gekommen war, die großen Wissenschaften und das große Leben kennen zu lernen. Bis tief in die Nacht saßen sie in dem schmutzigen und verräucherten Lokal des Franziskaner-Bräu oder einer ähnlichen Kneipe, weil das zu dem großen Leben und zu den großen Wissenschaften gehörte.

Im Kreise der Kommilitonen saß Wolfram und bewährte Eifer und Lernbegier, um hinter den anderen nicht zurückzustehen. Nachts liefen die Korpsbrüder aus dem Bierhaus, unbedeckten Kopfes, ohne Überrock, den Bierkrug in der Hand, im Gänsemarsch. Die lange Kolonne, immer einer hinter dem anderen, lief im Zickzack um den Max Josephplatz, bestieg das Monument, und wenn der erste auf einem Bein hüpfte, mußten alle Hintermänner auch auf einem Bein hüpfen. Und wenn der eine durch eine Kotlache watete, mußten auch die anderen hinter ihm getreulich durch den Kot waten. Und wenn der erste meckerte, miaute, grunzte, dann meckerte, miaute, grunzte das ganze Korps. Juvivallera! Und der schöne Wolfram hüpfte auf einem Bein, stieg auf das Monument, watete durch den Kot, meckerte, miaute und grunzte; denn er wollte das große Leben kennen lernen.

Aber alle Hingebung in diesem Studium konnte nicht den Schmerz betäuben, der an seinem Innern nagte. Ein Wurm fraß an seinem Herzen, und was er auch tat, um ihn zu töten, ihn zu ersäufen, im Rausch zu vergessen, er fraß und fraß und fraß. Seit jener Begegnung vor der Theatinerkirche fraß er schon, damals, als er sich von Elias abgewendet hatte und geflohen war. Geflohen in der richtigen Eingebung, daß hier eine ungeheure Gefahr für ihn lag. Aber schon war es zu spät; das süße Gift, das er mit einem einzigen Augentrunk empfangen hatte, fing zu kochen an und brachte seine Sinne in Aufruhr.

Er haßte den Freund, weil er ihn beneidete; er haßte dieses Weib, weil er es liebte. Wenn er auf einem Bein hüpfte, dann gaukelte ihm seine Phantasie ihre Erscheinung vor, die sich stets zwischen ihn und die Dinge schob, was er auch tun und denken mochte. Nun er sie wieder ersah, fing er sich ob seines Hüpfens zu schämen an und ging kommentwidrig als Mensch auf zwei Beinen, wofür er sich wieder einen Bierjungen aufbrummen lassen mußte.

Wenn er hinter den anderen durch den Kot watete, wollte er auf die Knie vor ihr hinsinken, weil er meinte, sie stehe hier; wenn er miaute, grunzte und meckerte, klang es wie ein Weinen, das Weinen einer Sehnsucht. Er verfluchte diese Halluzination und verfluchte sich, seinen Leib und seine Sinne, die ihm dieses Blendwerk vorgaukelten, und glühte aus Scham über seine Lasterhaftigkeit, obschon er unter den Kommilitonen der keuscheste war.

Die Hysterie, von der zuerst die Frauen, dann das Volk ergriffen war, hatte sich der Jugend bemächtigt. Die aufgestörten Sinne des Jünglings spiegelten ihm einen Trug vor: er wähnte sich von Lola Montez mit Liebesanträgen verfolgt. Der Wahn ist die Erfüllung einer Sehnsucht oder eines Wunsches, der von der Wirklichkeit nicht erhört worden ist; so ist der Irrsinn zuweilen eine Wohltat, mit der die Natur die Unerträglichkeit eines Zustandes aufhebt. Und doch war der Irrsinn nicht irre: ihr Bild, ihr Lächeln, ihr Blick verfolgte ihn tatsächlich; er war besessen, ohne zu besitzen, besessen, wie es alle waren vom König bis zum Kärrner, in Haß oder Liebe oder beidem.

"Sie stellt mir nach", flüsterte er scheu seinem Nachbarn zu und war glücklich; denn es war der Vorwand, von ihr zu reden.

Da saß er in der Bayernkneipe, die sich "im großen Rosengarten" in der Bayerstraße befand, als die Kellnerin die Nachricht brachte: eine Dame mit zwei Begleiterinnen wünsche Wolfram, den Herrn mit den schönen blauen Augen und blondem Haar zu sprechen.

"Seht ihr's", flüsterte er seinen Kameraden zu, "das ist sie, die Gräfin!"

Die Kellnerin berichtete weiter, eine der Damen habe gesagt, daß sie ihn um jeden Preis sehen wolle und wenn sie die ganze Nacht dort stehen müsse.

Aber der versuchte Jüngling blieb standhaft; er wisse wohl, ließ er sagen, wer die Damen seien, aber er sei nicht willens hinunterzukommen.

Ein lächerliches Protokoll wurde über den Vorfall auf dem Korpshause abgefaßt, und der mannhafte Jüngling, der die Burschenehre vor aller Anfechtung zu wahren verstand, wurde durch eifriges Zutrinken gefeiert.

Er mochte nicht bedenken, daß es ein übler Scherz sein konnte, und lief nachts, seiner mannhaften Burschenehre zum Trotz, unter dem Zwang einer dunklen Macht vor das Haus der Verhaßten und heimlich so brennend Geliebten. Wolfram, der das große Leben kennenlernen wollte und nicht ahnte, daß es ihn mit tragischer Gewalt schon erfaßt hatte!

Verstört betrat er eines der Kneiplokale, das er zu dieser späten Stunde noch offen fand; er habe die Gräfin gesehen, eine Studentenmütze auf dem Kopf, in unzüchtiger Stellung bei Tisch sitzen mit Burschenschaftern, Elias Peißner von Vilseck, Grafen Hirschberg und anderen Korpsbrüdern ...

Das große Leben!

Nicht Wolfram von Dinkelsbühl, sondern Elias von Vilseck lernte es kennen. Das Schicksal hatte die Freunde getrennt und auf einen ungleichen Platz gestellt. Immer weiter liefen ihre Wege auseinander, als sollten sie keinen Treffpunkt finden. Wolfram ging auf der Schattenseite, von den Dämonen des Wahns, des Hasses und der Eifersucht gepeitscht. Elias wandelte in Licht und Schönheit. Er lauschte begierig auf das Wort seiner schönen Herrin und fühlte sich durch sie mit allem in Einklang, was in der Welt groß und begehrenswert schien. Ihre Konversation, die alle

Zuhörer fesselte, war Magie; fremde Länder, ungeahnte Weltzusammenhänge, die lebendige Geschichte tat sich den dürstenden Sinnen auf, die großen Wissenschaften! Was war die Kathederweisheit der Herren Professoren gegen dieses Leuchten!

Ihre Gelehrsamkeit gab sich leicht und natürlich und tat der Anmut ihres Wesens nicht Abbruch. Sie war wohlerfahren in der ars amatoria und war Schülerin der Indier gewesen, die diesen Zweig mit besonderer Sorgfalt gepflegt und ausgebildet haben. Viele sind der Künste und der Wissenszweige, die ein Frauenwesen von seiner Bestimmung gelernt haben und zu üben verstehen muß. Schönheit allein genügt nicht, es bedarf auch der Vorzüge des Charakters und des Geistes und einer großen Bildung, wenn sie durch ihren angeborenen Beruf bei dem König geehrt, von den Trefflichen gepriesen und angesehen im Kreise der Menschen sein will.

"Infolge der Erlernung der Künste und des Wissens entsteht das Glück." hatte sie dem Elias erklärt, nur verstand er noch nicht, wie sie es meinte.

Sie war in allen Literaturen der Völker, die sie kannte, und der Sprachen bewandert; sie beherrschte Spanisch, Englisch, Französisch und Deutsch. Sie verstand ein wenig die Hindusprache, konnte etwas Sanskrit lesen und eine ziemlich richtig gehende lateinische Phrase drechseln.

Sie kannte England genau so wie Andalusien, Frankreich wie Schottland, Rußland wie Polen, Preußen wie Bayern; sie plauderte ebenso kundig und eingehend von Paris wie von Berlin, von Krakau wie von Seringapatam, von Sevilla wie von Petersburg. Mit allen bedeutenden und interessanten Männern dieser Länder hatte sie Verbindungen unterhalten, sie wußte genau um ihre persönlichen Verhältnisse, Eigenart und Geheimnisse; und ebenso bekannt waren ihr alle Hof- und Kulissenintrigen, als hätte sie daran teilgenommen. Die Damen standen ihr persönlich ferner; wenn sie auch keinen Umgang mit ihnen hatte, so waren ihr eine Menge Anekdoten über sie geläufig, womit sie die Skandalchronik der vornehmen Welt um unerhört neue Dinge hätte bereichern können. Über alle Gebräuche der Völker ist sie unterrichtet; die Etikette der verschiedenen Höfe, vor denen sie getanzt hat, hat sie ebenso sicher inne wie die Titel- und Rangordnungen der Länder, die sie durchwandert hat.

Alle Kunstdenkmäler der Städte hat sie gesehen und redet mit gleicher Kennerschaft von den unterirdischen Gewölben von Ellora, von den Basreliefs des Fakirs, von dem Chateaurouge mit seinen Gärten, vom Londoner Tower, von der Walhalla, vom Alcazar und von der Statue Peters des Großen.

Elias kann sich nicht satthören, wenn sie von ihren Reisen und Verbindungen erzählt, oder mit königlicher Autorität über Gegenstände der Kunst, der Literatur, der Geschichte oder Politik urteilt; wer immer kommt, steht im Bann ihrer Worte, ihrer Augen, ihrer Schönheit. Immer ist sie von einer Menge interessanter, angesehener Menschen umschwärmt, von Leuten mit vornehmer Abkunft und feiner Lebensart, reich an Kenntnissen und Erfahrung. Und jede neue Begegnung ist für den Jüngling ein Zuwachs an Kraft und innerem Reichtum, nicht totes Foliantenwissen, das man büffelt, sondern fröhliche Wissenschaft, die man erlebt. Noch hatte die ahnungslose Jugend nicht erkannt, daß die glatte, gefällige Form oft nur die heuchlerische Maske war, hinter der sich die niedrige Gesinnung der Schmeichler und Höflinge verbarg. So gab es auch in dem Kreis der Anbeter falsche Freunde und heimliche Gegner, solche, die nicht erreichen konnten, was sie bezweckten, und sich aus gekränkter Eitelkeit oder getäuschter Hoffnung heimlich über die königliche Kurtisane lustig machten.

Zu diesen Unzufriedenen gehörten unter anderen der Hofbaurat Metzger und ein gewisser Graf Arco-Valley, der, obwohl der aristokratisch kirchlichen Richtung und der gestürzten Partei Abels angehörig, in Liebe entbrannt sich der schönen Gräfin näherte. Er machte dieselbe Erfahrung wie so viele andere, die vergeblich durch glänzende Anerbieten ihre Tugend versucht haben. Während sie die einen durch ihre Huld verwöhnte, wie zuweilen den Leutnant Nußbaum, neuerdings aber mehr noch den pagenhaften Elias, konnten die anderen trotz aller Diamanten, die sie ihr zu Füßen legten, nicht den Weg zu ihrem Herzen finden. Das wurmte beide sehr, den Hofbaurat und den Grafen, der sehr bald vieles auszusetzen fand. Während im Salon der Gräfin die Unterhaltung hoch ging, stand er mit dem Architekten abseits und bewies ihm, daß die Wissende, die durch ihre Unterhaltungskunst die Zuhörer entzückte, doch eigentlich haarsträubend unwissend sei und trotz ihrer gelehrten

Manie in die plumpesten Irrtümer verfalle, die allzu deutlich ihren Mangel an gründlicher und geordneter Erziehung verrate.

"Merken Sie nicht", raunte er dem Hofbaurat zu, "wie sie die ungereimtesten Dinge zusammenbringt? Wouwerman verwechselt sie mit Titian, Murillo mit Albrecht Dürer, Mignard mit Cimabue; sie wirft Byron und Cervantes, Puschkin und Beranger, Schiller und Sadi durcheinander; Heinrich IV. hält sie für einen Sohn Heinrichs III., die Jungfrau von Orléans für eine Römerin -"

Einige gleichgesinnte Herren traten hinzu, ihr halbunterdrücktes Lachen bewies, daß sie seelisch erquickt waren.

"Man erkennt", fuhr der boshafte Sprecher fort, "daß sie die Geographie aus dem Postbuch, die Literatur aus den Almanachen, die Malerei aus dem 'Journal zum Lachen', die Geschichte bei den Theatercostumiers und die Politik bei Seiner Majestät studiert hat ..."

Der Hofbaurat schluchzte vor Vergnügen.

"Ist sie wirklich Spanierin, oder ist sie Engländerin?" fragte leise einer der Herren. "Man kennt sich nicht aus."

"In einer preußischen Zeitunghabe ich kürzlich gelesen", sagte ein anderer, "daß in ihren

Adern das blaue kastilianische Blut strömt, das von der Sonne durchglüht ist, die den Xeres kocht - vielleicht aber ist sie einer jener Dämonen, der den Magier von Salamanka in Phiolen gebannt hat. - Sie übt eine dämonische Kraft auf die Männer aus, sehen Sie nur -"

"Ihre Kraft beruht in der Schwäche der Männer", warf der Graf ein; "Beweis: Knaben und Greise ..."

Wieder ein schluchzendes Auflachen des Hofbaurates. Auch er wollte es an geistigem Aufwand den anderen gleichtun.

"Vielleicht führt sie ihren Stammbaum auf jene ägyptischen Gottheiten zurück", flüsterte er, "die so lange Zeit vor den Toren der zertrümmerten Städte saßen und das undurchdringliche Rätsel ihrer Vergangenheit für sich behielten - "

"Nun, sie ist die Sphinx von jedermannl" erklärte der Hofbaurat.

"Wer wird das Rätsel lösen, das sie uns aufgibt?"

"Wer wird die Sphinx stürzen?"

"Oder wird sie uns stürzen?"

Der einfache Türmerssohn aus Vilseck entfaltete sich in dieser von Geist, Parfüms und feinen Giften gesättigten Atmosphäre rasch wie ein Pflänzlein an der Sonne und entdeckte ungeahnte Gaben, die ans Licht wollten wie Blätterfinger und schnell wuchsen, bis das Bäumchen rund und voll und stattlich dastand.

Der Frauendienst hatte seine Art verfeinert; was ihm an Weltgewandtheit und feinem Takt gefehlt, holte er in ein paar Sprüngen nach. Er war anders geworden als seine Korpsbrüder in der Palatia und die Masse seiner Studiengenossen, die Natürlichkeit mit Roheit und Ungeschliffenheit verwechselten und studentische Gewohnheiten hatten, die ihm immer weniger zusagten. Der Abstand wurde auf beiden Seiten fühlbar.

"Schlechte Manieren haben immer unrecht." hatte er von der Gräfin gelernt, die ihre eigene Moral hatte: "Der Schein ist wichtiger als das Sein. Der Mensch ist Gott und Tier zugleich, alles Gute und Schlechte in einem; weil sich aber jeder von seiner besten Seite zeigen will, so gibt der schöne Schein allen guten Eigenschaften in ihm das Übergewicht und die Herrschaft. Nicht auf das 'Was' kommt es an, sondern auf das 'Wie'; wie er sich darstellt, wie er sich sieht und wie er gesehen sein will, das allein entscheidet sein Aussehen und seinen Stil; es bestimmt seinen Rang in der menschlichen Gesellschaft und sein Glück im Leben und im Lieben. Alles beruht auf Schein, auch die Wahrheit und die Tugend

"Hochstaplermoral!" dachten die einen, die sich auf blendende Finten verstanden.

"Künstlermoral!" dachten die anderen, die es mit der Kunst hatten.

"Weisheit und Tiefe!" dachten die dritten, die auf den Geist sahen, und das waren die Studentlein, die das große Leben und die großen Wissenschaften suchten und an dieser Tafel finden mochten.

Die Kurtisane übte einen gesitteten Einfluß auf die Jugend aus; die Jünglinge an ihrer Tafelrunde verehrten sie mit keuscher, idealer und ritterlicher Minne.

Als Streiter für höfische Tugend und edle Sitte ziehen die beiden Scholaren, Elias und Hirschberg, aus, für ihre Dame zu kämpfen und zu siegen. Es ist der Sinn ihrer Dame, durch die beiden Ritter ein Bündnis mit der Universität anzubahnen und die Freundschaft der gesamten studierenden Jugend zu gewinnen; die beiden wollen den Dank verdienen. Begeistert sind ihre Reden vor den versammelten Kommilitonen; ein neues Zeitalter der Humanität sei im Anbrechen, eine goldene Zukunft sei jedem offen, der dem Banner der Gräfin folge.

Schweigend hören die Korpsbrüder zu, man

läßt die beiden Minnehelden ruhig ausreden; ein Beschluß ist vorgefaßt und kann nicht zurückgenommen werden. Der innere Abstand, der allmählich den verfeinerten Elias von dem rauheren Wolfram trennte, klafft nun auch äußerlich und geht wie ein Riß durch die ganze Burschenschaft. Wolfram wirft das Losungswort des Kampfes in den Saal:

"Die Farben der Burschenschaft sind geschändet!"

Wie ein Mann stehen die Schwaben, Pfälzer, Bayern, Franken und Isaren zusammen: sie entscheiden sich für Wolfram. Die Meinung, für Ehrbarkeit, Sitte, Recht, Herkommen einzustehen, verbindet sich bei den meisten mit dem instinktiven Gefühl des Neides und Mißtrauens gegen die Abtrünnigen, die augenscheinliche Vorzüge genießen.

Der Groll der Pennäler hatte schon lange an Elias' übertriebener Kleidersorgfalt und Manierlichkeit Nahrung gefunden. Nur bei Wolfram reichten die Wurzeln des Hasses in die tiefen Gründe und Abgründe der Seele.

Der Beschluß der vereinigten Korps ist unabänderlich: sie widerstehen den Lockungen der Sirene - die Anhänger Lolas, die die Farben durch den Umgang mit jenem Weibe geschändet haben, werden aus ihren Verbindungen ausgestoßen.

Zum Hohn erschallt im Chor das Studentenlied: "Frei ist der Bursch ..." Rauh, aber frisch schmettert der Sang. Dem Elias wird es plötzlich, als wehe die würzige, scharfe, freie Luft auf seinem Turm zu Vilseck. Eine Anwandlung - dann ist es verwunden.

Mit einem Anhang von achtzehn Burschenschaftern, die ihren Austritt erklärten, gründen Elias und Hirschberg eine neue Verbindung, die den Titel "Alemannia" führt. Elias wird Senior. Sie tragen die Farben ihrer Dame, karmesinrot-gold-blaue Samtmützen und Bänder, die von der Gräfin gestiftet werden. Als Patronin der neuen Verbindung trägt sie auch für einen feinen Paukwichs Sorge und erweist sich nicht nur ihren Alemannen, die der Witz nachher Lolamannen taufte, sondern auch deren Verwandten und Bekannten gegenüber als freigebige Gönnerin.

Der König stattet die Verbindung später mit allen Burschenschaftsrechten aus, und obgleich die übrigen garantierten Korps den neuen Verein nicht als ebenbürtig und satisfaktionsfähig anerkennen wollen, bilden die Alemannen dennoch eine Studentenelite, wie sie München bis dahin noch nicht gesehen hat. Ihre Reform steht auf dem Grundsatz Überwindung des Pennälers! Wobei freilich verkannt wurde, daß der Pennäler in Deutschland unsterblich ist, ein Fehler, der sich naturgemäß rächen mußte.

Die Eroberung der Universität war nicht gelungen; nur ein verhältnismäßig kleiner Teil war gewonnen worden. Aber die Spaltung war da; in die widerstrebende Masse war ein Keil eingetrieben worden, und das war für den Anfang immerhin ein Erfolg.

Der Studentengesellschaft wegen, die im Gartengrund des neuen Palais, das der Vollendung entgegenging, einen eigenen Klubpavillon erhalten sollte, gab es an Lolas Hof eine Menge Mißvergnügter. Leutnant Nußbaum, der Paris im Raupenheim, schmollte; er war eifersüchtig auf die junge Garde und beklagte sich, daß die Gunst seiner Herrin im Abnehmen sei. Seine Liebe wurde tyrannisch; er hielt stürmisch um ihre Hand an, beschwor sie, mit ihm ins Ausland zu gehen, nach Amerika, zu fliehen irgendwohin oder die Gnade des Königs anzuflehen, daß er den Bund segne. Er hatte Opfer gehäuft ihretwegen: die Braut verlassen, mit der Familie gebrochen, die Karriere aufs Spiel gesetzt; warum, warum, wenn nicht um den einen Preis, der sie wäre? Nun bettelt und droht er und liegt flehend auf den Knien. Unglücklicherweise in einem schlecht gewählten Augenblick; denn es öffnet sich die Tür, und herein tritt unangemeldet - der König! Rasch gefaßt springt Lola auf, in einer Entrüstungspose und mit Worten, die gut studiert und nicht zum erstenmal gebraucht waren: "Ich finde es empörend, mein Herr, daß Sie eine Liebe erzwingen wollen, die Ihnen nicht freiwillig entgegengebracht wird!" "Ich denke", sagt schmunzelnd der König zu dem verdonnerten Leutnant, "die Gräfin hat deutlich genug gesprochen."

"Er hat mir einen Heiratsantrag gemacht", erzählt die Gräfin kokett in ihrer Abendgesellschaft, worauf erst recht auf Kosten des armen Leutnants gelacht wird.

Heinses Kunstroman "Ardinghello" ist damals neuerdings erschienen und viel gelesen. Er liegt auf einem Nebentisch. Berks schlägt eine bestimmte Stelle auf und liest sie mit Beziehung auf die Gräfin vor:

"Ein Frauenzimmer, das schön an Gestalt und Antlitz, ist unklug, wenn es sich das unauflösliche Joch der Ehe aufbinden läßt. Eine Göttin bleibt es unverheiratet, Herr von sich selbst ... Es lebt in Gesellschaft mit den Verständigsten, Schönsten, Witzigsten und Sinnreichsten ... während es hingegen im Ehestand wie eine Sklavin weggefangen worden wäre ... und sich von dem kleinen Sultan selbst, welchem es sich aufgeopfert hätte, verachtet sehen müßte, ohne einem anderen Vortrefflichen seine Hochachtung wirklich auf eine seelenhafte Art, nicht bloß mit Tand und Worten, erkennen geben zu dürfen. Ich werde es nicht weiter auseinanderzusetzen brauchen, ob das Wohl des Staates oder des Ganzen dadurch gewinnt ... O ihr Armseligen, die ihr keinen Begriff von Leben und Freiheit habt und von der Großheit des Charakters! Ihr, die ihr keinen Begriff davon habt, daß dies die reine wahre Lust ist, mit seiner ganzen Person, so wie man ist, wie ein Element, göttlich, einzig unzerstörbar, lauter Gefühl und Geist, gleich einem Tropfen im Ozean durch das Meer der Wesen zu rollen, alles Vollkommene zu genießen und von allem Vollkommenen genossen zu werden, ohne auf demselben Flecke kleben zu bleiben!"

So der Schmeichler, der gut dressiert als hündisch ergebene Kreatur einen artigen Reim auf alles wußte, was der Herrin zu tun gefiel; denn er hatte erkannt, daß dabei sein Weizen blühte, den er bald zu schneiden hoffte.

Anders der Hofbaurat Metzger, der wie einst Berks oder wie Curtius den Liebhaber spielt und als Fäunlein des Musenhofes auf die Söhne Apolls gar nicht gut zu sprechen ist. Darin hält er es mit dem beschämten Jünger Mars. Er setzt die Maske Satyrs auf und flicht einen unartigen Reim um eine boshaft artige Huldigung:

Du sollst in Tanzschuhe die Füße schnüren,
Nur leicht bedecken Deine zarte Brust,
Zwar Männerliebe darf Dich wohl berühren,
Doch Deiner Freiheit bleibe wohl bewußt!
Der Ehering wird Deine Hand nicht zieren,
Wahrscheinlich blüht kein Kind an Deiner Brust,
Doch ruhmvoll wirst Du Dein Geschlecht entknechten
Und Frauenemanzipation verfechten!

Jeder wird auf seine Weise anzüglich oder unverschämt. Das Erscheinen des Königs gibt der Unterhaltung eine Wendung. Hier aber will er gleichsam außerdienstlich verkehren, er glaubt die Anwesenden aufmuntern zu müssen:

"Meine Herren, ich bitte mich in diesem Hause wie einen ihresgleichen zu betrachten! Sie sind Gelehrte, Künstler und Schriftsteller, und Sie wissen, ich nehme auch ein wenig die Feder in die Hand; ich bin in Ihrem Zirkel nichts anderes als, wenn Sie wollen - der Dichter Ludwig von Bayern."

Hier will er von dem leeren Pomp und der kalten Etikette des Hofes und von den Sorgen der Regentschaft genesen, das Los des Königs vergessen, über das er einst in bitterer Klage ausbrach:

Abgewogen, abgemessen
Sei ihm alles, all vergessen,
Daß er Mensch ist; immer kühl,
Soll sein Herz nie höher schlagen.
Einsam, freudlos soll er ragen,
Abgestorben dem Gefühl.

Und indem er beim Abschied der Gräfin herzlich die Hand drückt, dankbar, daß er sich in ihrem Kreis angenehm und lehrreich unterhalten hat:

"Meine liebe Lola, wie glücklich sind Sie, daß Sie einen solchen Hof um sich versammelt haben!"

Sie ist in den Regeln der Liebeskunst zu wohl erfahren, um dem König anders zu erwidern:

"Sire, ich bin glücklich - und Sie sind der Schöpfer dieses Glücks. Oh, wenn ich es Ihnen doch sagen könnte, was in dem Herzen eines glücklichen Weibes glüht!"

Und gerührt der König:

"Also ist in meiner Residenz doch eine glückliche Person, und wohl ihr, daß sie die Macht hat, vielen, vielen anderen von ihrem Glück mitzuteilen. -"

Der diese Abschiedsworte erlauscht hat, ist der Hofbaurat. Von allen treibt er es am schlimmsten. Ein sadistisches Lächeln um die Lippen, wiederholt er: "Wohl ihr, daß sie die Macht hat, vielen vielen anderen von ihrem Glück mitzuteilen ..."

Der Zyniker legt seine eigenen Züge in den Ausspruch. Er ist die Karikatur seines königlichen Herrn, aber die äffische Nachahmung gerät immer ins Gemeine. Auch wenn er sich als Liebhaber versucht - und dann besonders. Und wird frech, weil er verlorenes Spiel hat.

Das Interesse der Gräfin hatte dem Künstler gegolten, mit dem sie monatelang gemeinsam geplant und gearbeitet hat; der Mensch ist ihr widerwärtig, seine klebrige Art ... Nun ist das Palais nahezu schlüsselfertig; er will nicht verstehen, daß er lästig fällt. Um so zudringlicher wird er: "Wie unterhält Sie der König in den vielen Stunden, die er bei Ihnen verbringt, schönste Gräfin?"

"Oh", sagte sie ausweichend, "er liest mir seine Gedichte vor."

"Hm! Sind sie denn schön?"

"Oh, sehr schön! Da!"

Sie weist auf ein neues Geschenk, das ihr Ludwig nach ihrem gestörten Tête-a-tête mit dem Leutnant als Dank für ihre standhafte Treue und Liebe zum König überreichen ließ, eigene Gedichte an Lola auf himmelblaue Seide geschrieben:

Nicht den Geliebten kannst Du betrüben,
Dir fremd sind die Launen,
Mit dem Liebenden nie treibst Du ein grausames Spiel
Weiß es der Liebende gleich, immer doch hört er's erfreut,
Daß geliebt er werde, daß ewig Dein Herz ihm gehöre ...

Mit spöttischem Lächeln liest der Hofbaurat diese Verse auf der himmelblauen Seide.

"Hm! Wie kann man einen so alten Mann lieben?" will er wissen.

"Oh!" versetzt sie rasch. "Der Geist eines Ludwigs bleibt ewig jung!"

"Hm! Seelengemeinschaft also! Und die Studenten? Diese jungen Fante und aufgeblasenen Wichte? Ist Mannesliebe nichts? Bin ich Ihnen nichts, Lolita? Bin ich etwa häßlich, verabscheuenswert, ein Scheusal? Ist mein Gesicht eine Fratze? Bin ich ein ausgemergelter Greis? Ein unreifer Knabe? Bin ich nicht ebenfalls Dichter? Sind meine Verse nicht ebenso schön, wenn nicht schöner? Und ist es nicht Ihr Beruf, teuerste Gräfin, vielen, vielen anderen von Ihrem Glück mitzuteilen -? Soll ich darben zu Ihren Füßen, wo viele, viele andere Erhörung fanden?"

Es fehlte nicht viel, und er hätte Bekanntschaft mit ihrem Dolch gemacht. Die Überrumplung war mißlungen; er hatte sich verrechnet. Er wendete die Sache ins Scherzhafte, zu klug, sich's ernstlich zu verderben. Aber er rächte sich, indem er dichtete:

Ich sing' wohl lieber von Kristall und Spitzen,
Blendend der Schein, Damast und Seide rein -
Kühne Long-Chaises nächst andern weichen Sitzen,
Die hier umstellt in köstlichem Verein.
So war die Herrin denn gebettet flink -
War auch geziert mit schönen Geistesgaben,
Der Weise selbst folgt schöner Augen Wink,
Geschweige Sünder, die solch Sterne laben.
Warum auch nicht Studenten?

Ihr entging Kein Mittel, wie wollte sie Macht gebaren.
Die Leibgard' sollte jung sein und auch schön;
Je lustiger, je mehr war's hier genehm.

Wie ein schmutziger Hemdzipfel sah die Gesinnung des "Dichters" aus den fürchterlichen Versen hervor.

Ein verzerrtes Gegenbild des schlafwandlerischen Königs, den ein holder Sommernachtstraum mit Spuk und Schabernack befangen und den Sinn getäuscht, daß er das Geschmeiß und ekle Gezücht des Sumpfes für freundliche Genien ansah ... Auch er ein Dichter, schwärmender Schöngeist und idealistisch verstiegener Träumer, aus dessen unreinen Reimen jedoch die Reinheit des Menschlichen hervorblickte, der Adel seiner Persönlichkeit, der mit seinen schlechten Gedichten versöhnt und ihnen sogar etwas wie Ewigkeitsgehalt gibtn ...

Feldherrnhalle und Theatinerkirche

Vierzehntes Kapitel

Das Ziel der Wünsche

Alles, was Menschensinn an äußeren Glücksgütern wünschen mag, hatte Lola erreicht. Dazu hatten ihr die Feinde verholfen. Sie lebte verschwenderisch, hatte stets eine gefüllte Schatulle, besaß Silberzeug und Dienerschaft, Equipage und Pferde, eine studentische Leibgarde und einen Anhang von Straßenvolk, eine gräfliche Krone und ein eigenes neues Palais, darin sie wohnte wie eine Prinzessin. Wie eine Märchenprinzessin in glänzenden Zimmern mit Spiegeln, Kristall, Silber und Blumen. Sie hielt schöne seltene Tiere, besonders aber exotische Vögel, die den Wintergarten belebten und deren bunte Gefieder Gleichnisse von leuchtenden Sonnenauf- und -untergängen über südlich blauen Meeren und tropischen Gestaden waren. Über eine gläserne Treppe stieg man in ihren Salon hinauf und in ihre Wohnräume, die mit den Erlesenheiten aller fremden Länder erfüllt waren. Der Putztisch glich einem Thron, jedes Strumpfband einem Diadem. Der Höhepunkt ihrer Macht. Sie war die interessanteste und einflußreichste Persönlichkeit des Landes; sie stand der Politik fern, und dennoch bestimmte ihr Wille den Kurs. Kein Minister war mächtig genug, entgegenzusteuern; wer nicht an Lolas Hof erschien, fiel in Ungnade.

Die Feinde lagen in der Tiefe zerschmettert; groß und gesichert stand sie da. Und doch von innerer Unrast getrieben, die sie nicht ruhen ließ. War es Furcht? War es Unersättlichkeit?

Groß und gesichert stand sie da, wie eine Königin - auf wie lange? Das war die Pein. Königin! Das war ein zauberhaftes Wort. Es klang wie ein altes Märchen, sie schlief damit ein und wachte damit auf und träumte es fort. Alte Märchen lügen nicht. Sie sind der Dichtermund der Wahrheit, und die Geschichte wimmelt von solchen Beispielen ...

Der ungeheuerliche Gedanke war erwacht. Was Wunder? Der Rausch, den die Erfolge erzeugten, war zu Kopf gestiegen und übersah die Schranken. Die Grafenkrone - was schien sie? Ein Übergang, eine Brücke zu einer höheren Krone.

Königskrone!

Dieses Wort hat erst den rechten Klang.

Der Wille der Nation, des Volkes, wo spricht er am deutlichsten?

In der Hauptstadt? Die Stadt ist nicht die Nation.

Und wenn er in der Stadt nicht zu erfragen ist, wo erfährt man ihn, den Willen des Volkes? Wer macht ihn?

Das Land, das Land! Mußt das Land fragen! Dort wird das Schicksal des Reichs geschmiedet, dort wächst dieses geheimnisvolle, unwiderstehliche, mächtige Etwas, das man den Willen des Volkes nennt, dem sich die Herrscher, die Regierungen, die Machthaber, die Städte beugen müssen!

Der König erfährt den Willen der Nation auf seiner Sommerreise nach dem Bad Brückenau, wo er schon in der Jugend am liebsten verweilte.

Von dort aus schreibt er an seinen Sekretär Kreuzer: "Mit meinem Empfang auf der ganzen Herreise war ich sehr zufrieden. In Mittelfranken, wie nie früher, innig, freudig begrüßt."

Wohin er kommt, jubelt ihm das Volk in aufrichtiger Begeisterung zu.

Er schreibt darüber einige Zeit später: "Wie noch nie, in Kissingen gestern empfangen worden, wie ich denn überhaupt in der Meinung durch den Ministerwechsel, und was seitdem geschah, sehr gewonnen!"

Eine neue Genugtuung bringt ihm im August 1847 ein Abstecher in die Pfalz. Diese Provinz hatte durch Unruhen, die schließlich zur Verhaftung und Verurteilung Behrs führten, früher viel zu schaffen gemacht. Ludwig drückt seine Freude über die veränderte Stimmung in der Sprache des Souveräns aus: "Überrascht, freudig überrascht war ich in der Pfalz von in Augenschein genommener jubelnder Begrüßung!"

Auch die Gräfin Landsfeld reist ins Bad nach Brückenau. Zur selben Jahreszeit. Berks ist Reisemarschall. In einem zweiten Wagen sitzt ein Gendarmerieoberst mit zwei Unteroffizieren. Der König besteht darauf, daß sie unter Bedeckung reist. Die Vorsicht will ihr gar übertrieben erscheinen. Aber sie lernt bald einsehen, daß es eine kluge Maßregel war. In allen Orten und Städten ist sie der Gegenstand einer oft recht lästigen Neugierde; ihr Name hat das Volk elektrisiert.

Sie will die größeren Städte unterwegs genauer besichtigen und die Reise da und dort unterbrechen. Ihre Begleiter raten ab, "die Stimmung sei nicht freundlich".

Aber die Gräfin hat Äußerungen vernommen, die dieser Ansicht widersprechen.

"Das ist sie, die uns von den Jesuiten befreit hat."

"Wär' sie nicht gekommen, wir säßen noch im Dr ...!" hört sie einen Bauer aus der Würzburger Gegend sagen.

Dazwischen gab es freilich auch Worte, die weniger schmeichelhaft waren. Sie denkt: Das Volk nimmt es nicht so genau, im Grunde ist es nicht so bös gemeint. Und eigentlich müßte es ja auch dankbar sein.

In Nürnberg geht es leidlich. Obwohl sie kein rechtes Behagen findet. Das liebe Mittelalter blickt über die grünenden Mauern; das Leben drinnen ist eng und kleinlich, aber groß ist der mystische Gedanke der Kunst, der wie ein heimliches Licht die altersschwarzen Steine erhellt. Ein Kehrichtfaß und eine Rumpelkammer erscheint ihr die Stadt, nüchtern angesehen, und die Menschen sind nicht nach ihrem Geschmack.

Wie anders Würzburg und Bamberg, dieser steingewordene üppige Traum des achtzehnten Jahrhunderts, dieser Sinnenkult kirchlicher Residenzen mit steinernen Göttinnen, Nymphen und Faunen in fürstlichen Gärten, Schauplätze galanter Idyllen im Stil Bouchers und Watteaus! Aber der Traum ist aus, die Haine sind entgöttert, der olympische Frühling ist dahin! Die Melancholie sitzt auf den verwitterten Stufen. Im übrigen schleicht ein kleines Leben. Viel Buße und Kirchengängerei. Jäher Schreck erfüllt die Gräfin, als sie in den Fenstern der bischöflichen Residenz zu Bamberg das Gesicht des geheimnisvollen Fremden erblickt, dessen Besuch ihr noch immer in klarer und schreckhafter Erinnerung ist. Diese starr lächelnde fromme Maske mit den satanischen Zügen!

Zugleich ist Geschrei hinter dem Wagen, ein Pöbelhaufen ist hinterher: Kot, Steine, unflätiger Schimpf. Der Kutscher schlägt in die galoppierenden Pferde; die Verfolgung setzt erst aus, als die Stadt weit hinten liegt. Mit dem Aufenthalt in dieser ungastlichen Stadt wird es nichts.

Sie hat keine Angst vor dem Pöbel, obschon er sie am Leben bedroht; nur vor dem geheimnisvollen Fremden empfindet sie eine unbestimmte Furcht. Schon seit dem Tage, da sie ihn zum erstenmal sah. Er erscheint als Verkörperung der ungeheueren und schier unfaßbaren Macht, die sich nun einmal gegen sie verschworen hat, und die immer hinter den Dingen steht, die sie bedrohen. Er ist fast ein symbolisches Zeichen; sie bildet sich ein, daß es Unglück bedeutet.

Unterwegs nach Würzburg ist es nicht viel besser. Die Bauern der Umgebung hatten sich zusammengerottet und waren mit Knütteln hinter dem Wagen her, "den Vampir" zu töten, "der die vielen Steuern frißt".

Auch in der Stadt gibt es Ärger und Streit. Die Sache sinkt obendrein ins Lächerliche und Banale. Sie zankt mit einer Schildwache herum, die ihr den Eintritt in einen öffentlichen Garten verbietet. Der Vorwand dazu ist ihre Dogge, die große, schöne Box. Die Leute sind auf der Seite der Schildwache. Ein Bürger von einigem Ansehen vermittelt. Der Oberlehrer einer Mädchenschule.

"Kennen Sie mich nicht mehr, Frau Gräfin?"

Wer hätte auch in dem ordentlich aussehenden Mann den verwahrlosten und vertriebenen Lehrer Thom, Handlanger und Erdarbeiter beim Donau-Main-Kanalbau von damals, jetzigen Direktor Thomas Dieter, sofort erkennen mögen?!

"Ein Mensch, der sich dankbar zeigt für empfangene Wohltaten oder Gefälligkeiten!" rief die Gräfin. "Ich erlebe es zum erstenmal! Vielleicht gar auch zum letztenmal! Es ist so selten!"

Sie ist froh, sich mit einem Menschen aussprechen zu können, der Land und Leute aus dem Alltag heraus kennt.

"Warum haßt und schmäht mich das Volk? Ich habe ihm doch nur Gutes getan. Ich habe es von einem drückenden und verderblichen Pfaffenjoch befreit, obzwar es mein Vorteil gewesen wäre, es mit den Jesuiten zu halten."

Thom Dieter wies auf die geheime Wühlarbeit hin, die in den niederen Schichten und besonders bei den Frauen viel Erfolg hätte.

"Was ich besitze", fuhr sie fort, "teile ich gern mit Bedürftigen, was will man mehr? Daß die Frauen gegen mich sind? Ja, lieber Thom Dieter, hätten eure Mädchen und Hausfrauen das Jesuitenregiment gestürzt? Hätten eure Männer und Landtage es vermocht? Nun also! In Wahrheit habe ich nur zwei Feinde, die mich unerbittlich verfolgen", schloß sie, "der eine schon mein Leben lang, der andere, seit ich in Bayern bin. Der Neid und die Jesuiten!"

Der Neid und die Jesuiten! Auf der Höhe ihrer Macht sah sie den Abgrund, der sich unter ihr auftat. Der Feind in der Tiefe war nicht zerschmettert - er war vielmehr recht rührig und legte still und unverdrossen Mine um Mine ...

Sie hatte das offene Land um den Willen des

Volkes befragen wollen - das Land hatte ihr Bescheid gegeben.

"Der Wille des Volkes - bin ich!" sagte der König, obgleich ihn die Schilderung des Hasses düster und traurig stimmte. Sie sah es und verstand, daß der Augenblick von ihr den höchsten Einsatz verlangte und daß es hieß: alles verlieren oder alles gewinnen. Und sie wagte entschlossen das Spiel, indem sie alles hinwarf:

"Sire, lassen Sie mich ziehen!"

Betroffen faßte sie der König an beiden Händen. "Das Volk haßt mich - und ich will nicht zwischen Ihnen und der Liebe dieses Volkes stehen. Ich bin zur Rastlosigkeit verdammt; es ist mein Schicksal, heimatlos zu wandern bis an mein Ende. Lassen Sie mich gehen, freiwillig - ehe ich muß -"

"Lola!"

"Ja, Sire, ehe ich muß! - Es ist nichts so bitter, als unter Sturmglocken und Kanonen flüchten müssen - ich habe keine Furcht, nein, nein! - Ich würde auch vor Dolchen und Bajonetten nicht weichen - ich würde nur gehen, wenn Sie es verlangen - und Sie werden es verlangen, Sire - darum entlassen Sie mich jetzt!"

Sie hatte alles auf die eine Karte gesetzt - und

hatte die Karte gewonnen. Sie sah das Beben des alternden Königs, den siedenden Schmerz und die flehende Angst in seinem Blick - und sie wußte, daß die Zukunft ihren ehrgeizigsten Plänen hold war.

"Sturmglocken und Kanonen -", rief der König, "träumen Sie?"

"Ich träume vielleicht; wir Frauen haben oft -"

"Furcht, Lola, Furcht!"

"Nein, Sire, Mut! Mehr Mut als Kräfte; mehr Mut sogar als Überlegung - aber wir Frauen haben die Gabe der Seher und blicken in die Zukunft …"

"Und Sie fürchten also -"

"Sire, ich fürchte nichts solange Sie bei mir sind!"

"Und Sie bleiben in München, Sie bleiben bei mir - ich lasse Sie nicht!"

"Ich bleibe -", sagte sie sinnend, "solange …"

"Solange?"

"… ich will."

Küsse verschlossen ihren Mund.

Fünfzehntes Kapitel

Das Ministerium der Morgenröte

*B*efreiung vom Ultramontanismus war der Grundcharakter der Reformen. Ältere Verordnungen wurden aufs neue eingeschärft, die das Nonnenwesen betreffen und für die Ablegung des Gelübdes ein reiferes Alter vorschreiben. Die Missionen wurden unterdrückt, die Kanzelberedsamkeit überwacht und den Priestern verboten, sich mit Politik zu beschäftigen nach den Worten des Herrn: "Mein Reich ist nicht von dieser Welt!"

Dagegen erhoben die klerikalen Organe die heftigsten Anklagen gegen die Regierung.

Schüren und schüren.

Und lästerten über das "Wiederauftauchen des Prinzips der alten Majestätsrechte, dieser Häresie der letzten Jahrhunderte, an der Fürsten und Völker sich berauschten".

Und verbündeten sich mit dem rohen und plumpen Radikalismus der dreißiger Jahre, der den Volksmann Behr zum Frankenkönig erheben wollte. So geschehen während der Unruhen in der Pfalz und in Franken in der Vor-Abelschen Zeit unter Wallersteins freisinnigem Regime ... Die Führer der damaligen Bewegung, Behr und Eisenmann, schmachteten seither in Kerkerhaft in Passau. Maurer erkannte, daß die politische Entwicklung über jedes System, das sich den Forderungen der Zeit widersetzte, hinweggehen würde: seine erste Regierungshandlung war die Befreiung der Volksmänner Behr und Eisenmann. Die jubelnde Begrüßung des Königs in der Pfalz und in Franken auf der Badereise nach Brückenau hing mit dieser Begnadigung zusammen. Kaum waren Behr und Eisenmann aus ihrer Haft entlassen, so setzten sie ihre politische Wirksamkeit wieder ein und verkündeten:

"Der König von Bayern ist berufen, an der Spitze der freisinnigen Bewegung in Teutschland zu stehen, um ein einiges starkes Teutschland gründen zu helfen."

"Ich war", erklärte Eisenmann, "und bleibe aus Gefühl und Überzeugung ein treuer Anhänger der konstitutionellen Monarchie mit allen ihren Konsequenzen."

Ton, Sprache und Gesinnung hatten sich geändert, obgleich derselbe Gedanke schon in dem ungeklärten Radikalismus der dreißiger Jahre steckte. Die Einigkeitsidee, einmal auf die Welt gebracht, konnte in Deutschland nicht mehr sterben; seit der Abschüttelung des napoleonischen Joches tauchte sie aus allen Verworrenheiten der Freiheitskämpfe und Revolutionen, aus dem Zank und Streit der Partei immer wieder auf, klarer und leuchtender als je. Freund und Feind sahen in Ludwig I. den künftigen Vollender des Imperiums.

Wie grell stach gegen die Besonnenheit der ernsten demokratischen Führer der neue, gehässige Radikalismus der ultramontanen Partei ab, die anscheinend in dieselbe Kerbe schlug. Jetzt aber machte sie die Politik der Straße.

Der zweitwichtigste Regierungsakt des Ministeriums der Morgenröte war die Einberufung der Landstände. Der Wille des Volkes sollte gehört werden.

Dazu war der Landtag.

Reformen im Justiz- und Verwaltungswesen wurden durchgeführt, die Rechtspflege auf das Prinzip der Öffentlichkeit und Mündlichkeit gestellt. Dagegen wurden die Geschworenengerichte von Ludwig verworfen. Ebenso ablehnend verhielt er sich gegen die Vorlagen Maurers über

Ausbildung des Pressewesens und Aufhebung der Zensur.

Dagegen hatte das wirtschaftliche Programm seine Zustimmung: Bau von Eisenbahnen, Beschaffung der nötigen Summen durch Neubesteuerungen und Erhöhung des Zinsfußes.

Nur zum Zweck dieser Genehmigung dachte sich Ludwig die Einberufung des Landtags im September 1847.

Aber die Zukunft pochte schon mit ehernen Fingern und wollte über die Schwelle; da half kein Türverschließen gegen die stürmischen Beschwerden und Forderungen der andrängenden neuen Zeit. Bittere Klagen wurden über die Zustände der Unterdrückung laut, die das vorige Ministerium Abel geschaffen hatte; über die Freigebung des Wortes waren alle Parteien einig.

Der Wille des Volkes - Maurer war klug und umsichtig genug, ihm beizeiten zu gehorchen.

Nur zögernd und im kleinen gab der König dem Drängen nach; einige Zensurerleichterungen wurden vorderhand zugestanden.

Als die Landstände wieder heimgingen, gab es lauter Unzufriedene. Sie hatten neue Lasten bewilligt, wie zeitgemäß auch die Zwecke waren; aber ihre eigenen Forderungen auf konstitutionelle Änderungen waren unerfüllt geblieben: sie kamen gleichsam mit leeren Händen zurück.

Der Minister war unzufrieden mit dem König, der den Ruf der Zeit nicht hören mochte, und der König war unzufrieden mit dem Minister, weil er die Kammer nicht auf den Standpunkt eines "einfachen Postulaten-Landtags" im Geiste absolutistischer Auffassung zurückgedrängt hatte.

Persönliche Motive spielten mit.

Allzu redeselig wurden von dem neuen Ministerium die Fehler der früheren Regierung der Öffentlichkeit preisgegeben und dadurch, wenn auch unabsichtlich, eigentlich der König bloßgestellt.

In den Kammerreden fiel überdies die herbe und rücksichtslose Kritik auf, die von allen Parteien an gewissen Zuständen geübt wurde. Man schonte zwar die Minister, die persönlich achtbar erschienen, zielte aber um so schärfer auf die Gräfin und ihren Anhang und sogar auf den "alten verblendeten Mann, dem ein Weib mehr galt, als die Ehre seiner Familie, als die Sicherheit der Krone, als die Ruhe und Wohlfahrt des Volkes ..."

Von den Anhängern der Abelschen Partei persönlich angegriffen und der Unterrockpolitik verdächtigt, konnte Maurer selbstbewußt erklären, daß er der Freundin des Königs nie auch nur den geringsten Einfluß auf seine Regierung gestattet habe.

Ludwig war erzürnt über die Minister, die ihn nicht zu decken vermochten, und die Gräfin war wütend über Maurers Äußerung, obwohl sie glauben machen wollte, daß sie mit der Politik nichts zu schaffen habe. Ihre Eitelkeit war verletzt; außerdem war Maurer nicht ihr Freund, trotzdem er das Indigenatspatent unterzeichnet hatte.

Der König besaß nur noch diesen Maßstab für jemandes Treue und Anhänglichkeit, ob er bereit sei, in gesellschaftlichen Verkehr mit seinem Günstling zu treten oder nicht.

Die neuen Minister hatten es beharrlich abgelehnt.

"Wenn Sie eingeladen werden, wo der König ist", erklärte Ludwig schließlich seinem Vertrauten, "und wenn Sie dann doch nicht erscheinen, so sieht dies der König für Beleidigung gegen ihn an, und ein solches Benehmen zieht des Königs Ungnade nach sich."

War noch zu zweifeln an der politischen Machtvollkommenheit der Gräfin, obgleich sie sich äußerlich nicht im geringsten um die Politik zu kümmern schien? Ja, die Geschicke des Landes hingen dennoch von ihr ab. An der heimlichen Königin, deren angemaßte Hoheitsrechte verletzt schienen, mußte das Ministerium scheitern. Es wurde abgedankt.

Die Meinungsverschiedenheit über den Landtag war nur der äußere Vorwand der Ungnade.

Die Morgenröte zerfloß.

Kein heller Sonnentag sollte folgen.

Eine trübe frostige Winternacht brach an.

Jagdschloß Blutenburg

Sechzehntes Kapitel

Lolaministerium ...

Für Berks war der Weizen schnittreif; der Günstling der Gräfin wurde Kabinettschef, Staatsminister, Ratgeber des Königs. Auch Fürst Wallerstein, Minister der Vor-Abelschen Periode, erhielt wieder ein Portefeuille.

Das Programm der neuen Regierung war ein entschlossener Vorstoß im liberalen Sinne der Zeit und schien ernst und gut gemeint.

Damit die Ultras nicht eine Änderung des Systems in ihrem Sinne erwarteten, wurde rasch eine freisinnige Studienordnung an der Münchener Hochschule eingeführt und verfügt, daß keiner der aus der Schweiz verbannten Jesuiten sich länger als einige Tage in Bayern aufhalten dürfe.

Hier war die Hand der Gräfin zu spüren, die den Schlag gegen eine fromm lächelnde, satanische Maske führte. Traf er, oder ging der Schlag ins Nichts?

Das politische Glaubensbekenntnis des Kronrates war jedenfalls danach angetan, ein freudiges Echo zu erwecken: "Daß nur eine wahrhaft freigesinnte, auf vollkommen gerechte Tatbeweise sich stützende Regierung Bayerns Aufgabe nach innen wie auch im deutschen Staatenkomplex und nach außen lösen könne."

Auch Wallerstein bemühte sich eifrig, die modernen Ideen in die Staatsverwaltung einzuführen, eine Vermittlung und Aussöhnung der Parteigegensätze im Lande anzubahnen und dem bayerischen Staat die hervorragende Stellung in Deutschland zu sichern, die dem Lande vom Geist der Entwicklung angewiesen schien. In ruhigeren Zeiten wäre ihm dies vielleicht gelungen; aber die Gemüter waren voll Gärung und geheimem Aufruhr, die Ereignisse warfen drohende Schatten voraus.

Als Morgengabe gleichsam brachte der neue Minister den Parteien, was sie am heftigsten begehrten: die Freigebung des Wortes, d. h. die Aufhebung der Zensur über die Besprechung innerer Landesangelegenheiten laut königlicher Verordnung vom 16. Dezember 1847.

Aber selbst dieser Akt der Liberalität konnte dem neuen Ministerium nicht das Herz der freisinnigen Parteien gewinnen. Die Entlassung des

Ministeriums Maurer und die Erhebung Berks befestigte in der Öffentlichkeit die Meinung, daß der Staat ein Spielball für die Launen der Begünstigten geworden sei. In allen Kreisen griff die Aufregung um sich; es war nicht mehr der Widerstand einer einzelnen Partei, sondern die Stimmung der öffentlichen Meinung, die sich drohend erhob.

Der Wille des Volkes ...

In jeder neuen Regierungshandlung, wie gut sie auch gemeint sein mochte, erblickte man jetzt ein Danaer-Geschenk. Es wurde dem Kabinett nicht verziehen, daß es seine Entstehung einer Kombination der Gräfin verdankte, und daß es sich anscheinend ihre Einmischung in die Regierungsgeschäfte gefallen ließ.

Zu oft sah man ihre Karosse vor dem Ministerium des Innern stehen; die albernsten Dinge dienten den niederen Instinkten der Bevölkerung als Vorwand zum Spott oder Haß: man hatte Berks beobachtet, als er das Schoßhündchen der Gräfin nachtrug, und nannte ihn Hundeträger und H...minister. Man hatte die Gräfin Zigaretten rauchend in den Fenstern des Ministerialgebäudes bemerkt; sie hatte stundenlange Beratungen mit dem Mätressenminister.

Staatsgeschäfte!

Die Gewährung der Preßfreiheit, durch den Zeitgeist bedingt und wohl kaum aufzuhalten, sollte die Stellung des neuen Ministeriums befestigen. Die Tat war kühn, aber gefährlich. Obschon unvermeidlich, erwies sie sich als Fehlgriff. Das Volk sollte wieder ins politische Leben eintreten, die geistigen Kräfte den gebührenden Anteil nehmen an der Gestaltung der Dinge. Schön gedacht! Aber die Magd, das war die Presse seit zwei Jahrzehnten, ward Tyrannin, als sich die Bande lockerten; aus dem feilen Servilismus erwuchs ebenso roher als nebelhafter Radikalismus, und die zweifellos auch vorhandenen edlen Ideen versanken in dem Schmutz, der zutage drängte und alle guten Bestrebungen erstickte. Als wären die Kloaken übergelaufen, so ergoß sich der Unflat ...

Die trüben Fluten wälzten sich vor allem über die Urheber der neuen Freiheit, Berks und seinen Anhang. Sie mußten es durchhalten.

Die Sündflut über sie!

Der Kampf gegen den Absolutismus - die Flammenzeichen mehrten sich an dem europäischen Horizont.

Die Demokratie wollte sich in schweren Wehen entbinden; das Lolaministerium kam ihr mit großer liberaler Geste entgegen, verfing aber nicht - ihren ersten Brand schleuderte die schwerfällig sich erhebende Demokratie gegen ihre unmittelbaren dienstbeflissenen Geburtshelfer: Lola und deren Freunde ...

Das war die Formel, die der politische Kampf in Bayern gefunden hatte: Lola Montez ...

Ein Weib als Zielscheibe der Revolutionäre! Konnte es eine albernere Revolutionspartei geben, als diese Helden, die mit der roten Fahne gegen ein Weib auszogen?

Aber diese Freiheitsmänner, die das königliche Tanzidyll dem Spott und Gelächter preisgaben, wußten genau, daß sie damit die absolute Monarchie der Verachtung auslieferten - Lola angreifen bedeutete darum für sie: das System angreifen, den Absolutismus der mächtigsten Stütze berauben, nämlich der abergläubischen Ehrfucht, die dem Pöbel trotz allen fürstenfresserischen Geredes tief in Fleisch und Blut saß; kurz, in Lola Ludwig zu treffen, in Ludwig den Absolutismus: das war die Taktik, der alle sonst so uneinigen Parteien halb unbewußt gehorchten. Kühner, drohender, wilder werden die öffentlichen Anfeindungen. Täglich bringen die Zeitungen neue Märchen über die schöne Gräfin. Boshafte Karikaturen in Schrift und Zeichnung werden verbreitet, satirische Flugblätter, zuerst heimlich verbreitet, dann offen, die reißenden Absatz finden.

Die Karikatur erweist sich als Sicherheitsventil für die Hochspannung der Volksleidenschaft, man ist befreit, weil man lachen kann. Dabei verfehlt sie nicht die Wirkung als blutige Geißel und Haßerreger - eine gefürchtete Waffe - in den Zeiten politischen Kampfes ...

"Die neue Ariadne", aber nicht auf "Naxos", sondern auf "Box", ihrer großen, gefährlichen Dogge, so wird von Zeichnerhand die Gräfin gezeigt, bloß mit einem Spitzenschleier angetan, die Reitpeitsche in der Linken ...

In dem Wust von Karikaturen manches Blatt von Künstlerschaft, wenngleich anonym, doch in Verbindung mit Namen, die dem König nahestehen: Schwind zeichnet und erzählt in den "Fliegenden" ein Märlein von der Katze Mausbeisia mit versteckten Anspielungen auf die Freundin Ludwigs; Wilhelm Kaulbach versteigt sich sogar zu einem satirischen Ölgemälde "Die Zauberin", einem lebensgroßen Bild, das Lola Montez mit einer Schlange um den üppigen nackten Leib und einem Giftbecher in der Hand zeigt.

Davon hat der König erfahren; er stürzt in das Atelier auf seine bekannte, rasche Art und ruft dem verdutzten Künstler zu: "Kaulbach, was höre ich, was haben Sie gemacht? Das ist eine Beleidigung gegen mich! Das wird Ihnen die Gräfin gedenken, warten Sie nur!"

Ohne das Bild gesehen zu haben, ist er schon wieder hinaus.

Es währt nicht lange, so wird die Tür von neuem jäh aufgerissen: die Gräfin, die Dogge, der König.

Der Neufundländer des Künstlers schießt hinter der Staffelei hervor, die beiden Bestien verbeißen sich und fahren in den Hof hinaus. Lola saust in Angst und Zorn hinter ihrer Dogge drein, der König ihr nach und hinter ihnen Kaulbach. So findet der bedrohliche Auftritt ein lächerliches Ende. Die beiden Hundebesitzer haben Mühe, ihre Biester auseinander zu bringen, und der Zorn, der auf des Künstlers Haupt niederfahren sollte, hat sich an den Hunden erschöpft.

Dennoch blieb dem Künstler seine Kühnheit unverziehen, obwohl er sein Bild nie an die Öffentlichkeit brachte.

Ein Tag, der nichts über die Gräfin vermeldet,

ist nicht gelebt. Eine Skandalnotiz über sie gehört zum täglichen Brot, es fehlt sonst etwas zum vollen Behagen und besseren Menschentum.

Im Theater werden ihre Diamanten gezählt und bewertet. Der Schmuck, den sie neulich trug, wird auf sechzigtausend Gulden geschätzt. Dazu ein Feenpalast, schweres Silbergeschirr, die fürstliche Lebensweise - man zeigt mit Fingern -, der Schweiß des ausgesaugten Landes also an Mätressenwirtschaft verschwendet! Weinerlich geht die Jeremiade fort. Nach ihren Launen müßten Minister, Staatsräte und das ganze Land sich fügen; Gendarmerie und Militär schienen bloß ihretwegen da zu sein; ihretwegen seien die besten katholischen Professoren von der Universität entfernt worden, fürs Volk aber geschehe gar nichts!

Nun wird schwarz in schwarz gemalt: rückständige Gehälter, um die Tausende von Beamten vergeblich petitionieren; die Not des niederen Gewerbes (zwar durch den Zollverein verursacht, der die Konkurrenz verschärfte auf Kosten der industrielosen, an die vielen Feiertage und an Wohlleben gewöhnten Bayern, die den veränderten Verhältnissen zunächst nicht gewachsen schienen - doch muß es die Gräfin verantworten), die Lasten, die den Bauernstand bedrücken; die kostspielige, immerfort Geldopfer verschlingende Förderung unhaltbarer dynastischer Interessen in Griechenland - der philhellenische Ludwig I. hat den Griechen einen Wittelsbacher Prinzen, seinen zweitgeborenen Sohn, zum Herrscher gegeben, Otto, König der Hellenen; an allem und jedem ist die Gräfin schuld! Für alles, was faul ist, muß sie herhalten. Sie ist der Inbegriff aller Übel.

"Wenn die Dolores weg sind", spottet mit Beziehung auf den Namen Maria Dolores Porris y Montez der Kasperlkomödiendichter und Kinderfreund Graf Pocci in den "Fliegenden Blättern", die damals eine politisch satirische Mission hatten und die kranke Bavaria trösten wollten, "dann hören die Schmerzen von selber auf."

Bald aber gehen die Sittenwächter auch mit Ludwig ins Verhör, "der es doch sonst immer verstanden habe, sein Herz von seiner Börse und seinem Szepter fern zu halten". Sein Sündenregister ist voll. "Die Verschwendungen des Königs an Bauwerke, die keine Kunstwerke sind, an Mätressen und tote Sammlungen ständen in grellem Widerspruch mit der widerlichen Knickerei bei allen Gegenständen, die sich auf das Gemeinwohl, auf die Zivil- und Militärbeamten, mit einem Wort auf das wirkliche Leben beziehen."

Auf die Zivil- und Militärbeamten - das wirkliche Leben!

Minister Berks geht die Sache zu Herzen, er zittert um seine Position. Die Gräfin sieht ihm scharf auf die Finger: sie weiß, daß ihre Kreatur ihr nur zum Schein ergeben ist; sie hält die Zügel fest - er ist bloßes Werkzeug in ihren Händen.

Wieder steht die Karosse vor dem Ministerium, die Gräfin weilt lange im Arbeitszimmer des Kabinettschefs.

Staatsgeschäfte!

Mit heimlicher Perfidie legt er ihr die Zeitungsausschnitte mit den Schmähartikeln vor:

"Der Neid und die Jesuiten!" ruft sie, indem sie die Drucksachen zu einem Haufen übereinander wirft.

Er zuckt die Achseln.

Seine Ermahnungen zur Geduld, zur Klugheit und Zurückhaltung, wenn auch mit List und zarter Vorsicht beigebracht, erfüllen sie mit Unwillen.

"Erfordert ein kleiner Schoßhund, einige Bediente und eine Equipage so viel Aufwand, daß die Leute dem König vorhalten dürfen: Sire, diese Frau ist ein teueres Kabinettstück, um dessentwillen das Land an den Bettelstab kommt?"

Über Volkswirtschaft hat sie die Anschauung einer richtigen Kurtisane, die lebt und leben läßt:

"Der König weiß, daß ich verschwenderisch lebe; ich mache ihm kein Hehl daraus. Er sorgt dafür daß meine Kasse stets gefüllt bleibt. Hat sich das Land deshalb zu beklagen? Verwende ich nicht den größten Teil des Vermögens für die Armen und Leidenden? Kommt durch meinen Aufwand nicht Geld unter die Menschen? Verdienen nicht alle an mir? Wahrhaftig, eine Atlasrobe und ein Silberservice kann ein Land wie Bayern doch nicht mit Schulden belasten -"

Der Minister will sie beruhigen, sie läßt ihn aber gar nicht zu Wort kommen. "Ja, wenn ich den König zu überreden versucht hätte, das Heer zu vermehren, damit Bajonette genug zum Schutz gegen Aufruhr vorhanden sind! Aber nichts von alledem! Sie sehen es selbst ein, gut also. Aber dann beweisen Sie doch den treuen Ständen, daß der König einer zweiten Macht Europas, der König des dritten Thrones in Deutschland nicht zu arm ist, um einer Freundin einen Palast zu unterhalten, oder einer Dame die Bedürfnisse ihres Standes oder ihrer Neigung zu gewähren!"

Sein bittersüßes Lächeln reizte sie.

"Wozu sind Sie denn Minister geworden, wenn Sie das nicht können?

"Pardon!" wollte er sagen, aber sie fuhr ihn schon wieder herrisch an:

"Man hat über Verschwendung geklagt und dem König vorgeworfen, daß er Paläste verschenkt, Pensionen zahlt und Geld nach Griechenland schickt. Und Sie, Herr Minister, wissen nicht, welche Antwort den Lästermäulern gebührt? Ist etwa Ihrer Meinung nach der König seinen Untertanen Rechenschaft schuldig über die Verwendung seines Privatvermögens? Hat er jemals Staatsgelder für seine persönlichen Zwecke verwendet? Nein, Herr Minister, seine Privatschatulle allein hat die Kosten getragen; mit eigenen Mitteln hat er die Stadt in ein Kunstwerk verwandelt und den Bürgern einen ungeheuren Wert geschenkt, den erst die Nachwelt voll ermessen wird. Darum klagt ihr ihn der Verschwendung an?"

Beschwörend erhob der Minister die Hände.

"Warum, Herr Minister, sagen Sie das den Undankbaren nicht? Warum dulden Sie den Schimpf? Die Münchener mögen vor der eigenen Türe kehren: könnte man ihnen nicht ebensogut beweisen, daß die Nationalgarde der Münchener überflüssig und daher Verschwendung ist, und daß die Mittel zu ihrer Unterhaltung besser für andere Dinge angewendet würden? Und was meinen die wackeren Herren, wofür der König sein ansehnliches Einkommen Taler auf Taler legen und bereithalten soll?"

Sie gab selbst gleich die Antwort darauf, indem sie höhnend fragte:

"Für Schmarotzer, die um so unverschämter werden, je mehr sie erhalten?"

Und weil sich dem Minister noch immer nicht recht die Zunge löste:

"Oder für Nachtmützen, Nationalgarden und Jesuiten?"

Und noch diesen letzten Stoß einem hilflos nach Worten Schmachtenden:

"Oder für bayerisch Bier?"

Nach dieser Lektion, die dem gehorsamen Knecht wieder die Peitsche zu kosten gegeben, verläßt sie das Ministerium, mit dem befriedigten Herrschergefühl, daß für diesmal die politischen Angelegenheiten wieder in Ordnung gebracht sind.

Die Staatsgeschäfte!

Siebzehntes Kapitel

Neujahrstag 1848

Europa gleicht einem grollenden Vulkan; man hat das Gefühl, auf dem Nacken eines schlafenden Löwen zu ruhen, der erwachen will. Man lächelt sich Mut zu und versichert einander: Es ist nichts! Kein Grund zur Befürchtung!

Großer Empfang bei Hof; noch größerer Empfang bei der Gräfin, fast nicht weniger offiziell: ein fürstliches Kommen und Gehen; Aristokraten, inhaltslos und feierlich, hohe Würdenträger und ehrgeizige Politiker, Volksvertreter und Demagogen, höfisch gewandt und manierlich, Künstler, etwas lächerlich in dem Staatskreis, Emporkömmlinge, Geschäftsleute wie Meyerhofer und Konsorten, steif und dumm, sonst dreist und pfiffig; halbe Worte, halbe Versprechen, Komplimente, Verneigen, verbindliches Lächeln, Beglücktheit und zuinnerst das halbverlöschte Bewußtsein: alles Komödie! Ein Tanzidyll auf dem Nacken des schlafenden Löwen!

Eine Staatskomödie um eine Kurtisane, die einer Königin an Macht gleichkommt und den Hof in Schatten stellt!

Sie blickt in die Gesichter der feilen katzenbuckelnden Höflinge, deren Augen aufleuchten, wenn sie ein paar Worte an sie richtet, und die hinter ihr und hinter dem König die Stirne kraus ziehen:

"Fröhlich, meine Herren, fröhlich! Eine Frau will euch Mut machen, der Zukunft heiter und zuversichtlich ins Antlitz zu sehen; sie bringt allen die Erfüllung ihrer Herzenswünsche!"

Sie liest die abtrünnigen und falschen Gedanken hinter dem Lächeln des Berks und der anderen Schmeichler, aber sie fürchtet den Verrat nicht, obschon alles Lüge um sie ist.

Sie hat Mut und ist entschlossen, den Fuß fest auf den Nacken des Löwen zu setzen, der leise seine Mähne schüttelt.

Fest entschlossen, diesen Putztisch in einen wirklichen Thron zu verwandeln, aus dem diamantenbesetzten Strumpfband ein Diadem zu flechten und diesen Fächer, den sie krampfhaft in ihren Händen dreht, zu einem Szepter zu schnitzeln. Und sie berechnet heimlich die Tragkraft dieser wankenden Stützen des Thrones.

"Meine eigenen Herzenswünsche?" Sie antwortet zerstreut auf die Frage.

"Sie sind erfüllt; ich habe keine neuen, es ist auch klüger, keine zu haben in diesen unsicheren Zeiten!"

Und wieder diese halbe Verbindlichkeit in zweideutigen Gesichtern, diese lächelnde Versicherung, daß nichts zu besorgen sei, dieses Schielen der Gedanken und Hintergedanken.

Und wovon reden die Sorglosen?

Natürlich von der Möglichkeit einer Revolution.

Ein Diplomat, der in München einen deutschen Hof vertritt, meint, es mag in Frankreich hergehen wie es wolle, in Deutschland bleibe es unbedingt ruhig.

"Worauf bauen Sie?" fragte die Gräfin.

"Auf unsere Kinder!" gab er lachend zur Antwort. Das klang sonderbar.

"Wir Deutsche sind doch zu gute Familienväter", fügte er hinzu, "um uns den Kartätschen auszusetzen."

Das war eine befriedigende Erklärung.

"Und nun, mein Herr Diplomat?" fragte sie einen Engländer.

"Niemals wird in England Revolution sein!" versetzte er mit Zuversicht.

"Worauf stützen Sie Ihre Hoffnung?"

"Auf unsere Schulden!"

Das war ein Grund.

Ein österreichischer Attaché betritt eben den Salon, die Gräfin wendet sich an ihn:

"Hegen Sie dieselbe Hoffnung für Ihr Land?"

"In Österreich eine Revolution?" der Österreicher war fast entrüstet. "Das gehört zu den Unmöglichkeiten, Frau Gräfin!"

"Das nenne ich Vertrauen! Worauf gründen Sie es?"

"Worauf? Nun - auf Metternich!"

"Ach, Metternich - das ist ein alter Mann!"

"Wir haben lauter Metternichs", lächelte der Österreicher beglückt in sich hinein, "wir haben lauter Metternichs!"

Ein Russe, der mit dem König in einem anscheinend tiefen Gespräch begriffen war und abseits stand, trat in den Kreis, der sich um die Gräfin gebildet hatte, und nahm an der revolutionären Unterhaltung teil.

"Gnädige Frau, wir Russen verlassen uns weder auf unsere Kinder, die sich vielmehr auf uns verlassen müssen, noch auf unsere Schulden, die wir nicht haben, noch auf unsere Metternichs, die Systeme vertreten, die oft mit ihren Erfindern zugrunde gehen, sondern auf ein ganz anderes Ding."

"Und das wäre?"

"Die Knute!"

Einige Wochen nach dieser Unterhaltung saß Louis Philipp nicht mehr auf dem französischen Thron, die deutschen Kinder machten selbst Revolution, wobei Frankreich mit der Februarrevolution den Leithammel machte, Metternich war aus Österreich geflohen, vorläufig waren keine anderen Metternichs da - nur Rußland und England hatten keine Revolution.

Die Schulden und die Knute!

Obzwar diese Ereignisse am Neujahrstag nicht vorauszusehen waren, hatte sie eine hellseherische Eingebung.

Mit dem richtigen Kurtisanenverstand, der in dem aufgeklärten liberalen Despotismus das Heil erblickt, wendet sie sich lächelnd zu Berks:

"Mein Herr Staatsminister, haben Sie gehört, worauf die Herren bauen? Hier können Sie lernen, wie man Revolutionen vermeidet! Welche von diesen gehörten Grundsätzen würden Sie am verläßlichsten finden?"

Und weil er sich als gar ungelehriger Diplomatenschüler erweist, kommt sie ihm belustigt mit dem Scherz zu Hilfe, der tief blicken läßt: "Die Schulden und die Knute! Merken Sie sich das, mein Herr Minister!"

Am politischen Schach war der König abgelöst worden durch seinen Ratgeber, den Staatsrat von Berks, vor allem aber durch seine Freundin, die ungekrönte Königin, die das Spiel mit großer Bravour und blendenden Finten weiterführte.

Der Gegner war ihr ebenbürtig, jener vielköpfige Riese Demos, der unaufhörlich Gestalt und Namen wechselte, bald so, bald so hieß: Volk, Masse, Publikum, Pöbel, Gesellschaft, Frauen, Landtag, Politik, Diplomatie, Presse, Demokraten, Liberale, Jesuiten, je nachdem, und immer neue, unvorhergesehene Ausfälle und Angriffsarten erfand. Aber es war Abwechslung und Aufregung dabei, gerade das, was sie liebte: je verschlagener und heimtückischer der Gegner, desto größer ihr Scharfsinn und ihre Gewandtheit; das Leben war wieder kurzweilig und schön, voll Rausch, Ekstase und Leidenschaft, ein Stierkampf, den ihre Nerven brauchten.

War durch Unvorsichtigkeit oder schlechte Kombination das Spiel gefährdet, dann mußte der König eingreifen und zusehen, wie er die Position rettete. Oft kein leichtes Ding. Er war am

Ende immer noch der beste Schachspieler, gerade weil er die Tugenden des gelernten Königs besaß: Langmut, Geduld, Beharrlichkeit, Vorsicht, Festhalten - Eigenschaften, die der freche Wagemut verwarf.

Und wenn es fehlging, gab es Uneinigkeit zwischen der Gräfin und ihrem politischen Handlanger am Staatsruder ...

Schon die Zensuraufhebung war nicht nach ihrem Sinn. Auch nicht nach des Königs Sinn. Es war der erste große Fehler, den sie Berks vorzuwerfen hatte. Beabsichtigt war es freilich als feiner, überlegener Schachzug, der freiwillig gibt, was sonst erzwungen würde, und auf diese Weise die Stellung im Spiel verstärkt. Die Berechnung war gut, aber der Effekt schlug ins Gegenteil um. Also war es doch ein Fehler, für den er allein verantwortlich war! Nun hatten sie den ganzen Wespenschwarm hinter sich her ...

Dagegen hatte auch Berks seiner Herrin einen Mißgriff vorzuwerfen. Das war die Sache mit den Studenten. Freilich, auch dieser Plan war gut, wenn er gelang. Aber er war nicht gelungen. Die paar Alemannen reichten nicht hin, die Universität in Schach zu halten. Der eingetriebene Keil erzeugte nur Reibung und Funken - wie gefährlich konnte das bei dem angehäuften Zündstoff werden! Lieber hätte man doch gar nicht daran rühren sollen! Wie die Sache jetzt lag, war es gar zu unsicher.

Also beschloß der weise Herr Minister, den taktischen Fehler der Gräfin zu verbessern, indem er die Zahl und das Ansehen der Alemannen zu verstärken suchte, damit sie auf der Hochschule eine wirkliche Schutzwehr bilden konnten. Sie waren die schönsten Jünglinge, eine wahrhafte Elite und standen dennoch gesellschaftlich in Acht und Bann. Sie waren scheu gemieden: kein Student tat ihnen Bescheid, sie erhielten keine Satisfaktion, obgleich sie eine vom König genehmigte und den anderen gleichberechtigte Verbindung waren. Auch von den Mädchen war der Boykott über sie verhängt. Boykott in Anrede, Tanz und Kuß. Oh, was das betrifft, sogar Kuß! Das war schmerzlich, obgleich die Alemannen oder Lolamannen nach dieser Herzensspeise so gar wenig Verlangen trugen und durchaus nicht ausgehungert schienen.

Schritt für Schritt mußte der Universitätsboden erobert werden. Durch die Berufung Fallmerayers und Einführung der freisinnigen Studienordnung hatte man schon vorgebaut; der

Philhellene Friedrich Thiersch, Geschichtschreiber und wissenschaftlicher Begleiter des Königs auf seinen Kronprinzenfahrten in Italien, vor allem aber des Prinzen Otto auf seiner Krönungsfahrt nach Griechenland, wo sich der Gelehrte als feiner Diplomat erwiesen, war Rektor geworden, ein bewährter Königsfreund auf dem jetzt so wichtigen Posten.

Die erwünschte Gelegenheit fand sich bald, der neuen Studentenverbindung öffentliche Sympathien und vor allem neue Mitglieder zuzuführen. Am 15. Januar 1848 feierten die Alemannen im Bayerischen Hof ihren Eröffnungskommers, der als glanzvolles Fest angelegt und durch die Anwesenheit des Herrn Staatsministers ausgezeichnet war. Berks hielt selbst die Eröffnungsrede, darin er die Grundsätze dieser Verbindung der Bürgerschaft bekannt und vertraut zu machen suchte, und war entschlossen genug, diese Grundsätze "als die Freude zu den Studien, zur Sittlichkeit und Humanität" zu preisen, gegenüber "dem anmaßenden Wesen der übrigen übersprudelnden und mitunter verdorbenen Universitätsjugend ..."

Gut geplant und doch schlecht gespielt!

Die Rede zündete, doch nicht im erwünschten

Sinn. Sie war der Funke in ein Pulverfaß. Ungeheuer war die Erbitterung. Die Alemannen durften sich kaum auf der Universität blicken lassen, schon war Feuer am Dach. Die Studentenschaft sah sich durch den Staatsminister als verdorbene Masse gebrandmarkt; nur mit Mühe konnte Thiersch die Erregung innerhalb der Universität dämpfen. Die bisherige Reibung hatte nur zu gelegentlichen Erhitzungen geführt; jetzt war der Brand allgemein. Auch in der Öffentlichkeit fand Berks Widerspruch. Die gesamte Bürgerschaft, vor allem das ewig Weibliche, ging mit fliegenden Fahnen zu den verlästerten Studenten über, und den Alemannen erging es schlimmer als je.

In allen Familien, wo Söhne und Töchter waren, gab es zum Tee oder zum Abendkränzchen keinen interessanteren Gesprächsstoff. So bei Thiersch. Wolfram, den die Sehnsucht nach dem Feenpalast und nach den geistigen oder seelischen Genüssen dort verzehrte, die er nur erträumen durfte als eine köstliche, prickelnde Essenz wie Champagner, saß bei Zuckerbrot und Limonade im Familienkreis und führte hausbackene Töchtergespräche. Und als er ein Pereat auf Berks ausbrachte, hätte nicht viel gefehlt, daß ihm die hübschen Thierschtöchter und ihre

Freundinnen einen Kranz aufs Haupt setzten, wie die saligen Fräuleins ihrem jungen, tugendstarken Ritter, indessen sein Herz aufschrie vor Weh und Verlangen nach dem Hörselberg in der Barerstraße und seiner verrucht schönen Fee ...

Das also war der dritte Mißgriff, und den hatte wieder der Herr Minister zu verantworten, der einen taktischen Fehler der Gräfin zu verbessern vermeinte. Nun war das Spiel schon sehr verfahren. Es war bald Zeit, wieder der Schachkunst des Königs zu vertrauen; denn schon geschah ein vierter Streich, der nicht abzuwenden war. Die Gegenseite hatte ihn geführt, sie nützte die Situation aus ... Der diesen Schlag führte, war der alte Görres. Jetzt erst wurde der Kampf heiß und gefährlich.

Nicht mehr und nicht weniger tat der zweiundsiebzigjährige Greis, als daß er sich hinlegte und starb. Scheinbar ein Glück für die Partei Lolas: ihr größter und erbittertster Feind trat vom Schauplatz ab. Mehr als seine Schriften über "Swedenborgs Visionen", "Athanasius" und "Christliche Mystik" hatte ihn diese Feindschaft gegen die Tänzerin, die eine unvorhergesehene Erscheinung war, wie etwa die geflügelte Schlange, unter seinen Zeitgenossen berühmt gemacht. Der tote Löwe setzte den Kampf mit der geflügelten Schlange fort, und es schien, als ob der Tod ihm eine Stärke verliehen, die er selbst im Leben nicht hatte. Der Tod gab den prophetischen Worten Inhalt: "Wenn der Geruch der Verwesung durch die Gesellschaft hindurchgeht und der Übermut keine Grenzen mehr kennt, so tun sich die Brunnen des Abgrunds auf, und die Fluten brechen über sie herein ... Jetzt erst schien der Sieg, der bisher bei der Gräfin war, ihm zuzufallen; was Glück für sie schien, ward Verhängnis. Obwohl gerade in akademischen Kreisen seit der großen Wendung der Dinge das Urteil über ihn sehr geteilt war, wurde eine außerordentliche Totenfeier geplant, die nicht nur von Ultramontanen, sondern von den Gegnern der Lolamontanen überhaupt als Demonstration gegen die Gräfin benutzt wurde. Musik, Gesang und Fackelzug waren von der Polizei bereits genehmigt, als ein Schachzug der Gräfin die Kundgebung vereitelte. Noch in letzter Stunde wurden alle Reden und Gesänge verboten und die Wallfahrt nach dem Grabe des großen Ultramontanen um die beabsichtigte Wirkung gebracht. Um so größer war die Entrüstung gegen die Alemannen und ihre Beschützerin, die Urheberin des Verbots.

Die Universität glich einem kochenden Krater unmittelbar vor dem Ausbruch der Katastrophe.

Am Montag, den 7. Februar 1848 begann die Drohnenschlacht. Mit Gewalt sollten die Alemannen am Universitätsbesuch gehindert werden. Wilde Bewegung, sobald sich ein Träger der verfehmten Farben zeigte. Tumult und Verhinderung der Vorlesung in jedem Hörsaal, den ein Alemanne betrat.

Polizeidirektor Mack, von dem nahenden Sturm unterrichtet, verstärkte die Gendarmerieposten im Umkreis der Universität, um den zuziehenden Pöbel fernzuhalten. Um elf Uhr erschien Kultusminister Fürst Wallerstein in den Universitätsräumen, als der Aufruhr gerade im vollen Gange war.

Rede von der Haupttreppe herab an die liebe akademische Jugend. "Er achte die Freiheit ihrer Bewegung und wolle keineswegs ihren Sympathien und Antipathien gebieten. Er müsse aber auch von den Studenten Achtung vor dem Recht jedes Studierenden, ungestört in diesen Räumen den Studien obzuliegen, sowie auch Achtung vor der akademischen deutschen Sitte verlangen, nach welcher Verhöhnung durch die Kommilitonen in den Räumen der Universität als ungeziemend und alle Ordnung zerstörend erachtet werde ... Noch sei es Zeit, von dem betretenen Wege zu lassen -" usw. usw.

Brausende Hochrufe, als der Fürst geendet hat.

Nun hält Rektor Thiersch eine Ansprache und läßt sich von den Studenten die Aufrechterhaltung der Ordnung feierlich angeloben.

Eben treten Elias und Hirschberg aus einem Hörsaal. Kaum werden die karmesinroten Mützen sichtbar, sind Mahnungen und Gelöbnis vergessen; von neuem erhebt sich ein Wutgeschrei, die beiden Alemannen werden zum Universitätstor hinausgedrängt.

Am 9. Februar überträgt sich der Streit vom Universitätsboden auf die Straße.

Auf den Ruf, die Alemannen kämen, eilen die Studenten mit lautem Geschrei aus den Hörsälen, die Treppe hinab, den Verhaßten den Eintritt in die Hochschule zu verwehren. Elias ist erschienen, von Hirschberg und einem dritten Alemannen begleitet, um beim Rektorat Protest über die widerfahrenen Ehrenkränkungen einzulegen. Der Rektor ist ihnen schon entgegengeeilt, um Tätlichkeiten zu verhüten; er geleitet die Deputation in das Rektoratszimmer und führt sie nach Protokollvernahme persönlich wieder die Treppe hinab bis an die Schwelle des Hauses, deren Vorplatz mit Gendarmen besetzt ist, wo er sich mit den Worten verabschiedet: "Hier endet mein Ansehen; von hier aus sind Sie übrigens im Schutz der bewaffneten Macht!"

Der Studentenschwarm auf den Gängen und Stiegen, der in Anwesenheit des Rektors die Ruhe gewahrt hat, rückt jetzt trotz der Gendarmen in hellen Haufen den abziehenden Alemannen durch die Ludwigstraße mit lautem Tumult und heftigen Verwünschungen nach. Im Innern der Arkaden kommt es zum Zusammenstoß. Graf Hirschberg, von einem Studenten angerempelt, zückt ein Dolchmesser, mit dem er nach dem Beleidiger stößt. Er verwundet ihn. Ein Handgemenge beginnt, Volk, Studenten, Gendarmerie. Stürmisch verlangt die Menge die Verhaftung des Täters, der Gendarmeriehauptmann verweigert es. Graf Hirschberg ist inzwischen durch das Rottenmannersche Café unter den Arkaden, die Stammkneipe der Alemannen, entwischt.

Der Aufruhr steigert sich, als plötzlich die Gräfin erscheint. Sie war ins Polizeigebäude gefahren, hatte dann, allen Warnungen zum Trotz, den Wagen heimgeschickt und sich tollkühn in die leidenschaftlich erregten Volksmassen gemischt; sie traut sich die magische Kraft zu, den Aufruhr durch ihr bloßes Erscheinen zu beschwichtigen. Sie hat den Mut einer Tierbändigerin, die in die Arena hinabsteigt, um mit dem bloßen Blick die wilde Bestie niederzuzwingen, bis sie schmeichelnd ihre Füße leckt. Aber der erwachte Löwe schüttelt die Mähne; diesmal will er nicht die Fußspitzen auf seinem Nacken dulden, gereizt erhebt er ein dumpfes Geheul und will auf sie stürzen - jeden Augenblick kann das Furchtbare geschehen, das Widerwärtigste: eine Frau von der Volkswut angefallen, durch die Gosse geschleift, wie eine zertretene Blume ...

Ein gellender Schrei von ihren Lippen - die Gewalttat geschieht - da wirft sich ein Offizier mit blanker Waffe dazwischen, von den Arkaden her rücken Polizeisoldaten an, die Menge hat ihm den Säbel entrissen - er wird verhaftet, der Waffenrock zerrissen, aus einer Stirnwunde blutend, bleich die Degradation vor Augen: Leutnant Nußbaum ...

Die Gräfin hat sich inzwischen in die Theatinerkirche flüchten können, der Kirchendiener wirft die Tür vor der nachstürmenden Menge ins Schloß - ein Ausruf des Schreckens entfährt ihren Lippen, sie starrt mit entsetzten Augen in die frommlächelnde Maske mit den satanischen

Zügen: der geheimnisvolle Fremde steht vor ihr, dieser furchtbare Geist, der sie verfolgt, unerbittlich wie das Schicksal, vor dem es kein Entrinnen gibt. War er erschienen, den Schlag zu rächen: "Jesuiten dürfen nicht länger als drei Tage ..." - den Schlag, den sie gegen die gefürchtete und verhaßte Maske geführt und der in die Luft ging, ins Nichts?

Von einer leisen Ohnmacht umschattet, vernimmt sie die Worte des Unheimlichen: "Verstehen Sie endlich den Wink der Vorsehung? Die Kirche will Sie in Schutz nehmen -"

Gendarmen geleiten die Gräfin in die gegenüberliegende Residenz.

"Tugendritter!" spottet der Janhagel über die Wache.

Gegen Abend erreicht sie die Wohnung unter dem Schutz der Polizeisoldaten.

Sie ist auf dem Punkt, wo sie und ihr Minister es dem König überlassen müssen, das Spiel weiterzuführen und den Gegnern Schach zu bieten, sofern es nicht zu spät ist. Sie selbst sind mit ihrer Kunst vorderhand zu Ende.

Der König führt nun einen entscheidenden Schlag. Die Bedrohung und Mißhandlung seines Lieblings haben ihn schwer gereizt; er ist heftig erzürnt über diese Art, "sittliche Entrüstung" zu demonstrieren, und greift zu einer Maßregel, die er schon in den dreißiger Jahren nach den Christnachtunruhen mit Erfolg angewendet hat. Noch am selben Tag verbreitet sich das Gerücht von einer außerordentlichen Maßregel. Die Plätze und Straßen um die Residenz herum sind durch Infanterie und Kürassiere abgesperrt, die beiden Eingänge der Barerstraße sind militärisch besetzt, das Palais der Gräfin erhält verstärkte Wache: die Stadt gleicht einem Kriegslager. In den übrigen Straßen mehren sich unruhige, drohende Pöbelhaufen; Rufe nach der Republik werden laut: die Studentenbewegung ist allmählich in eine Volksbewegung übergegangen, es sind alle Zeichen für einen ausbrechenden Bürgerkrieg da.

Aufregend wird die Sache am nächsten Tag, Donnerstag, den 10. Februar.

Nur mit äußerster Mühe gelingt es dem Rektor, einen blutigen Zusammenstoß der Studentenschaft mit den Kürassierabteilungen vor der Universität zu verhüten, indem er den Kommandierenden zum Abzug bewegt und die Ruhe der Studenten verbürgt. Die vereinigten fünf Korps, Franken, Schwaben, Pfälzer, Bayern und Isaren, sind in corpore anmarschiert, eine Abordnung überreicht dem Rektor eine Beschwerdeschrift, darin die Burschenschafter unter Darlegung der letzten Ereignisse die Auflösung der Alemannia verlangen und erklären, daß sie lieber die Aufhebung der eigenen Korps sehen wollten, ehe sie neben jener Verbindung weiterbestehen würden. Das Schriftstück an den Rektor ist bestimmt, dem Kultus- und Unterrichtsminister Fürst Wallerstein und durch diesen dem König zur Entscheidung und Schlichtung des Streits vorgelegt zu werden.

Aber der König hat bereits entschieden. Seine Tat war rasch. Als die Studentenschaft um neun Uhr morgens in der Universität erscheint, findet sie am schwarzen Brett den Anschlag: daß nach königlicher Verfügung die Universität bis zum nächsten Oktober geschlossen sei und jene Studenten, die nicht in München domiziliert sind, die Stadt binnen vierundzwanzig Stunden, längstens übermorgen, Freitags zwölf Uhr mittags zu verlassen haben.

"Es ist nur eingetreten, was Sie bei unbefangener Erwägung selbst als unvermeidlich zu erwarten gehabt haben", sagte der tiefbewegte Rektor seinen Studenten, "und so ist denn die schwere Stunde der Trennung gekommen. Vergelten Sie durch ruhige Ergebung in das Unvermeidliche die Teilnahme, die Liebe, die wir Ihnen zum Schluß noch bezeugen, und leben Sie wohl!"

Als sich die Studentenschaft von ihrer ersten Bestürzung erholt hatte, erhob sich laut die allgemeine Klage, daß Hunderte von Hörern für den Augenblick nicht die Mittel der Reise aufbrächten, die sie binnen vierundzwanzig Stunden antreten sollen.

"Gleichwohl müssen Sie", erklärte der Rektor, "ohne weiteres zur festgesetzten Stunde abreisen, und muß es sein, so suchen Sie selbst als Bettler den Weg in die Heimat. Sagen Sie überall, Sie seien arme Studenten aus München, die man aus der Stadt gewiesen hat aus Gründen, die Sie vor aller Welt aussprechen dürfen. Sagen Sie das überall, und jedes Herz, jede Hand wird sich Ihnen öffnen, jede Hütte wird Sie als Gastfreund an ihrem Herd empfangen, Sie von ihrer Armut speisen und getröstet weitersenden." Bei diesen Worten rannen dem alten Mann Tränen über die Wangen, von schmerzlichem Gefühl überwältigt, vermochte er nicht weiterzureden.

Die frische Jugend nahm die Sache von der fröhlichen Seite und sang: "Gaudeamus igitur ..." Dann zogen sie in geschlossenen Reihen vor das

Kultus- und Unterrichtsministerium, um auch dem Fürsten Wallerstein zum Abschied ein Ständchen zu bringen.

Hell schmetterte der Gesang: "Der Gott, der Eisen wachsen ließ, der wollte keine Knechte ..." Ein ungeheurer Volkshaufen ist hinterher, so wälzt sich der Heerwurm durch die Straßen.

Noch einmal singend am Hause des "Vaters Thiersch" vorbei in der Karlstraße. Menschen an allen Fenstern, gerührte Herzen, nasse Blicke, ein Schwenken von bunten Mützen, manches "Lebewohl" von oben, Tränen aus weiblichen Augen, verweinte Tüchlein wehend in zarter Hand, die lieben Thierschtöchter, und unten Wolfram, blind gegen das nahe Glück, den heißen Haß im verdursteten Herzen ...

Bei der Michaelskirche bricht Gendarmerie zu Pferd und zu Fuß hervor und dringt unter dem Befehl des Hauptmanns Anton von Baur-Breitenfeld mit gefälltem Bajonett auf die Massen, Studenten und Volk, ein. Der Hauptmann zählt zu den Freunden der Gräfin von Landsfeld; er mochte den in seiner Art harmlosen und heiteren Studentenaufzug für einen gefährlichen Aufruhr gehalten haben. Aber der Aufruhr beginnt jetzt erst, von Polizei, Gendarmerie und Militär künstlich, mit Bajonetten ... Der Haß des Volkes und der Studenten kehrt sich jetzt gegen den Hauptmann, der Straßenkampf entbrennt, Wolfram stürzt als erster getroffen nieder ...

Um ein Uhr versammeln sich gegen zweitausend Bürger im alten Rathaussaal, Tausende von anderen stehen Kopf an Kopf vor dem Rathaus auf dem Schrannenplatz (Marienplatz). Stürmisch verlangt der Volkswille: Absetzung des Hauptmanns von Baur, Entfernung der Gräfin von Landsfeld, Wiedereröffnung der Universität.

Wie üppig schoß plötzlich die Wunderblume des Altruismus aus dem dumpfen Krämergrund empor! Die verwundbarste Stelle der Spießerseele war getroffen, der Geldbeutel. Anderthalbtausend Studenten, was das bedeutet an Miet- und Kostverabreichung, von den Geschäftsleuten gar nicht zu reden! Ein Betrag von mindestens sechzigtausend Gulden im Monat wurde in der Eile ausgerechnet, und das sollte die Stadt durch die Schließung der Universität verlieren! Um des klingenden Interesses willen entdeckte jeder Pfisterer und Pfefferstößler ein Herz für Kunst und Wissenschaft. Eine Adresse wird in Eile verfaßt, der Biedersinn drapiert sich mit Mut, Ehre und Hochherzigkeit, indem er klagt, daß "die jungen Männer aus den gewohnten Kreisen ihres schönen Berufes müßiger Tatenlosigkeit in die Armut geschleudert würden ...", plätschert ein wenig in den ungewohnten Höhen des Idealismus herum, kehrt aber rasch in die praktische Wirklichkeit zurück, wo der Erdenbürger festen Boden unter sich spürt; er beweist den materiellen Schaden, der den Hunderten von Familien des Königreichs und insbesondere der Residenz München erwachsen würde, was denn auch der eigentliche Inhalt der von Idealismus aufgedunsenen Phrasen ist.

Eine Deputation unter Führung des Bürgermeisters Doktor Steinsdorf sollte dem König die Adresse überbringen und auf Antwort warten.

Vor dem Königsbau auf dem Franz Josephplatz will die Bürgerschaft der Entschließung des Königs harren. Auf die vorherige Anmeldung zur Audienz wird der Bescheid, daß der König nicht in der Residenz sei. Gleichzeitig geht die Nachricht um, daß die Studenten beschlossen hätten, sich dem königlichen Willen nicht zu unterwerfen und in der Stadt zu verbleiben.

Inzwischen hatte sich der hohe Magistrat in die Staatstracht geworfen und fuhr im feierlichen Aufzug zur Residenz ab, die Adresse zu überreichen. In langen Reihen, sittsam zu zwei und zwei, folgten die Bürger und nahmen auf dem Max Josephplatz in einem Umkreis von Kürassieren und Infanteristen Aufstellung, lautlos und folgsam wie ein Zug von Konfirmanden.

"Lieber würde ich das Leben lassen, ehe ich mein Wort zurücknehme", erklärte der König kategorisch der Deputation. Aber ein Blick auf den Max Josephplatz stimmt ihn nachgiebiger, und in sänftiglicherem Ton bemerkt er: es habe einer solchen Massenabordnung vor sein Haus nicht bedurft, abtrotzen werde er sich nichts lassen; die Bürger möchten nur ruhig wieder abziehen, er wolle erst nach gründlicher Erwägung mit seinem Kronrat Entscheidung treffen; die allerhöchste Entschließung werde dann sofort ans Rathaus bekannt gegeben werden.

Also zog die Bürgerschaft wieder zu zwei und zwei in schöner Ordnung zum Rathaus zurück und wartete auf die allerhöchste Entschließung.

Es wurde Abend; das lange Warten macht müde und ungeduldig, ein Geschimpfe erhebt sich und erleichtert das Gemüt. Endlich erscheint Staatsminister von Berks und verkündet, daß der König allergnädigst bewilligt hätte, die Universität dürfe im zweiten Semester, also nach Ostern wieder eröffnet werden. Die königliche Antwort, die er verliest, lautet: "Jetzt, da die Bürger sich ruhig zurückbegeben haben, ist es mein Vorhaben, daß statt erst mit dem Wintersemester, bereits mit dem Sommersemester die Universität wieder eröffnet werde, wenn bis dahin Münchens Einwohner sich zu meiner Zufriedenheit benehmen. Das Wohl der Bürger liegt mir am Herzen, das bewies ich seit mehr denn zweiundzwanzig Jahren. Ludwig."

Das Erscheinen des mißliebigen Ministers, der nun schon einmal der allgemeinen Erregung als Prügelknabe dient, seine Erklärung, die trotz des Zugeständnisses nicht die volle Erfüllung der Wünsche bringt - alles wirkt zusammen, die Unzufriedenheit neuerdings zu entfesseln ... Der Minister bekommt unangenehme Dinge zu hören, er muß sich eine schimpfliche Behandlung gefallen lassen und schließlich froh sein, heiler Haut davon zu kommen. Die Bürger gehen mit der Verabredung nach Hause, daß sie am nächsten Morgen um acht Uhr wieder vor dem Rathaus erscheinen wollen.

Ernstliche Unruhen brachen nachts aus. Ein Volkshaufen hatte sich mit ausgebrochenen Pflastersteinen und Latten von den Gartenzäunen des

Karolinenplatzes bewaffnet und drang in die Barerstraße vor. Die Gendarmerie wehrte den wütenden Angriff ab. Dann zog der Haufen vor das Polizeigebäude, um dort Vergeltung wegen der Attacke des Hauptmanns Baur vom Vormittag zu üben. Die ausfallende Gendarmerie wurde mit Steinen bombardiert und zurückgetrieben. Die Bürger setzten sich in den Betten auf und lauschten halb schadenfroh, halb angsterfüllt auf den Schlachtruf, der durch die Nacht gröhlte:

"Pereat Lola!"

Zitterte die Hand, die sonst so fest und selbstbewußt zugriff? Einem unsicheren Spieler gleich, der unschlüssig zögert, seinen Angriff bereut, Zug um Zug zurücknimmt und am Verlieren ist, so widerrief am nächsten Morgen der König die Entschlüsse, die kurz vorher noch unerschütterlich schienen.

"Lieber wollt' ich das Leben lassen ..."

Das bedeutete: die Universität ist bis nächstes Wintersemester geschlossen! Es bleibt beim Entschluß vom 9. Februar.

Am 10. Februar abends lautete es schon viel weniger kategorisch: die Universität werde schon mit dem Sommersemester wieder eröffnet werden. Und an diesem Morgen, den 11. Februar gestattet die königliche Huld, daß die Universität sofort wieder eröffnet werde.

War die Position nicht mehr zu retten? Was bedeutete dieses Schwanken und Zurückziehen? Hatte der Gegner die Übermacht? Der drang ungestüm vor:

"Schach der Dame!"

Um acht Uhr morgens hatten sich die Bürger vor dem Rathaus wieder versammelt, eine Abordnung begab sich neuerdings zum König; dichte Scharen umlagerten die Residenz, entschlossen, nicht zu weichen, bis ihre Wünsche erfüllt werden.

Nun drängten von allen Seiten die Bürger an und setzten dem König zu, sämtliche Minister und Räte, die um ihn waren, die Mitglieder der königlichen Familie, die Abgeordneten des Magistrats unter Führung ihres Bürgermeisters: alle beschworen ihn, indem sie die Lage als unhaltbar schilderten.

Schach der Dame!

Noch blieb der König standhaft.

Da trat sein Ratgeber, der Staatsminister von Berks, ganz dicht an ihn heran und flüsterte:

"Majestät, die Krone wankt; opfern Sie die

Dame und alles ist gewonnen: die Autorität des königlichen Machtwillens, die Festigkeit des Throns, das Ansehen der Majestätsrechte. Bringen Sie das Opfer freiwillig - es gibt sonst keinen Ausweg. Was vermögen wir wenigen Getreuen gegen ein Rudel reißender Wölfe? Entwaffnen Sie dieses Volk durch Ihre Großmut - die Wölfe werden augenblicklich in eine Herde Lämmer verwandelt sein!"

Die wogende Menge in den Straßen machte die Begleitmusik zu diesen Worten; in dem Brausen ertönten einzelne Rufe wie der Geierschrei vor dem Gewitter:

"Pereat Lola!"

Ein plötzlicher Schmerz klüftete das Antlitz des Königs, das Haupt sank vornüber, der Axthieb hatte den Widerstand gebrochen.

Mit zitternder Hand warf er ein paar Zeilen hin, die Gräfin möge sich angesichts der drohenden Gefahren für die nächste Zeit aus München entfernen.

Einem Matt auszuweichen, hatte der König die Dame geopfert.

Mit dem Brief in der Hand winkte der nach Popularität haschende Minister, der der Reihe nach um Frauengunst, Königsgunst und Volksgunst buhlte, der Menge zu: "Eure Sache steht gut!"

Brausende Hochrufe der festgestauten Masse.

An der Tür des Audienzsaales hatte schon Graf Arco-Valley mit gierigen Blicken gelauert:

"Ist die Sphinx gestürzt?"

Der Minister an ihm vorbei, indem er zurückrief: "Achtung, daß Sie nicht mitstürzen!"

Und in rasender Fahrt hinaus zur Gräfin. Zuerst Berks, hinter ihm her der Graf Arco.

In der Barerstraße hatten sich bereits am Morgen aufregende Vorgänge abgespielt.

Zwar war die Straßenseite des Palais militärisch bewacht; aber die Infanterie stand ruhig, Gewehr bei Fuß und ließ es geschehen, daß durch die Nachbarhäuser der Pöbel von rückwärts gegen den Garten anstürmte.

Wie eine gereizte Löwin sprang die Gräfin der Horde entgegen, bis vor zu dem Bassin, wo das reißende Rudel über die Mauer gesprungen war und ihr geifernd ein hundertfaches Pereat entgegenfletschte.

"Wollt Ihr mein Leben, da, nehmt es!"

War es die unwiderstehliche Kraft der Raserei und der Verzweiflung, diese Magie des Gorgonenhauptes, die den Haufen erstarren machte? Der

Pöbel hielt inne wie einst in der Theresienstraße, als sein lechzendes Fletschen sich in jenes blöde Lächeln verwandelte, mit dem er zu ihren Fenstern hinaufstierte und dann Zuckerwerk aus ihrer Hand fraß. Dieser grausame, gewalttätige, feige Haufen, der schmeichlerisch demütig Wohltaten und Almosen heischte und schließlich wie eine heimtückische Bestie die Tatze zum Schlag erhoben hatte! Scheu wich er zurück und suchte den Rückzug wieder über die Gartenmauer - ein Weib konnte ihn in die Flucht schlagen, wenn es die rechte Entschlossenheit besaß.

Unterdessen hat sich der vornehmere Pöbel, der von der Wache unbehelligt durch den vorderen Eingang kam, ihres Salons bemächtigt. Die Schmeichler und Schmarotzer sind es, die sich an ihrem Tisch gemästet hatten, die Meyerhofers, Metzgers und Genossen, die es gewittert haben, daß der Stern im Sinken ist. Den Hut auf dem Kopf, die Zigarre im Mund, stiefeln sie frech in den Zimmern umher, werfen achtlos um, was sie berühren, hier eine Vase, dort einen Stuhl, lassen sich in den Überkleidern auf die schwellenden Damastkissen fallen und reißen gemeine Witze, wobei sie der Gräfin den Rauch ins Gesicht blasen und ihre Aufforderung, das Haus zu verlassen, mit Wiehern und Grunzen beantworten. Sie geben sich zwanglos und benehmen sich wie die Übermütigen Freier Penelopes. Sie ahnen es, daß Odysseus nicht wiederkehrt. An seiner Stelle tritt Berks in den Kreis der Edlen.

Sie blickt mit abwesenden Augen hilflos umher und will die Hand des Ministers fassen - zum erstenmal bedarf sie seiner Stütze.

Der Minister weicht zurück.

Ein blauer Blitz ihrer Augen, als sie den Brief des Königs gelesen:

"Das haben Sie getan!"

Berks schweigt.

"Was fürchtet man? Haben wir nicht Kanonen, haben wir nicht Bajonette?"

Ein Gelächter von den Sofas und den Polsterstühlen her, wo die Herren mit den schmutzigen Stiefeln auf den seidenen Stoffen wohlig lagern.

"Sieh da, mein Täubchen, Kanonen und Bajonette - um Alkovengeheimnisse zu schützen!"

"Berks, wollte ich nicht einst gehen, freiwillig gehen, und bat mich der König nicht, daß ich bleiben sollte? Ich bleibe an der Seite meines Königs und weiche vor dem Pöbel nicht, eher ließe ich mich in Stücke zerreißen! Habt ihr nicht gesehen, wie die grimmige Hyäne, die meinen

Garten stürmte, zurückprallte, als sie sah wie viel Mut, wieviel mehr Mut ein Weib besitzt, als all ihr Kecken und Verwegenen, die ihr da frech herumlümmelt, mit dem Munde habt! Ihr habt den König belogen, ihr habt ihn überrumpelt und eingeschüchtert; es ist nicht sein Wille, daß ich gehe, es ist nicht sein Wille!"

"Es ist der Wille des Volkes", sagte der Minister mit feierlicher Haltung, indessen die anderen stumm glotzend den Straßenschmutz wieder von den seidenen Möbeln wischten und da und dort eine gestürzte Vase oder einen umgeworfenen Sessel aufrichteten. Auch die Zigarre legten sie still weg und nahmen den Hut ab, den sie säuberlich auf einen Stuhl legten.

"Feiger Verräter!" Sie schlug ein grelles, häßliches Lachen an. "Haben Sie den Willen des Volkes befragt, als Sie Minister wurden? Hat Sie das Volk ernannt? Die Königsmätresse hat Sie ernannt! Die Königsmätresse gibt Ihnen den verdienten Tritt!"

Schweigend ertrug er den Schimpf.

"Haben Sie noch nicht gelernt, wie man stehen und wie man fallen muß, wenn der Pöbel rebelliert?"

Und indem sie höhnisch den Kreis der Erbärmlichen musterte und dazwischen ihr hysterisches Lachen hatte, das sie krampfartig anfiel: "Wie ihr plötzlich Mut bekamt - ihr Feiglinge! Wie ihr Mut zeigt - dem Pöbel nachzugeben! Mut - ein Weib mit Gewalt aus der Stadt zu jagen! Zittert, verkriecht euch - ich werde bleiben! Denken Sie an mich, Berks, wenn Ihre Stunde kommt!"

Graf Arco-Valley stürmte zur Tür herein: "Kein Aufschub, Gräfin! Das Volk plündert! Der Wagen steht bereit, Sie sind verloren!"

Halb mit Gewalt wurde sie in den Wagen gehoben; Polizeidiener rissen die Tore auf, nachdem sie einen Weg durch die Menge gebahnt hatten. Berks warf den Wagenschlag zu mit den Abschiedsworten: "Ins Jagdschloße Blutenburg - erwarten Sie dort die Weisungen des Königs!" Und ehe der Volkshaufen wußte, was geschehen, sauste das Gefährt dahin.

In einem zweiten Wagen Graf Arco-Valley hinterher, um sich von der Flucht zu überzeugen. Ein dritter Wagen mit verhängten Fenstern hatte sich angeschlossen.

Unterwegs gab die Gräfin dem Kutscher die Weisung, nach der Residenz zu fahren; der Wagen raste sinnlos die Ludwigstraße hinab, dem englischen Garten zu, machte dann kehrt und versuchte von rückwärts in die Residenz zu gelangen, umsonst! Alle Zufahrten waren besetzt, Volk, Militär, kein Eindringen möglich. In wahnsinniger Fahrt ging's durch die engen Gassen und Gäßlein, ohne Unglück, jedes Hindernis überwältigend - ein kühner Kutscher, den die Angst trieb, die Angst vor den nachstürmenden Massen - durch das Gewirr hinter dem Hofbräuhaus, durch die Herrenstraße nach dem Isartor, vom Isartor nach dem Sendlingertor, hinaus auf die Sendlingerstraße - ins offene Land. Lärm und Verfolgung blieben zurück. Der Graf Arco kehrte um, als er durch den Augenschein überzeugt war, daß die "Landeskalamität" wirklich aus der Residenz vertrieben war. Fünftausend Gulden spendete er in seiner Freude über die Erlösung von dem Alp an die Armen Münchens, worauf ihm der König, erbittert über den Jubel, der seinen Schmerz tiefer ätzte, den Zutritt bei Hofe verbot .... Die Sphinx war gestürzt, ihn hatte sie zunächst mitgerissen.

Um elf Uhr vormittags konnten die Minister den versammelten Bürgern verkünden, daß alles bewilligt sei. Der König ließ dem Volk sagen, daß die Gräfin den Auftrag erhalten habe, die Stadt zu verlassen, und daß er zur sofortigen Wiedereröffnung der Universität die Erlaubnis erteilt habe.

Niemand ist mehr zwischen König und Volk.

Unendlicher Jubel, stürmische Ovationen und Adressen, eine Überschwenglichkeit der Freude, ebensogroß, als die an sich geringfügigen Vorfälle zu wichtigen Haupt- und Staatsaktionen emporgeschraubt worden waren. Huldigungszug der Studenten, beim Anmarsch der Burschenschafter trat die Hauptwache der Residenz unter das Gewehr, alle Zeichen der Achtung und Anerkennung wurden der Universitätsjugend zuteil, die eigentlich das Beispiel der Widersetzlichkeit und Auflehnung gegen den Souverän gegeben hatte. Und Reden wurden gehalten, daß Leuten mit grauen Haaren die hellen Tränen über die Wangen liefen ...

"Sie haben dem König und Vaterlande gezeigt", sagte Thiersch in einer Ansprache an die Studenten, "daß nicht unruhige Gelüste, daß nicht anarchische Bestrebungen Sie beherrschen, sondern daß Sie gesucht haben, Ehrenhaftigkeit und Sitte unter sich zu wahren, unter deren Schirm allein Ordnung und Gesetz gedeihen können. Noch eine Kunde habe ich dieser Freudenbotschaft beizufügen. Während ich zu Ihnen spreche, werden sämtlichen Mitgliedern einer Ihnen wohlbekannten und sehr mißliebigen Gesellschaft auf der Polizei Pässe zur Reise nach Leipzig ausgestellt."

Von Satz zu Satz steigert sich der Jubel, und als er den Höhepunkt erreicht, führt ihn der Rektor zu einem heiteren Ziel, indem er seine Zuhörer auffordert:

"Seien wir aber großmütig, meine Herren, und wünschen wir den Abziehenden eine glückliche Reise!"

Zum Schluß aber die Mahnung:

"Zeigen Sie nun, meine teuren Freunde, in der Freude dieselbe Mäßigung, die Sie im Schmerz so männlich bewahrt haben! Keine störende Erinnerung mehr an die schlimme Vergangenheit! Keine Trübung der heiteren Sonne, die wieder über uns leuchtet! Alle Gefühle und Bestrebungen müssen sich in dem Enthusiasmus für Ehrenhaftigkeit, für Ordnung und Sitte, für das öffentliche Wohl, für das Vaterland, für den König vereinigen, dem für seine wiederkehrende Huld hiermit der erste Gruß unseres Dankes gesagt werde!"

"Quatsch!" brummt der respektlose Weinschöppel, der sich den ganzen Rummel mit angehört hat. "Wiederkehrende Huld? Alles Quatsch!"

Und zu seinem Nachbar gewendet: "Furcht war's, nicht Huld! Ist doch bekannt genug, wie barsch und willkürlich der König gegen alle Gehorchenden verfährt und wie windelweich er wird, sobald er auf entschiedenen Widerstand oder auf einen unbeugsamen Willen stößt. Wir haben's oft genug erlebt. Wenn er sich nicht fürchtet, sagte einer aus seiner Umgebung, ist mit dem Mann nicht auszukommen - die Furcht hat ihn wieder gepackt, drum hat er schnell alles zugestanden! Er war doch eigentlich im Recht! Was ging sein Verhältnis die Leute an? Und was die sauberen Herren Studenten betrifft, da bleibt mir lieber vom Leib! Die lieben Herren Musensöhne, waren die vielleicht berechtigt, der edlen Dame Lola die Fenster einzuwerfen? Waren sie berechtigt, den König zu zwingen, die edle Dame auszuweisen? Als ob wir keine größeren Sorgen und Beschwerden hätten! Bin kein Anhänger einer Weltgeschichte im Unterrock, nein, meine Herren, aber diese Weltgeschichte in Pantalons sieht mir auch nicht viel besser aus. Ade, meine Herren, hab' in meiner Wirtschaft zu tun!"

Da wird dem König die Kunde gebracht, daß der Pöbel in der Barerstraße nach der Abfahrt der Gräfin vor ihrem Palais tobe und mit der Demolierung beginne.

Schon sind die Tore erbrochen, die Fenster zertrümmert, der Wintergarten verwüstet, als der König erscheint. Allein, inmitten einer rohen, aufgeregten, zerstörungslustigen Menge. Seine Aufforderung, man möge sein Eigentum in Frieden lassen, wird sofort befolgt. Im Nu hat sich der Pöbel verkrochen. So groß ist noch jene "abergläubische Ehrfucht", über die die Radikalen vergebens spotten.

In dem leeren Hause geht der König umher. Wandert von Zimmer zu Zimmer. Atmet noch einmal die Luft, die von feinen Wohlgerüchen duftet und geladen ist mit der magnetischen Ausstrahlung und Wärme der Geliebten. Sie ist unsichtbar da, fast körperhaft ist ihre unsichtbare Anwesenheit zu spüren, wie in einem Hause des Todes der Verstorbene noch immer auf eine geheimnisvolle Weise da ist. Nun ist es um die Haltung des Königs geschehen; seine Starrheit löst sich in krampfhaften Wogen - er liegt halb am Boden, das Gesicht in den gelben seidenen Kissen, die kurz vorher der schmutzige Stiefel eines der "Kavaliere" geschändet hatte, vergraben, stoßweise schluchzend, ein hilfloser, armer, gebrochener Mensch, der seinen Schmerz in das Polster hineinweint ...

Ein Vivat in allen Straßen. Schreie der Begeisterung über den König, der dem Volk zuliebe sein eigenes Herz besiegt hat ...

Aufrecht verläßt er das Haus, niemand sieht ihm die Seelenerschütterung an, der er eben erlegen ist, die Tränen, die er geweint hat.

"Heil unserm König, Heil!" fängt das Volk auf der Straße zu singen an, als es ihn erblickt. In einer plötzlichen Eingebung singt es die Nationalhymne in der Freude über die Erlösung des Königs aus den Banden eines Dämons.

Ohne Gruß und Dank schreitet er durch das spalierbildende Volk, empört über die verletzende Handlungsweise der Menge, die ein wahres Dankfest zu Ehren des Sieges feiert, den sie über ihn errungen hat ...

Gegen Abend erreichte die Gräfin auf Umwegen das königliche Jagdschloß Blutenburg. Elias von Vilseck ist in dem einsamen, verödeten Jagdschloß erschienen - sie umarmt ihren Liebling im ersten Freudensturm des Wiedersehens: "Du Einziger von den abtrünnigen Freunden, der die Treue gehalten hat ..."

Sie blickt sich in dem Saal um. Schlechte Fresken mit Jagdbildern und olympischen Szenen: Aktäon, der Jäger, der zur Strafe, weil er die keusche

Göttin Artetuis im Bade belauscht hatte, in einen Hirsch verwandelt und von seinen eigenen Hunden zerrissen wird. Dann: die verlassene Ariadne auf dem öden Gestade von Naxos vergeblich nach dem Sohne Cytherens rufend. Getreuer als er, wiederholt nur das Echo ihr Angstgeschrei, vermischt mit Tränen und Gewissensbissen ...

Es sind schreckliche Bilder, sie machen furchtsam und abergläubisch, man könnte an ihre schlechte Bedeutung glauben.

Der Krondomänenpächter und sein Weib im Hause unten sind gute, sorgsame Leute; trotzdem, die Gräfin will nicht bleiben. Was soll sie hier? Befehle erwarten? Mein Gott, Befehle! Sie, die selbst zu befehlen weiß. War es nicht töricht, sich von München fortlocken zu lassen?

Man hat den König belogen! Verloren? Was ist verloren? Nichts ist verloren! Es ist wohl möglich, daß die Leute verloren sind, die sich die "Stützen des Throns" nennen, und die den König in Angst versetzten, weil sie längst selbst den Kopf verloren hatten! Wäre ich in seiner Nähe geblieben, der König hätte nicht die geringste Unruhe gezeigt! Er hätte dem Volke nicht nachgegeben!

Sie will nach München zurück, zum König.

Noch ist alles wiederzugewinnen. Nur wer das Spiel aufgibt, verliert. Elias, der Anker in der Not, soll sie nach München zurückführen, noch in dieser Nacht.

Aber mit Elias ist eine Wandlung vor sich gegangen. Der Knabe ist plötzlich wieder erwacht, in einem Augenblick der Selbstbesinnung erkennt er die Lebensziele wieder, die er einst vom väterlichen Turm aus erblickt hatte, und nach denen er wandern wollte. Aber alles war anders gekommen. Und nun merkt er, daß er in die Irre gegangen war, von einem schönen Trugbild gelockt. Er möchte in Tränen ausbrechen, weinen über sich und sein Mißgeschick; nun droht er sich zu entleiben, er könne die Schande nicht überleben.

"Ich getraue mich ja gar nicht mehr, den Menschen unter die Augen zu treten ... Ich war so jung und unerfahren ... warum hast du mir das angetan?"

Der letzte der Freunde fiel von ihr ab, für dessen Verwandte sie gesorgt und den sie am meisten von allen ihren Kostgängern geliebt, beschenkt und verhätschelt hatte, damit ihm "die Freude zu den Studien, zur Sittlichkeit und Humanität" nicht verkümmert werde.

Sie sieht seine unmännliche Schwäche und

Verzagtheit und wird hart: "Geh, Feigling!"

"Ich habe ja nicht gewußt", schreit der Knabe, "daß du eine Dirne bist, eine Dirne, eine Dirne!"

Im dunklen Flur rennt er fast eine dunkle unkenntliche Gestalt um, die vor der Tür lauert. Am Waldrand steht ein Wagen mit zugezogenen Vorhängen an den Fenstern. Er achtet es nicht und stürmt in der Dämmerung fort. Der Abend lindert mit kühler Hand die Hitze seiner Schläfen und Wangen.

Ein Mensch mit verbundenem Arm umschleicht das Schloß. Fiebrig brennen seine Augen in der Dunkelheit wie die Lichter eines Wolfes.

Sie kennen sich und rufen sich an.

"Wolfram!"

"Elias!"

Ein Dritter kommt angeschlichen, ziemlich herabgekommen von Aussehen, und gesellt sich zu den beiden - ein aus dem Range der Halbgötter gestürzter Paris - der ehemalige Leutnant Nußbaum.

Schweigend gehen sie nebeneinander her, stadtwärts. Einer schämt sich vor dem anderen, daß sie sich hier treffen.

Die Gedanken fangen schließlich von selber zu reden an.

"Das Glück war mit dir, Elias, mich hat es verstoßen." flüstert Wolfram.

"Glück?" keucht der andere. "Mein Leben ist so viel wert, daß ich es hinwerfen könnte, da!"

Wolfram horcht auf. Das Elend des Freundes macht ihn wieder um so größer und reiner, je tiefer ihn dessen Glück früher gedrückt hat.

"So redest du, der Glückliche?"

"Der Elendeste bin ich!" klagt sich Elias an. "Ich habe gehandelt wie der Schlechteste unter ihren verräterischen Freunden ... Vielleicht war es Feigheit, aber ich konnte nicht anders. Ich habe ihr geflucht, obgleich ich ihr danken sollte, und muß sie hassen, obgleich ich sie lieben muß, ich habe sie treulos verlassen, obgleich ich Treue schuldig bin, und ich bin geflohen, mich zu retten, obgleich ich mich erst jetzt verloren habe. Das große Leben, Wolfram, ich verstehe es nicht, es war stärker als ich ..."

"Lebt wohl, ihr beide", sagt der dritte von den Unglücksgefährten, die dem großen Leben unterlegen waren, "morgen geht es dahin! Habe mich dem preußischen Heere verdingt, meinen verlorenen Leutnant wiederzuerlangen und das Leben von vorn anzufangen, besser vielleicht, wenn Gott will ..."

Er taumelt abseits durch die Gassen der Stadt. Wenige Wochen darauf war er auf den Düppeler Schanzen im Deutsch-Dänischen Kriege gefallen.

"Das Leben von vorn anfangen ... Gott hat es so gewollt."

"Leb wohl, Wolfram! Auch ich gehe, fort in die Welt; mich leidet's hier nicht mehr. Wir wollen in Freundschaft einander gedenken."

"Leb wohl, Elias!"

"Das Leben von vorn anfangen, besser vielleicht ..."

Jedem geht das Wort nach. Nach Amerika ging der eine, heim nach Dinkelsbühl der andere. Das große Leben und die großen Wissenschaften! Wie geht das Dasein in der Heimat so friedlich und still! Zuweilen kommt Kunde aus der weiten Welt. Elias ist Freiwilliger der Unionsarmee! Elias ist zum Oberst vorgerückt! Elias ist in den Bürgerkriegen eines ehrenvollen Todes gestorben! Wie frech lärmen die Spatzen in den Kirschbäumen! Wolfram hängt neue Nistkästen an die Stangen. Und lauscht auf das alte Starenlied, so Jahr um Jahr. Die große Sehnsucht singt mit ...

Die Wände des öden Schlosses spiegeln das Schicksal der Gräfin - sie ist allein wie die verlassene Ariadne auf dem trostlosen Gestade ...

Diese häßlichen Bilder an den feuchten Wänden, die moderige Luft, diese Angst ...

Die Tür steht halb offen, leise Schritte werden hörbar ... ist es Elias, der reumütig zurückkehrt?

Die dunkle Erscheinung im Flur, an der Elias vorübergerannt ist, klopft; langsam und weit tut sich die Tür auf -

"Ah!" Ein fürchterlicher Schrei von den Lippen der Gräfin, als sähe sie ein Phantom - der geheimnisvolle Fremde steht auf der Schwelle.

"Fürchten Sie nichts", sagt er mit leise dringender Stimme, "ich bin bei Ihnen!"

Sie streckt die Hände von sich: "Fort, fort!"

"Gräfin, ich liebe Sie ..."

"Diener der Kirche ...!"

"Ihre Seele", verbessert er sich, "die Kirche liebt Sie und will Ihre Seele retten ...!"

Sie schüttelt sich:

"Aber ich hasse Sie ...!"

Lolas Abschied

Überall hinausgetrieben,
Überall davongejagt,
Ist mir kein Asyl geblieben,
Nirgends mehr, Gott sei's geklagt
Bayern, das aus Nacht und Pfütze
Ich zum Spaß ein wenig hob,
Bayern, meine letzte Stütze,
Warf hinaus mich bayerisch grob.

Ach! wohin die Schritte wenden?
Nach Italien? In die Schweiz?
Zahlt man dort mit vollen Händen
Meiner Frechheit eignen Reiz?
Kriechen dort wohl auch Minister,
Staatsbeamter, Offizier,
Alemanne und Philister, -
Kriechen sie dort auch vor mir?

Find ich dort wohl auch Gendarmen
Mich zu schützen stets bereit?
Sticht man dort auch ohn' Erbarmen
Auf das Volk, das tobt und schreit?
Ach! gar viel hab ich verloren,
Daß nicht zu ersetzen ist,

Selbst den Titel "Hochgeboren"
Raubt man mir zu dieser Frist.

Flüchtig muß durch's Land ich ziehen,
Flüchtig, sag' ich, vogelfrei,
Selbst verlästert und verschrieen
Von der hohen Polizei.
Hätt' ich nicht in guten Zeiten
Geld in Sicherheit gebracht,
Noth und Hunger müßt' ich leiden
Durch das Volk bei Wind und Nacht.

Ich, die eines Königs Lieder
Für das schönste Weib erkannt,
Die geschmückt die schlanken Glieder
Mit Rubin und Diamant;
Schlage jetzt das Aug' zu Boden,
Daß mich nicht verräth die Gluth,
Denn am liebsten bei den Todten
Sähe mich des Volkes Wuth.

Ich gesteh's, ich lieb das Laster,
Was die Welt so Laster nennt,
Schwelge gern und rauche Knaster,
Wollust ist mein Element;
Sollt' ich etwa besser scheinen,

Als ich dennoch wirklich bin?
Darum wirft man mich mit Steinen,
Hat zu tödten mich im Sinn?

Mir ist's recht, ich bin geborgen,
Und geborgen ist mein Geld,
Eine Zukunft ohne Sorgen
Beut mir jetzt die ganze Welt;
Ich verlor durch's Staßenpflaster
Nur vom Haupt den gold'nen Reif, -
Für das ungeschminkte Laster
Ist die Welt jetzt noch nicht reif.

Münchner Spottgedicht auf Lola Montez aus dem Jahre 1848.

Achtzehntes Kapitel

Allgemeine Volksbewaffnung!

Scharf pfiff der Wind über den Rhein herüber und blies den überall in Deutschland glimmenden Funken zu einer mächtigen Lohe zusammen.

Der 24. Februar - ein Schicksalstag Europas! Die Pariser Revolution gab das Signal; Wien, Dresden, Berlin folgten dem Beispiel. Louis Philipp von Frankreich war geflohen; in Wien wurde Metternich verjagt, ein Minister baumelte am Laternenpfahl, Wilhelm von Preußen rettete sich nach England, die Leichen der Barrikadenkämpfer füllten die Straßen. Während München sich noch immer über die Lola-Affäre ereiferte, erhob sich im Lande draußen der Sturm. In Bayern war es zuerst Nürnberg, das sich der wichtigeren allgemeindeutschen Sache zuwendete.

Der Wille der Nation stand auf - und verlangte die Erfüllung der seit mehr als dreißig Jahren verheißenen Volksrechte, Umkehr von dem bisher herrschenden Regierungssystem, Aufhebung der

Standesprivilegien, vollkommene Pressefreiheit, freies Versammlungs- und Vereinigungsrecht, volle Gewissens- und Lehrfreiheit, Öffentlichkeit und Mündlichkeit des Gerichtsverfahrens, Gewerbefreiheit, gleiche Rechte für alle Glieder des Volkes, Verminderung der stehenden Heere, Einführung der allgemeinen Wehrpflicht, Selbstbestimmungsrechte, die allenthalben in der Forderung gipfelten: Nationalparlament!

Die Völker Deutschlands, in ein ohnmächtiges Chaos zerfallen, durch Schranken voneinander getrennt, wollten zu einer neuen nationalen Einheit zusammenschmelzen. Aus dem Schutt der morschen, im Revolutionssturm zerbrechenden Institutionen erhob sich die aus Blut und Eisen geschmiedete Idee der deutschen Einigkeit, die schon einmal leuchtend wie die Heldengestalt Siegfrieds auf den napoleonischen Schlachtfeldern dastand, als es galt, das fremde Joch abzuschütteln, und die immer wieder geboren wurde in den kleinen Kämpfen und Reibereien der letzten dreißig Jahre trotz Absolutismus und wiederkehrender Kleinstaaterei.

War schon die Zeit reif zu Siegfrieds Wiedergeburt?

Einstweilen aber war der künstlich niedergehaltenen deutschen Einigkeitsidee eine neue Kraft erwachsen, derer sich niemand versehen hatte: die soziale Frage, die zum Hebel der Ereignisse wurde.

Der Knabe Deutschland war zur Mannhaftigkeit erwachsen; der ehemalige Träumer, Dichter und Denker schmiedete als rußiger Zyklop sein Schwert in den Feueressen der erstandenen Industrie, bis er eines Tages das Schurzfell wegwarf und vor die erstaunte und erschreckte Welt hintrat: nicht mehr als Knabe, sondern als der ungeheuere Riese Deutschland, zu dem er erwachsen war. Es war nicht das Schwertschmieden und Blutvergießen allein, das ihn gestählt hatte; es war vor allem auch die Arbeit seiner Hämmer in den Werkstätten, die ihm diese Kraft, Größe und Einheit gab. Damals war es allerdings noch nicht so weit; aber man war unterwegs zu diesem Ziel.

Die drohende Haltung des "Zeitgeistes" erschreckte die Bundesversammlung in Frankfurt, die stets die "Unmündigkeit des Volkes" vorgeschützt und jede geistige Regung eifrig unterbunden hatte. Nun appellierte sie an "das deutsche Volk" und versprach, die Forderungen des Volkes zu gewähren. Zu spät! Man hatte gesehen, was der Bundestag tat, oder was er vielmehr nicht tat, und war nun von Mißtrauen gegen dieses Organ erfüllt, das sich der Entwicklung stets hemmend in den Weg gestellt hatte.

Der Wille der Nation entschied und forderte das Nationalparlament als Volksbehörde, deren Aufgabe es sein sollte, die einengenden Schranken niederzureißen und die politische Befreiung und Einigung des deutschen Volkes durchzuführen.

Die Adresse der Nürnberger Bürger, der sich die meisten bayerischen Städte anschlossen, war eine Botschaft des Schicksals an den König. Sie sollte ihn zur Durchführung der verlangten Reformen zwingen und dahin bringen, daß er in der Neugestaltung der deutschen Verhältnisse den entscheidenden Griff tue. Das Schicksal hatte Großes mit ihm vor - nur zögernd und widerwillig gehorchte er, er erkannte seine Mission nicht.

Der Wille der Nation! Er mißverstand ihn.

"Der Wille der Nation bin ich!" Die alte Formel war außer Kurs. Die politische Bewegung hatte eine neue Formel, aber die erschreckte ihn: "Alles für das Volk durch das Volk!"

Er hatte noch nicht begriffen, daß das Königtum eine Abstraktion ist; er nahm es konkret. Die gute alte Zeit! Er meinte, es genüge, gut zu regieren und die Einnahmen nützlich zu verwenden. Das "Wie" blieb Geheimnis. Aber wenn schon keine Willkür an Ludwigs Herrschaft war, so war doch der Schein der Willkür da, der Schein sollte schwinden. Und mit ihm alle Geheimnistuerei und Polizeiwillkür. Mit kurzen Worten: Öffentlichkeit des ganzen Staatswesens! Verfassung! Zwar hatte Bayern schon längst eine Art Verfassung, dieselbe, die ihm der bei seinem Regierungsantritt freisinnige Ludwig gegeben hatte, eine Ständeverfassung. Der Fortschritt aber verlangte eine Volksverfassung!

Also begehrte die Nürnberger Adresse die schleunige Einberufung des Landtags, der allein vermöge, die notwendigen Reformen auf friedlichem Wege anzubahnen.

Aber der König, noch tief erregt über die ihm in den letzten Wochen zugefügte Unbill, war nicht willens nachzugeben. Er bangte um seine Kronrechte und fürchtete den Landtag, mit dem er trotz Freisinn während seiner ganzen Regierungszeit auf Kriegsfuß gestanden hatte.

Ob es nicht genug war, Lolas wärmende Herzflammen dem gemeinen Pöbeldrang geopfert zu haben? Sein Widerstand erregte eine neue Gärung im Volk.

Nun versuchte es der König mit dem probaten Mittel der Verzögerung: "Am 31. Mai sollen die Stände einberufen werden."

Das Mittel hätte verfangen, wenn nicht der 24. Februar gewesen wäre, die Revolutionsbrände von Paris, Wien, Dresden, Berlin.

Der freisinnige Minister Wallerstein, dessen gleisnerische Diplomatie schon in den dreißiger Jahren die freisinnige Bewegung betrogen hatte, genoß kein rechtes Vertrauen im Volk. Noch weniger natürlich Berks. Die aristokratisch-kirchliche Partei unter der Führung des Grafen Arco-Valley fürchtete, das Bürgertum könnte die Reformbewegung allein in die Hand nehmen, und ergriff selbst die Zügel, nachdem sie schon seit dem Sturz Abels eine oppositionelle Stellung gegen König und Regierung eingenommen hatte. Die ultramontane Partei, die früher eifrig geholfen hatte, die Entwicklung des Volkes zu fesseln, gebärdete sich jetzt als die Riemenlöserin der Freiheit.

Nun ist es seltsam zu sehen, welchen Mummenschanz der Geist der Geschichte treibt, um die Bewegung in Gang zu erhalten. Das Volk bedurfte konkreter Vorstellungen, einfacher, deutlicher Symbole, um zu begreifen. Mit abstrakten Ideen war es nicht getan; man mußte ihm eine Verkörperung zeigen, in der sich der Begriff der Unterdrückung persönlich fassen ließ. Als eine solche Personifikation erschien Berks. Wie früher der Name Lola, so wirkte jetzt der seinige als das rote Tuch, auf das der Stier blind wütend zuging.

Das Zeichen zu diesem Stierkampf gab der Fürst von Leiningen. In ihm fand Lola einen Rächer an Berks. Durch seinen jahrelangen Aufenthalt an dem Hofe von Windsor an den Freimut der englischen Aristokratie gewöhnt, schrieb der Fürst am ersten März dem Monarchen folgende mahnende und gewichtige Worte:

"Drangvollere und für die nächste Zukunft bedrohlichere Umstände für das Königtum und somit für unser ganzes teures Vaterland als jetzt haben lange nicht, vielleicht nie bestanden. Gerade in diesem kritischen Zeitpunkt ist das Vertrauen aller Klassen Ihrer Untertanen in Eure Majestät aufs tiefste erschüttert. Es ist dies das wahrhaft hochverräterische Werk jener Kreaturen, welche noch jetzt zwischen Eure Majestät und Ihr Volk sich drängen; namentlich aber, daß ein Mann, der Ministerverweser von Berks, welchen die öffentliche Meinung mit tiefster Verachtung beladet, weil er selbst jene verraten hat, auf deren Schultern er emporgestiegen ist, Eurer Majestät noch als Ratgeber zur Seite steht. Eure Majestät sind vollständig über die Ursache getäuscht, durch welche jene Unzufriedenheit und Erbitterung hervorgerufen wurde."

Der König achtete der Warnung nicht.

Aber schon am Morgen des 2. März las man an den Straßenecken mit Kohle und Kreide angeschrieben:

"Nieder mit Berks! Heute abend Katzenmusik bei Berks! Nieder mit dem Mätressenminister!"

Die gute alte Zeit! Man kündigte Revolutionen noch vorher an wie Gartenfest und Feuerwerk.

Abends wird das Heim des verhaßten Ministers im Damenstift mit Pflastersteinen bombardiert und geplündert - es war eine fremde Wohnung, man hat sich in der Eile geirrt. Man will den Hetärenminister zerreißen oder an den Laternenpfahl hängen - nach berühmten Mustern; entsetzliche Flüche erschollen gegen den Abwesenden.

Das gleiche Treiben wiederholt sich vor dem Ministerium des Innern. Patrouillen ziehen vorüber, sie haben Augen und sehen nichts, sie haben Ohren und hören nichts. Ungestört nimmt das Zerstörungswerk seinen Fortgang; in mehreren

Straßen errichtet das Volk zum Überfluß aus umgestürzten Bierwagen und Fässern Barrikaden, um vor der Reiterei Deckung zu haben.

Durch die Flucht Berks ist das Volk noch nicht versöhnt. Das revolutionäre Treiben dauert fort. Die Staatsbehörden mit ihrem Schreiberpersonal ohne hervorragenden Geist, ohne moralischen Mut und Talent haben die Besinnung verloren; die Ordnung des Schreibergesindes ist vollständig aufgelöst. Die Bürgerschaft hat die Zügel in der Hand.

Am nächsten Tag Bürgerversammlung im Rathaus. Eine neue Adresse wird entworfen, die Einberufung der Kammern noch dringender gefordert.

Fürst Leiningen richtet an den König ein zweites Schreiben:

"Ich beschwöre Sie bei allem, was Ihnen teuer ist, bei den Ahnen Ihres erhabenen Hauses, empfangen Sie heute die Adresse Ihrer Untertanen gnädig! Versichern Sie, die gestellten Bitten in Erwägung zu ziehen und zu diesem Zweck die sofortige Einberufung der Stände befehlen zu wollen. Ich komme eben vom Rathaus. Die Adresse enthält nichts, was das Königtum in den jetzigen Zeitverhältnissen nicht freudig annehmen könnte; ich habe sie deshalb unterschrieben. Der feste Wille eines Königs ist groß und edel; bleibt er aber unbeugsam gegen die Anforderungen der von der Vorsehung beschlossenen Richtung der Zeit, dann zerfällt er in Staub und wird zum Fluch für Königtum und Volk."

Am 4. März wird die von viertausend bis fünftausend Münchener Bürgern unterzeichnete Adresse dem König überreicht.

Vier Bürger, Rosipal, Reschreiter, Radspieler und Zipperer eilen vom Rathaus in die Residenz, den Bürgermeister, der allzulange auf seine Rückkehr warten läßt, in seiner schwierigen Mission zu unterstützen. Sie finden ihn im Vorzimmer; der Adjutant wollte ihn nicht vorlassen.

Auf das laute und stürmische Begehren tritt der König heraus. Er bemerkt die einer so hohen Audienz nicht würdige Toilette der Bürger, runzelt die Stirn und fährt sie an: "Erscheint man so vor seinem König?"

Die Vier entschuldigen sich mit der Eile und Wichtigkeit ihrer Mission und sinken schließlich bittend in die Knie, von jener "abergläubischen Ehrfurcht" überwältigt, die den einfachen Mann vor der Majestät so leicht anwandelt. Der König ist sichtlich gnädiger gestimmt ...

Auch die Studenten hatten eine Eingabe überreicht. "Allgemeine Volksbewaffnung" forderten sie in jugendlich feuriger Sprache, im übrigen dieselben Forderungen, die schon die Nürnberger Adresse enthielt: "Das sind die mächtigen Hebel eines einigen freien Deutschlands zum Schutz und Schirm gegen West und Ost. Kein Kampf gegen die Republik Frankreich, solange sie unsere Grenzen achtet, wenn nicht ein deutscher Kampf, ohne Hilfe der Russen."

Der Ernst der Lage war übrigens nicht mehr zu verkennen. Ludwig entschloß sich, ein geringes nachzugeben. Er ließ bekanntmachen, daß Staatsrat von Berks "aus Gesundheitsrücksichten" beurlaubt sei und "Staatsrat von Voltz" seine Geschäfte übernommen habe. Die Stände sollen vor den letzten Märztagen einberufen werden. Das Zugeständnis genügte schon nicht mehr. Die Läden werden geschlossen, der Straßenlärm wird andauernd ärger; Wursthändler und Käsestecher reden von "Tyrannendruck und Völkerlenz".

Hochrufe auf die Republik werden immer häufiger. Noch bleibt der König hartnäckig. Die beiden Briefe des Fürsten von Leiningen erinnerten zu sehr an das Memorandum üblen Angedenkens. Auch daß diese Briefe Leiningens veröffentlicht wurden und gewissermaßen den Takt zu dem Höllenkonzert der Straße angaben, war nicht geeignet, das Vertrauen des Königs und die gute Absicht zu bestärken. Er läßt sich von Fürst Karl Wrede, der am 4. März vorübergehend Ministervollmacht erhält, überreden, den Zusammenrottungen auf der Straße Waffengewalt entgegenzustellen. Der Generalmarsch wird geschlagen, Kanonen fahren vor der Residenz auf. "Kartätschenminister" nennt das Volk spottweise den Fürsten, der Kriegsminister ist von dreizehn bis vierzehn Uhr dreißig mittags.

Während noch auf dem Rathaus Tausende von Bürgern auf das Ergebnis der Adresse und die Rückkehr des Bürgermeisters warten, ertönt der Ruf: "Die Proletarier der Au wollen das Zeughaus am Anger stürmen!"

Es ist die Antwort, die das Volk auf den Befehl Wredes gibt.

Den Bürgern fährt der Schreck in die Glieder. "Die Proletarier? Das verhüte Gott! Wir wollen doch nicht den Teufel durch den Beelzebub austreiben!"

Lieber wollen sie selber das Zeughaus stürmen. Dem Pöbel zuvorzukommen, geht's spornstreichs vom Rathaus weg zum Zeughaus. Die

Sturmglocken heulen, der Bürger greift zu den Waffen. Wie die Statisten einer Schmierenoper stehen die Bürger, Künstler und Studenten da, abenteuerlich gewappnet mit mittelalterlichen Morgensternen und Hellebarden, mit Sturmhauben und Eisenhüten, Kettenhemden und Kürassen; mit dem Mordwerkzeug aus der Rumpelkammer der Vergangenheit phantastisch angetan, tritt der Münchener Landsturm den Infanteristen und Kürassieren des Kartätschenministers Wrede gegenüber.

Auf der Theresienwiese und auf dem Marsfeld vor der Stadt ziehen die Bauern der Umgebung mit Heugabeln und Sensen an, um das Chevauleger-Regiment aus Augsburg zu erwarten, von dem es hieß, daß es von Wrede herbeigerufen worden sei.

Zwar hat das Militär wenig Lust, sich mit den Bürgern und Studenten zu messen; der Aufzug sieht eher lachhaft als ernst aus, er hat eine fatale Ähnlichkeit mit einem Faschingszug. Aber schließlich, Befehl ist Befehl, und die Überlegenheit regulärer Truppen über Flamberg und Morgenstern würde bald erwiesen sein.

Unterdessen umringt die Familie des Königs und der versammelte Ministerrat den Monarchen und bestürmt ihn, dem Volke lieber nachzugeben, als militärische Gewalt anzuwenden. Sogar der entlassene Berks, der mit Voltz in Fürstenried eine heimliche Zusammenkunft hat, läßt dem König dringend raten, die verlangten Zugeständnisse zu machen.

Im letzten Augenblick, bevor der historische Faschingsscherz sich in blutigen Ernst verwandelt, erscheint hoch zu Roß Prinz Karl, der Bruder des Königs, und bringt die Nachricht: der König gebe den Volkswünschen nach, die Stände würden am 16. März zusammentreten, Fürst Wrede habe die Stadt zu verlassen. Er bürge mit seinem Ehrenwort für die Erfüllung der königlichen Versprechen.

Sofort verwandelt sich der Aufruhr in einen Huldigungszug. Die Waffen werden wieder abgelegt: auf Schubkarren werden die alten Hellebarden, Flinten, Degen und Morgensterne ins Zeughaus geschafft - das Zeitbild einer abrüstenden Revolution.

Mit innerem Widerstreben, nur dem Druck der Ereignisse gehorchend, hat der König nachgegeben.

Alles, was das Volk durch Adressen und Maueranschläge in der Eile begehrt hat: vollkommene

Freiheit der Presse, Wahlreform, Volksverfassung, Ministerverantwortung, Verwaltungsreform, Geschworenengerichte, Verpflichtung der Armee auf die Verfassung usw. ist vom König genehmigt. Die Märzerrungenschaften!

Pathetisch klingt das Königswort vom 6. März:

Bayern, erkennt in diesem Entschluß die angestammte Gesinnung der Wittelsbacher. Ein großer Augenblick ist in der Entwicklung der Staaten eingetreten. Ernst ist die Lage Teutschlands. Wie ich für teutsche Sache denke und fühle, davon zeugt mein ganzes Leben. Teutschlands Einheit durch wirksame Maßnahme zu stärken, dem Mittelpunkt des vereinten Vaterlandes neue Kraft und nationale Bedeutsamkeit mit einer Vertretung der teutschen Nation am Bunde zu sichern und zu dem Ende die schleunige Revision der Bundesverfassung in Gemäßheit der gerechten Erwartungen Teutschlands herbeizuführen, wird mir ein teurer Gedanke, wird Ziel meines Strebens bleiben.

Bayerns König ist stolz darauf, ein teutscher Mann zu sein.

Bayern! Euer Vertrauen wird erwidert, es wird gerechtfertigt werden! Scharet euch um den Thron!

Mit eurem Herrscher vereint, vertreten durch eure verfassungsmäßigen Organe, laßt uns erwägen, was uns, was dem gemeinsamen Vaterlande not tut!

Alles für mein Volk!
Alles für Teutschland!

Jubel hallt in den Straßen. Statt der Kanonen vor der Residenz dröhnen am 7. März Hochrufe, blauweiße Fahnen flattern in den Lüften; Jünglinge und Mädchen lustwandeln, die bayerische Kokarde am Hut oder an der Schulter. Die Armee wird auf die neue Verfassung vereidigt, den Studenten wird die verlangte Volksbewaffnung gewährt: zum Schutze des Königtums und um die Unruhstifter in Schach zu halten, eine Notwendigkeit, die durch den Sturm auf das Zeughaus erwiesen schien. Studentenlegionen und freiwillige Bürgerkorps, Professoren-, Künstler- und Beamten-Kompagnien werden zur Aufrechterhaltung der Ordnung in der Stadt auf der Theresienwiese eingeübt; stolz schauen die Frauen und Mädchen ihren Vätern, Brüdern, Söhnen und Freiern zu, es ist ein herrliches Leben.

Am 8. März wird Fürst Wallerstein seines Amtes

enthoben, der König hegt den Verdacht, daß er bei den Februarunruhen und bei der Veröffentlichung der Briefe des Fürsten von Leiningen seine Hand im Spiele hatte. Dagegen wird Freiherr von Thon-Dittmer, der Bürgermeister von Regensburg, zum Minister ernannt - ein weiteres Zugeständnis an das Volk, das den populären Führer der Linken wie einen Erretter aus der Not begrüßt.

Am 9. März zelebriert der Erzbischof ein Dankamt in der Frauenkirche, "zur Rettung des Vaterlandes und des Herrscherhauses und zur Bitte um Erhaltung des inneren und äußeren Friedens."

Die Ultramontanen haben ja die Sache der Freiheit zur ihrigen gemacht. Sie lassen das Schifflein von der Woge treiben. Sie tauchen allmählich empor und sind wieder in den vordersten Reihen. Stützen des Throns!

Die Leute strömen aus der Kirche, und obschon sie einander nicht kennen, schütteln sie sich die Hände: "Grüß Gott - Gottlob, daß wieder Ruh' ist!"

Zugleich mit der Proklamation des Königs wird ein Schreiben des Monarchen an den bayerischen Bundestagsgesandten veröffentlicht:

Nicht bloß Verstärkung der deutschen Kriegsmacht nach außen tut jetzt not, auch jenes geistige Element muß gekräftigt werden, welches eigentlich die Heere der Befreiungsepoche hervorrief, deren Schlachten schlug und die Entscheidung zugunsten des Rechts lenkte: der damals erst auftauchende deutsche Gedanke besiegte Napoleon! ... Der Bundestag muß echter Mittelpunkt nationaler Einheit werden, soll Deutschland der riesenhaft bewegten Zeit auch riesenhaft entgegentreten. Deutschlands Gesamtinteresse muß die Sonderinteressen überwiegen, das notwendig selbsttätig und autonom bleibende Leben der einzelnen Bundesstaaten darf nicht ferner das Gesamtleben absorbieren. Damit dem aber also werde, ist eine Revision des Bundesvertrags unerläßlich.

Dem König war der große deutsche Gedanke, der über Napoleon gesiegt hatte, nicht neuartig und nicht fremd.

Er selbst hatte jenes geistige Element gepflegt, hatte Deutschlands Einheit und Größe in dem Gleichnis der Walhalla versinnlicht; die Zukunft ahnend, hatte er die Künste zu neuem Leben erweckt, seine Hauptstadt in die schönste des Reichs verwandelt und die Freiheit des Geistes an der Universität gefördert, die er von Landshut nach München verlegt hatte, um sie in der Nähe seines Throns zu wissen.

Anscheinend im Widerspruch zum Willen der Zeit hatte er, der einzige unter den damaligen Fürsten, der Entwicklung hilfreiche Hand geboten.

Jene höhere Krone, die wie eine prophetische Vision auf der Freskenwand im Saal Karl des Großen aufleuchtete, schwebte immer sichtbarer über dem Haupt Ludwig I. - trotz ihrer anscheinenden Verdunklung durch Lola, die als blinder Hebel des Schicksals ausersehen schien, den Gang der Dinge zu diesem Ruhmesziel zu beschleunigen.

Und dennoch war das Herz des Königs nicht in den pathetischen Worten, die er sich in einem großen Augenblick abgerungen hatte.

Ungewohnt und fremd war ihm der Weg, der jetzt eingeschlagen werden sollte, um Deutschlands Ehre und Einheit zu erringen.

Er hatte es anders - ganz anders erwartet!

Er war und blieb der absolute König und hatte es so schwer, sich in die Zeit zu schicken.

Das Haus der Gräfin von Landsfeld (Lola Montez) in der Barerstraße in München

Neunzehntes Kapitel

"Gottlob, daß wieder Ruh' ist!"

Aber offenbar war das nicht nach dem Geist des geschichtlichen Satyrspiels, das seinen Spuk und Schabernack unbekümmert fortsetzte. Berks ist abgetan; ein neuer Popanz schreckt den Bürger aus seiner Trägheit empor.

Am 16. März verbreitet sich das Gerücht, die Gräfin von Landsfeld sei nach München zurückgekehrt. Aufs neue flammt der Heroismus auf, der auf den Schatten eines Weibes Jagd machte. Die Hysterie, die von den Frauen und Jesuiten ausgegangen war und sich des ganzen Volkes bemächtigt hatte, kam jetzt mit einer Heftigkeit zum Ausbruch, wie früher nie, da die Gräfin noch innerhalb der Mauern Münchens lebte. Es war die Krankheitsform, in der sich das überhitzte, patriotische und nationale Bewußtsein austobte - bis zur Selbstzerfleischung.

Das Fieber hat den Höhepunkt erreicht und gleichzeitig die Staatskrise beschleunigt.

Wieder war es der Geist Lolas, der in den Gang der Geschichte eingriff als Schicksalsmacht.

"Schau dich nicht um, die Lola geht um!"

Die Raserei der Menschen kannte keine Grenzen. Trotz der Gefährlichkeit des Aufruhrs fehlte es nicht an Komik. Die ganze Einwohnerschaft war in einem Plumpsackspiel begriffen. Auf die Kunde, sie sei im Schloß Fürstenried, zog alles zu der Verhaßten hinaus.

Dort wurde der Plumpsack nicht gefunden; es hieß, er sei in München auf der Polizei versteckt. Also kehrte der wütende Haufen nach München zurück, um ihn auf der Polizei zu suchen.

Auch vor dem Rathaus stehen eine Menge Menschen. Sie tun sehr verwegen.

"Was wollt ihr Leute da?"

"Ach, wir suchen die Lola!"

Es wird ruchbar, daß eine gewisse Partei Geld unter das Volk verteilen ließ, die Sucher anzufeuern.

Unterdessen stürzen beim Karlstor die Verfolger herein, bis an die Augenbrauen mit Kot bespritzt, schnurstracks zum Polizeigebäude, das wie immer ein mürrisches Gesicht macht.

"Was wollt ihr Leute?"

"Gebt die Lola heraus!"

Bierwagen ziehen vorbei, sie werden umgestürzt; mit der Deichsel werden die Fensterstöcke eingestoßen, die Tore gesprengt. Die Volkswoge ergießt sich in die Amtszimmer, dort werden die Bücher und Akten herumgeworfen und zerrissen, die Tinte wird auf die Straße herabgeschüttet - die Polizei hat den Kopf verloren, sie sieht gleichmütig zu.

"Was wollen Sie?"

"Wir suchen doch die Lola!"

Eben wird ein Ofen zusammengeschlagen: "Nicht wahr, Sie nehmen es mir nicht übel - wir suchen bloß -"

"Bitte sehr", komplimentiert der Wachtmeister mit drei Verbeugungen, "sehr schmeichelhaft! Ich hätte Ihnen gern einen Stuhl angeboten, aber Ihre Herren Kollegen haben bereits die Güte gehabt, alle mitzunehmen ..."

Es herrscht bewundernswertes Einverständnis, Volk und Polizei haben sich genähert, die Herzen beider sind ein Schlag und ein Gedanke.

Aber der Plumpsack war im Polizeigebäude nicht gefunden worden. Nun zog der plündernde Haufen in die Wurzerstraße, wo man in der Annahme, Lola sei in einer Feueresse versteckt, den

Kamin heizte. In dem Tumult und Gedränge geriet mancher Langfinger im Eifer des Suchens in eine fremde Tasche.

"Was soll das?"

"Ach, ich suche nur die Lola!"

Selbst die Residenz wurde von dem fanatisierten Pöbel nicht verschont. Als der Angriff der Massen hier abgewendet war, zogen sie zum Zeughaus, den Plumpsack dort zu suchen und bei dieser Gelegenheit das Waffenarsenal auszurauben. Inzwischen hatten sich die neuen Hüter der Ordnung, die Studentenkorps und Bürgerbataillone kampfbereit gemacht. Endlich waren sie gerüstet und marschierten in der schmucken Uniform - dunkelgrauem Waffenrock mit grünem Umschlagkragen, lichtgrauer Hose mit grünen Streifen, einen filzenen Helm auf dem Kopf, mit Säbel und Gewehr, die Hauptleute neben der Feldbinde eine Schärpe in den Kompagniefarben um die Schulter, die Leutnants um die Hüfte - unter Trommelwirbel und im Sturmschritt auf den Anger hinaus, das Zeughaus gegen den Pöbel zu verteidigen. Der hatte schon das Tor erbrochen und empfing die nachrückenden Korps mit Schüssen und Steinwürfen. Die Offiziere der Freikorps kommandierten: "Feuer!"

Volk gegen Volk.

Aber der Kobold der Geschichte, der durch sein Intrigenspiel alle Köpfe verwirrt hatte, bog die Tragik, nachdem er sie auf die Spitze getrieben, im rechten Moment immer noch ins Komische um als die heldenhaften Freischärler Feuer geben wollten, entdeckten sie, daß sie keine Patronen bei sich hatten.

Trotzdem zogen es die Plünderer vor, von dem imposanten Aufmarsch erschreckt, das Weite zu suchen. Zum zweitenmal war das Zeughaus gerettet.

O alte Burschenherrlichkeit! Nicht umsonst hatte man die schöne große Kunst des Saufens gelernt, den hohen herrlichen Beruf des Kneipenlaufens und die alte ritterliche Kunst des Raufens. Diese drei holden Schwesterkünste, die den Musensohn zieren, wurden nun fleißig zur Rettung des Staates und zur Aufrechterhaltung der öffentlichen Ordnung geübt. Die Uniform verlieh die entsprechende Würde für die Ausübung seines Amtes, das den Studentenlegionär verpflichtete, bei Exzessen in Brauereien und Wirtshäusern am Platze zu sein. Dieses Betätigungsfeld hatten die Münchener Freikorps gemäß ihrer ausdrücklichen Bestimmung für sich erkoren. In der

Tat blühten hier reiche Lorbeern. Jener Kobold, der die Revolutionäre und Barrikadenkämpfer immer wieder auf ein abseits liegendes, lächerliches Ziel ablockte, bediente sich nun des neuerdings erhöhten Bierkreuzers, um die "Tyrannenhasser" zu äffen. Nachdem man die Lola nicht gefunden hatte, lief der Revolutionssturm auf einen Bierkrawall hinaus. Ein bißchen mitmachen, das war alles. Sonst stand man mit dem König auf gutem Fuße. Freilich irgendwie krankte der Körper und fing zu delirieren an, von Phantomen gehetzt und gefoltert.

Schon hatte sich zusammengelaufenes Gesindel im Sturm und Drang des "Völkerlenzes" ans Werk gemacht. In einem der Bräus begann eine fürchterliche Zerstörung und Verwüstung. Kein Möbel und kein Spiegel blieb im Innern des Hauses unzerschlagen, Schränke wurden erbrochen, die wertvolleren Gegenstände verschleppt, Betten und Polster aufgeschnitten und auf die Straße geleert. Weiß wie frisch gefallener Schnee wirbelten die Federn in der Luft und auf dem Boden. Heissa, Frau Holle!

Wo blieb die Studentenlegion? Sie hatte Wachen aufgestellt, aber wenn es dem Posten nicht beliebte, dann mochte ein anderer Wache stehen, meinetwegen der Herr Hauptmann! Der Herr Hauptmann schickte den Leutnant, aber auch der Herr Leutnant mußte erst einen Kanonenrausch ausschlafen. Das machten die vielen Trinksprüche, mit denen in finsterer Nacht schon der nächste Siegestag gefeiert wurde. Ein fröhlicher Krieg!

Nun rasch die Trommel gewirbelt und schnell herbei! Als Feldgeschrei ein lustiges Studentenlied! Jetzt steht die Legion als müßiger Zuschauer vor dem Haus, wo drinnen das "Volk" sich wegen des Kreuzers beim Bier prügelt. Am Platz zu sein, wenn es Wirtshaus-Exzesse gibt, ist ja ihre Bestimmung. Sie wird bis auf den Buchstaben getreu erfüllt. Militär erscheint.

Nun wird gemeinsam vorgegangen und dem Zerstörungswerk endlich Einhalt getan. Aber mittlerweile haben die "Kämpfer" und Urheber des Bierkrawalles freiwillig das Schlachtfeld geräumt. Trommelwirbel und Vorwärts Marsch! Die Heldenlegion kehrt aus der Schlacht zurück und feiert den siegreichen Tag aufs neue mit Trinksprüchen im Kanonendonner unaufhörlicher Vivats! O dreifach holde Kunst des Saufens, Raufens und Kneipenlaufens! Zum Wohl des Staates, zu Deutschlands Ehre und Ruhm! Es ist eine Lust zu leben!

Gaudeamus igitur!

Noch lag die Volksseele im Delirium, wie ein krankes Kind von Fieberträumen geschüttelt. Der Schatten Lolas hatte sie heimgesucht, bloß der Schatten, sie war längst über alle Berge. Die verhaltenen, unterdrückten Instinkte des Neides, der Eifersucht, des Hasses gegen die Gräfin, durch anderthalb Jahre genährt und angesammelt, brachen elementar als öffentlicher Wahnsinn aus.

Das schien notwendig zur Gesundung. Kein Beschwichtigungsmittel wollte verfangen. Die neuen Minister zeigten sich dem Volkswillen allzu gefügig. Maueranschläge verkündeten:

I. Wir von Gottes Gnaden König von Bayern usw. finden uns zu der Erklärung bewogen, daß die Gräfin von Landsfeld das bayerische Indigenat zu besitzen aufgehört hat.

München, 17. März 1848.

II. Seine Majestät hat den Polizeidirektor Mack seiner Stelle zu entheben und an solche den K. Landrichter von Pechmann wieder zu ernennen geruht. An den letzteren ist sofort Estafette mit der Aufforderung abgegangen, seinen Posten alsbald anzu-

treten. Solches wird hiermit zur allgemeinen Kenntnis gebracht.

München, 17. März 1848.
Frhr. v. Thon-Dittmer, Staatsrat.

Aber die Zettel wurden höhnend herabgerissen. Selbst die besonnenen Elemente konnten ihr Mißtrauen nicht bemeistern, und die öffentliche Meinung war darin ziemlich einig, daß der König sich unmöglich gemacht habe. "Er ist geworden wie einer von uns!" Es war das stärkste Verdammungsurteil, das der Pöbel für den König finden konnte.

Am 18. März befand sich München im Belagerungszustand. Zehntausend Bewaffnete waren auf den Straßen und Plätzen verteilt, militärische Verstärkungen wurden von auswärts zusammengezogen. Den evolutionären Umtrieben sollte energisch ein Ende gesetzt werden. Die von den Ministern verfügte Aufhebung des Indigenats und die Zurückberufung der Personen, die sich einst dem König mißliebig gemacht hatten, entsprach nicht dem Willen des Souveräns. Als er nach längerem Zögern die Vorlagen seines neuen Ministers Thon-Dittiner dennoch unterschrieb, bemerkte dieser lächelnd: "Das habe ich vorausgesehen, es bleibt auch keine Wahl; denn diese Anträge sind bereits als genehmigt expediert -"

Der König trat einen Schritt zurück und fixierte seinen Minister mit einem flammenden Blick.

"Also braucht man mich nicht mehr? Wenn es so steht, dann weiß ich, was ich zu tun habe!" Sprach's und klingelte, worauf sich der vierschrötige Volkstribun eilig zurückzog.

In früheren Zeiten hätte man einen Minister, der mit der Selbstfertigung der königlichen Unterschrift auf eigene Faust den König von Bayern spielte, einfach auf die Festung geschickt; unter den gegebenen Verhältnissen blieb die plebejische Beleidigung ungestraft. Die Umgebung suchte den König zu beruhigen. Auf die Vorstellung, daß der Minister sonst ein ehrenwerter Mann sei und wohl nur im Drange der Umstände übereilte Anordnungen getroffen habe, erwiderte der König mit christlicher Selbstüberwindung, wobei ihm fast die Tränen in die Augen traten: "Ja, wenn es sich so verhält, werde ich ihn morgen zur Tafel laden!" Tat es und setzte sich mit dem Mann noch einmal zu Tisch, der es darauf abgesehen gehabt hatte, den König zu demütigen.

Remis.

Der König ist - remis. Zuerst die Figuren geopfert, dann die Dame - das Schachspiel ist zu Ende. Nur die Bauern sind geblieben.

Am nächsten Tag, den 20. März erfolgte jäh und trotz allen Murrens unerwartet die Thronentsagung.

Bayern!
Eine neue Richtung hat begonnen, eine andere als die in der Verfassungsurkunde enthaltene, in welcher ich nun dreiundzwanzig Jahre geherrscht. Ich lege die Krone nieder zugunsten meines geliebten Sohnes, des Kronprinzen Maximilian.

Treu der Verfassung regierte ich, dem Wohle des Volkes war mein Leben geweiht; als wenn ich eines Freistaates Beamter gewesen, ging ich mit dem Staatsgut, mit den Staatsgeldern um. Ich kann jedem offen in die Augen sehen. Meinen tiefgefühlten Dank allen, die mir anhingen. Auch vom Throne herabgestiegen, schlägt glühend mein Herz für Bayern, für Teutschland.

München, den 20. März 1848.
Ludwig.

Mit einem Schlag war der Rummel aus. Stille war eingetreten. Die Stille der Ergriffenheit. Plötzlich war die Volksseele gesund, kein Fieber, keine Lolafurcht, kein Spasma. Aufs neue hatte das Volk sein Herz für den König entdeckt, seine Liebe, die eigentlich immer da war, nur daß sie zuweilen ins Verkehrte ausschlug und manche ungebärdige Form angenommen hatte. Abordnungen aus allen Provinzen Bayerns trafen ein, um dem König ihre Hilfe mit bewaffneter Hand gegen die Münchener anzubieten.

Der Wille der Nation, der sich gegen die Stadt erhob! Die Bauern sind geblieben. Königstreu! Kein Matt dem König!

"Der Becher war bis an den Rand voll, aber Thon-Dittmer war schuld, daß er überlief."

Der König beharrte bei seinem Entschluß. Noch galt sein Wille.

"Man hat mich zum Schreiber und nicht einmal zum Oberschreiber, sondern zum Unterschreiber degradieren wollen, und dafür dank' ich!"

Einer Künstlerdeputation, die ihm eine Adresse überbrachte, entgegnete er:

"Drei Stunden habe ich gebraucht zu dem Entschlusse, mich von der Krone zu trennen, aber drei Tage zur Resignation auf die Kunst."

Er war ja der König der Künstler.

Die Vision jener höheren Krone, die schon so

nahe über seinem Haupte schwebte, zerfloß in nichts. Sie war bestimmt von Schicksals wegen, aber Ludwig bewies, daß man sein Schicksal nicht unbedingt erleben muß.

Seine prophetischen Worte: "Auch Bayerns Häfen liegen an der Wesermündung." sollten sich erst spät nach ihm erfüllen. Nicht durch Wittelsbach, sondern durch das Haus Hohenzollern, dem nach dem veränderten Gang der Geschichte jene höhere Krone zufallen sollte.

"Hätten wir nur König Ludwig!" widerhallte es auf der Nationalversammlung zu Frankfurt, wo einst Friedrich Barbarossa zum Deutschen Kaiser ausgerufen wurde. Die Krönung Karl des Großen und Friedrichs, davon die Fresken des Festsaalbaues erzählen, sollten sie nicht auch Ludwig I. Ruhm und Hoffnung vordeuten? Nie wäre es den großdeutschen Abgeordneten eingefallen, eine Kaiserdeputation nach Berlin zu schicken, um König Wilhelm IV. die deutsche Kaiserkrone anzubieten, die dieser aus Furcht ablehnte, daß ihn die Revolutionäre nur benützen könnten, die übrigen Fürsten vom Thron herabzubringen, um dann selbst wieder verworfen zu werden. Er wagte es nicht, ein Diadem von Volksgnaden zu nehmen - doch hat er es später

bereut. Die Zeit war nicht reif dazu - es sei denn:
"Hätten wir nur König Ludwig!"

Ein Kobold hatte als blinder Hebel der Vorsehung. den Weltplan geändert: Lola Montez, jene gestürzte Sphinx, die im Stürzen ihre Freunde mit sich riß, zuletzt den König - erst seine Thronentsagung hatte der Geschichte jene welthistorische Wendung gegeben. - "Ohne Lola kein Ludwig!" Auch diese Worte verrieten einen prophetischen Mund.

Stolz und in gewisser Hinsicht nicht unzutreffend behauptete Ludwig:

Ich bin der letzte König gewesen!
Der letzte König - alten Stils.

Abschied König Ludwigs

am 20. März 1848

Verlassen und traurig wandelnd
Zieh' ich in die Welt hinein,
Denn frei und groß nur handelnd
Mocht' ich Euer König sein.
Ich hab' Euch sehr geliebet,
Ihr habt mich sehr betrübet,
Das schuf mir arge Pein.

Die stolzen Aristokraten
Verleideten mir den Thron,
Sie haben auch Euch verrathen
Und sprechen uns Beiden Hohn.
Die Höflinge, glatt und schmeichelnd,
Die Geistlichen, Liebe heuchelnd,
entrissen mir die Kron'.

Ein Herz im Busen tragend,
für Schönes was Menschen ziert,
Mein Volk mit Künsten begabend
So hab' ich stets regiert.
Schwört Treue nun meinem Sohne,
Bleibt treu, ihr Bayern! der Krone
Und dem Gesetze, das Euch regiert.

Lady Ellenborough

Erzhogin Sophie

Lady Spence

Amalia von Schindling

Aus der Schönheitsgalerie

Zwanzigstes Kapitel

Wer war Lola Montez?

Lärmende Liebeshändel, skandalöse Prozesse, die unvermeidlichen Polizeieingriffe bezeichnen abwechselnd mit gehässigen oder blutigen Wegweisern die Straße, die die Gräfin fortan wandelt.

Innerhalb weniger Jahre hat sie sich dreimal verheiratet und durch seltsame Umstände nach kurzer Zeit von ihren Gatten zu befreien gewußt. Ein Schwarm von Anbetern ist hinter ihr her, Gecken, aber auch manche Berühmtheit darunter; drei Weltteile, Europa, Amerika und Australien widerhallen von ihrem zweifelhaften Ruhm.

In London besucht sie eine der größten Zelebritäten jener Tage, die in England mit besonderer Begeisterung gefeiert wird: den ungarische Freiheitskämpfer Ludwig Kossuth.

"Ich habe dem starken Geschlecht überall den Fehdehandschuh hingeworfen", rühmt sie sich im Gespräch mit ihm, "und ihm gezeigt, wie wenig

Recht es hat, sich in moralischer Hinsicht über uns Frauen zu erheben.

Ich habe den Frauen gezeigt, daß - wenn sie verstünden, die Schwäche der Männer zu nützen - sie überall aufhören würden, das schwache Geschlecht zu sein.

Es wäre kein Unrecht, sich jedes Vorteils gegen die Eitelkeit und Anmaßung der Männer zu bedienen.

Ich bin weit entfernt, mich besser darzustellen, als ich bin - meine Schuld ist es nicht, wenn ich gerade dadurch besser erscheine, als der Ruf mich gemacht hat.

Der Ruf einer Frau ist oft weiter nichts, als der Widerhall der Bosheiten jener Männer, welche die Frauen so gerne schwach und schlecht sehen möchten und hinterher eine moralische Entrüstung heucheln.

Ihr habt kein Recht, über die Tugend einer Frau den Stab zu brechen - solange ihr nicht strenger gegen euch selbst seid.

Ich habe euch den Fehdehandschuh hingeworfen und werde mit euch kämpfen, solange ich lebe, in allen Lagen und in jeder Form.

Ich werde gegen eure Anmaßung, gegen eure Übertreibung, gegen eure Unverschämtheit ankämpfen bis zu meinem letzten Atemzug. Mögt ihr dann immerhin sagen, wenn ich gestorben sein werde:

'Sie war sein Weib - sie war ein schlechtes Weib!' -

Ich werde in meinem Grabe auf den verfälschten Ausdruck einer sich selbst betrügenden Erkenntnis keinen Wert legen, und der Himmel wird ein Wesen nicht verstoßen, das - wie sehr es auch gefehlt haben mag - doch niemals sich die Mühe gab, mit seinem Gewissen unter die Maske der Scheinheiligkeit zu flüchten.

Gegen das Böse habe ich mich stets aus allen Kräften gesträubt, aber meine Natur gestattet es mir nicht, ein Weib der Gewohnheit, ein sozusagen traditionelles Weib zu sein, ein Weib, das sein höchstes Glück darein setzt, dem Manne eine gute Brühe und ein freundliches Gesicht zu machen."

Auf demselben Schiff, das Kossuth nach Amerika brachte, hatte auch sie sich nach dem neuen Weltteil begeben.

Im Jahre 1854 brachte der Theaterzettel in San Franzisco folgende Ankündigung: Der Jesuitensturz oder "Lola Montez tanzt Bayerische Geschichte".

Unter dem ungeheueren Zulauf der Beifall johlenden Menge betritt sie als Heldin ihrer dramatisierten Münchener Rolle die Bühne des Goldgräberlandes. Sie erscheint als Befreierin Bayerns vom Joch der Ultramontanen; ihre Partner treten in der Maske und mit Namen der bekannten historischen Persönlichkeiten auf. Gleich ihrer gut dressierten Dogge Box müssen sie über ihre Peitsche springen, nicht zuletzt der geheimnisvolle Fremde als Verkörperung des Jesuitismus und der Macht der römischen Kirche. Der aufrührerische Pöbel, dem sie allein gegenübertritt, ergreift die Flucht, gedemütigt und bezähmt läßt er sich von ihrer Hand mit Zucker füttern. Der König setzt ihr eine Krone aufs Haupt; als orphischer Sänger mit der Leier erscheint er neben ihr auf dem Triumphwagen, der von sämtlichen Ministern und Ultramontanen, Feinden und Freunden unter den klatschenden Geißelhieben Lolas gezogen wird, während ein goldener Regen auf sie niederfällt ...

Die rohe Burleske entfesselt den wütenden Applaus der Amerikaner. Langsam leert sich das Theater, in den Gängen wird es still und dunkel.

Die Gräfin verspätet sich in ihrer Garderobe. Werden die schwarzen Schatten lebendig? Sie fürchtet sich. War es eine Gesichtstäuschung? Das Phantom einer starren, fromm lächelnden Maske mit satanischen Zügen taucht vor ihr auf ... Ach, die Nerven! Sie spielen ihr neuerdings öfters einen bösen Streich. Scheu blickt sie nochmals nach der Tür; dann fährt sie zusammen, die Hände vors Gesicht: "Entsetzlich, entsetzlich!"

Aus der Dunkelheit des Korridors löst sich ein leibhaft gewordener Schatten mit der fromm lächelnden, satanischen Maske: Der geheimnisvolle Fremde!

Entsetzen erregend, diese unzerstörbare Zähigkeit ...!

Seine sanfte, verschleierte Stimme spricht auf sie ein. Mild klingt der Vorwurf: "Der König war so gnädig zu Ihnen, hat er das verdient?"

Bittend hebt sie die Hände zu ihm empor: "Nur das nicht!"

Tränen entstürzen ihren Augen. Die Rührung hat gesiegt; sie lächelt dankbar im Rückblick auf jenen Glanz und schaudert zugleich über den steilen Absturz von jener Höhe, auf dem es schier kein Halten gibt.

"Die Welt ist nur noch ein einziges Land", redet sie abwesend, "alle Schranken, alle Wegweiser, alle Meilenzeiger niedergerissen - ein einziges Land! Und keine Zuflucht! Der weite Ozean, die neue Welt - unermeßlich, unermeßlich! Und in dieser Unendlichkeit ein Umherirren, ohne Ziel, ohne Kompaß ..."

"Es gibt einen Kompaß., Gräfin, der Sie zu retten vermag -"

"Einen Kompaß? Ist das die Politik? Die Philosophie? Die Kunst?" - Sie lächelt verneinend zu ihren eigenen Worten.

Stark erhebt sich jetzt seine Stimme:

"Es gibt nur einen Kompaß: die Religion! Es gibt nur einen Kompaß, der das Menschengeschlecht zu retten vermag - Gott!"

"Gott!" Händeringend rief sie: "Wer sagt mir um Himmels willen, daß dieser Gott kein Dogmengott ist? Haß und Heuchelei herrschen in der Welt! Wer sagt mir, daß es ein Gott der Duldung, der Milde, der Verzeihung und der Liebe ist?"

Da neigt sich die satanische Maske mit innig frommem Lächeln über sie, daß der schwarze Schatten seiner Gestalt sie ganz zu umhüllen schien: "Es ist der Gott der Verzeihung und der Liebe!"

Auf der Rückreise von Australien in Rom.

Auf einem prachtvollen, mit Silber und Perlmutter eingelegten Betschemel aus schwarzem

Ebenholz kniend, sinnt die Gräfin über einen schwarzen Totenkopf, der schon von München her ihr Begleiter ist. Sinnt über ihn in den durch allzu langes Wachen abgekürzten Nächten, bis endlich die unvermeidlichen Stunden des Schlafes kommen.

Auf den Zehenspitzen schleicht Marianne Rufenacht, ihre Kammerzofe, kaum hörbar zur Tür hinaus. Erschreckt fährt die Gräfin empor. Die Doggen fangen leise zu knurren an.

"Rufenacht!"

Die Zofe erscheint wieder. Beruhigt nickt die Gräfin ein. Sie zittert im Schlaf, mit sich allein zu bleiben. Sie muß beständig von Marianne und ihren Hunden umgeben sein.

Die Einsamkeit und die Ruhe machen ihr Angst.

Welches ist das Geheimnis dieses unbekannten, schreckenvollen Lebens? Welche furchtbaren, düsteren Heimlichkeiten liegen diesen Vorsichtsmaßregeln zugrunde?

Weshalb wagt sie es nicht mehr, allein zu sein? Hat der Spiritismus, dem sie gehuldigt, ihre Nerven zerrüttet? Hat sie zu tief in die schauervolle Welt des Wahns geblickt? Sie vermag die Geister, die sie rief, nicht mehr zu bannen; sie preßt sich gegen jenes geheimnisvolle Tor, doch ihre Kraft ist allein zu schwach -

"Rufenacht!"

Ein Rosenkranz von Achat und Silber, ein Kreuz von Perlmutter und Ebenholz, dieses aus dem heiligen Lande stammende Geschenk Ludwig I., krampfhaft umfaßt haltend, kniet sie seufzend in der Peterskirche, doppelt zermalmt von dem Schreck der Erinnerung und der ewigen Drohungen.

Ehrfürchtig kauert die Menge vor dem hohen Kirchenfürsten nieder, der den Dom durchschreitet. Jetzt bleibt er an der Säule hinter der Gräfin stehen und blickt auf sie nieder. Was für eine arme, glanzlose Zigeunerin ist sie in diesen kurzen Jahren geworden!

Sie erkennt ihn, umfaßt flehend seine Knie - gnadenlos schleudert er sie von sich, ein unnützes, wertlos gewordenes Werkzeug.

Mit frommem Lächeln in der satanischen Maske schreitet er weiter.

Wie zerschmettert liegt sie auf den harten Fliesen, die Unendlichkeit des kalten Raumes über sich.

Eine elende Kammer im Armenviertel Neuyorks. Feuchte, schmutzstarrende Mauern. Auf einem verwahrlosten, unsauberen Bett richtet sich mühsam eine Leidensgestalt auf. Ihr Leib ist vom Nervenschlag halb gelähmt, von den Fiebern der Lungenkrankheit ausgezehrt. Die wirren, weißen Haarsträhne aus dem welken Gesicht streichend, keucht sie: "Was wollt ihr? Wer hat euch gerufen?"

Mit weit aufgerissenen Augen starrt sie in die Dunkelheit und lauscht angstvoll mit angehaltenem Atem auf die Stille.

Draußen auf der Straße vor dem kleinen, mit Papier verklebten Fenster torkelt ein Betrunkener.

Die Gestalt auf dem Bett springt auf. Entsetzt kreischt ihre Stimme: "Seid ihr wieder da? Was verfolgt ihr mich? Was habe ich euch getan?"

Sie stürzt an die Tür; der Riegel ist vor, und dennoch scheint es ihr, als ob sie sich öffnen wollte ... Mit dem letzten Rest ihrer Kraft stemmt sie sich dagegen - sie kann nicht mehr ... Von den Phantomen in der Kammer herumgepeitscht, flüchtet sie aus einem Winkel in den andern. Nun hockt sie winselnd in der äußersten Ecke ihres Bettes.

"Nicht, nicht, nicht!"

Grauenhafte Heimsuchung! Ihre flackernden Augen starren und starren: da, da, da ...

Poincarés Leichnam plumpst über die Schwelle. Kapitän James, der Säufer, ihr erster Gatte, rollt seine blutunterlaufenen Augen. Der wahnsinnige Graf Porwanski schleudert gegen sie schreckliche Flüche aus schaumbedecktem Mund. Steif, ein dunkelrotes Loch in der Stirn, lehnt ein Mann in der Ecke, den glasigen Blick auf sie geheftet, anklagend wie alle diese Gesichter, einer ihrer Liebhaber, von Marquis de Villiers getötet, seinem Nebenbuhler, mit dem sie geflohen. Madras, der Karlist, der um ihre Hand geworben, und bei dessen Hinrichtung sie wenige Tage später zugesehen hatte - näher und näher tritt er, sein schwarzes Haupt mit dem bleichen Antlitz verneigt sich und fällt blutend vom Rumpf, aufrecht steht der enthauptete Mann am Bettrand, sein Kopf auf dem schmutzigen Laken dreht die großen, melancholischen Augen nach ihr. Dujarez, ihr zweiter Gatte, taumelt, den Degen in der Brust, auf sie zu. Einer ihrer späteren Gatten in Amerika, durch ein Versehen auf der Bärenjagd erschossen, hält ihr blutüberlaufen eine Flinte entgegen, es ist ihre eigene gewesen. Auf geisterhaften Wellen kam der aufgedunsene Körper des Schauspielers Follerie, mit dem sie nach Australien gegangen war, angeschwommen -

vor ihren Augen hatte er sich ertränkt. - Unabsehbar die Opferherde, die sich in die Kammer drängt, das Geschlecht, dem sie den Fehdehandschuh hingeworfen, und das als wiederkehrender Schatten sich an seinem Dämon rächt.

Wieder erklingt in ihren entsetzten Ohren das Fluchgeschrei des Pöbels, statt Gold sieht sie Steine und Kot regnen; die einst ihren gräflichen Wagen verfolgt hatten, fletschende Hyänengesichter, die ihr geifernd entgegenstürmen wie damals beim Bassin ihres Gartens ...

"Wo ist der Gott der Verzeihung und der Liebe?" wimmert die Seele in der höchsten Folterqual.

Ein gräßliches Lachen, das durch Mark und Bein fährt, erschallt, die dräuenden Massen zerfließen und verdichten sich zu einem einzigen schwarzen Schatten, der höher und höher wächst, höher als die Wand, und sich hinüberbeugt, an der Decke entlang bis zu dem Winkel hin, wo sie kauert, und sich zu ihr niederneigt mit einem schreckhaft starren, steinernen Gesicht und einem frommen Lächeln in den satanischen Zügen. Ein riesenhafter unentrinnbarer Schatten, der sie in die Arme schließt. -

Nun ist es in der Kammer still und friedlich.

Draußen gröhlt ein Betrunkener.

Auf dem Kirchhof zu Greenwood bei Neuyork ist auf einem Grabstein zu lesen:

Mrs. Eliza Gilbert
died January 17, 1861
aged 42 years

War ihr Name Lola Montez erfunden? Ihr Herkommen und ihre Rolle erdichtet? Lebte sie ein Leben, das nicht das ihrige war? Über den Tod hinaus hütete die Sphinx ihr Rätsel. So glich sie jenen ägyptischen Gottheiten, die vor den Toren der zertrümmerten Städte sitzen, stumm und unbeweglich, das undurchdringliche Geheimnis ihrer Vergangenheit hütend. Oder war sie ein Medium des Schicksals, das die Menschen mit der Raserei eines bösen Sterns ansteckte? Hatte ihr Venus, das freundliche Gestirn, die Schönheit bloß zu dem Zweck verliehen, daß ihr der Zauber gelänge? Wie dem auch sei: als blinder Hebel der Weltgeschicke hatte sie ihre historische Mission erfüllt.

Einundzwanzigstes Kapitel

Der Vormärz war überstanden

Am 21. März 1848 hatte König Maximilian die Verfassung beschworen; und tags darauf sprach er zum erstenmal vor den versammelten Ständen des Reichs. Sein erstes königliches Wort war ein Dank für den Vater: "Großes hat er in seiner dreiundzwanzigjährigen Regierung vollbracht. Nicht bloß in Stein und Erz, auch in unserem Herzen wird dankbar dessen Gedächtnis fortleben."

Der Bierkreuzer wurde wieder herabgesetzt und obendrein im Hofbräu zwei Tage Freibier gewährt. Das genügt, um die heftigsten Revolutionen zu ersäufen. Wieder brüllten die Münchener in unwandelbarer Königstreue. Und was das Entscheidende ist: die ultramontane Partei kam wieder zur Herrschaft. Die ultramontanen Universitätsprofessoren kehrten wieder zurück: Sepp, Philipps, Lassaulx, Döllinger; Polizeichef von Pechmann stieg in der Folge sogar zum Staatsminister auf ... Die Kirche hatte sich wie immer den Reformen und dem Zeitgeist angepaßt. Das Spott- und Tanzlied war zu Ende ...

Unerschöpflich sind die Masken, in denen der Geist der Schwere, dieser allmächtige Teufel, die Welt versucht. Sind wir wirklich vom Vormärz ganz erlöst? Der Kampf wiederholt sich, wenn auch in anderen Formen. Stehen wir immer wieder am Anfang ...?